西南民族大学经济学院实验教材

A Practical Course of International Settlements

国际结算实训教程

王焱霞◎主编

中国经济出版社
CHINA ECONOMIC PUBLISHING HOUSE
北京

图书在版编目（CIP）数据

国际结算实训教程／王焱霞著.
北京：中国经济出版社，2017.9
ISBN 978-7-5136-4298-9

Ⅰ.①国… Ⅱ.①王… Ⅲ.①国际结算—教材 Ⅳ.①F830.73

中国版本图书馆 CIP 数据核字（2016）第 163513 号

责任编辑　李煜萍
责任印制　马小宾

出版发行　中国经济出版社
印 刷 者　北京金明盛印刷有限公司
经 销 者　各地新华书店
开　　本　710mm×1000mm
印　　张　18.25
字　　数　250 千字
版　　次　2017 年 9 月第 1 版
印　　次　2017 年 9 月第 1 次
定　　价　48.00 元
广告经营许可证　京西工商广字第 8179 号

中国经济出版社 **网址** www.economyph.com **社址** 北京市西城区百万庄北街 3 号 **邮编** 100037

本版图书如存在印装质量问题，请与本社发行中心联系调换（联系电话：010-68330607）

版权所有　盗版必究（举报电话：010-68355416　010-68319282）

国家版权局反盗版举报中心（举报电话：12390）　　服务热线：010-88386794

应用经济学实践实训系列教材编委会

主　编：郑长德

副主编：涂裕春　范　钛

编委成员（按姓氏笔划排序）：

王焱霞　文　斌　石　川　朱　文

刘崔峰　安　果　牟　辉　杜红艳

李道凤　杨胜利　何雄浪　陈　宏

陈　桢　周　克　赵　伟　钟海燕

姜太碧　曹正忠　曾庆芬　熊海帆

丛书总序

为了有效地培养高校经济学类专业学生“学以致用”的应用实践操作能力，让实践实训教学更好地适应创新创业的时代发展趋势，我们组织长期在实践实训教学一线中富有经验的教师们编写了这套实践实训教材，涵盖金融学、金融工程、投资学、保险学、经济学、财政学、国际经济与贸易等本科专业的相关专业基础课及专业课。

本套教材体现了仿真性、操作性、实用性及创新性等方面的特色，弥补了以往传统实训教学环节中缺乏配套教材的不足，有利于帮助教师在实践实训教学环节中将经济学理论与实践结合起来，充分合理地利用实践实训平台，为学生提供仿真实训的工作场景及环境，教师以实践实训教材为依托指导学生进行模拟操作，完成经济类课程的实践实训环节。教材既可供经济管理相关专业课程的实践实训教学使用，也可作为经济管理在职人员业务能力提升的学习参考书。

本套实践实训教材的编写得到西南民族大学教务处和研究生院的大力支持，教材的出版得到四川省高等教育人才培养质量和教学改革项目“民族高校应用经济类专业拔尖人才培养的研究与实践”和西南民族大学学科建设基金的资助，在数据资料收集整理上得到了相关企业和兄弟院校同仁们的指导及帮助，你们的支持及鼓励是我们不断进取的动力，在此一并感谢！

编委会

2016 年 12 月

前 言

《国际结算》课程的主要教学内容与实际结算工作非常吻合。它的三种基本国际结算方式——汇付、托收、信用证都是目前主要的国际结算方式。本课程实务性的特点要求在教学中应当强调操作性，教学的重点与企业对结算人员的要求相符。结算过程中要求工作人员熟练掌握票据、单据的缮制和审核等技能，具备结算过程中的风险识别与预防能力。

在本书的编写过程中，我们力求在介绍了基础知识后，指导学生使用计算机操作软件模拟国际结算操作。学生们通过实际动手，获得对理论知识点的具体、感性的认识；并且可以在动手的过程中发现和解决实际问题。这要感谢国泰安信息技术有限公司为我们提供的国际结算软件操作平台，以及对外经济贸易大学和世格软件推出的 SimTrade 外贸实习平台。在这两个操作平台上的模拟操作，使学生们对结算票据的制作、结算单据的传递、单据的审核等内容有比较充分的认识、比较直观的操作体验。

本教材是四川省 2013—2016 年高等教育人才培养质量和教学改革项目“全面提升国际经济与贸易专业培养质量的创新导向型教学改革”的阶段性成果，也是西南民族大学教改项目“国际贸易专业计算机实践课程设置与学生就业情况的相关性研究”的阶段性成果。教材的第 1、2 章由西南民族大学涂裕春教授编写，第 3—第 14 章以及第 16 章由西南民族大学王焱霞老师编写，第 15 章由西南民族大学李道凤老师编写。

目　录

第一章

国际结算概述

本章要点

1. 掌握国际结算的含义、分类及其研究对象。
2. 了解国际结算的发展历史。
3. 掌握主要国家的支付清算体系。
4. 了解主要的国际结算方式。

课前小知识

人民币作为国际结算工具

2015 年 1 月 13 日《环球时报》报导：塞尔维亚国家银行在 2014 年 12 月 25 日进行的执行委员会会议上，做出了使用人民币的决定。这表示塞尔维亚各银行如今可以操作人民币业务。塞尔维亚国家银行公告中指出："国家银行采取这项决定基于以下原因，一方面塞尔维亚共和国外贸贸易额中，塞中贸易所占分量与日俱增，另一方面两国经济合作也处于相当的高度。"此外，塞尔维亚国家银行指出："人民币的国际化，说明人民币在国际经济关系和资金流动中正发挥着越来越重要的作用。"

第一节　国际结算的含义

国际结算（International Settlement）是指国与国之间由于政治、经济、文化、军事等方面的交往或联系而发生的以货币表示的债权债务的清偿行为或资金转移行为（International payments and settlements are financial activities concluded among different countries in which either payment are effected or funds are transferried from one country to another for the purpose of settling accounts, debts, claims, etc)，简而言之就是国际债权债务关系引起的货币收付或结算。通常将国际货物贸易即国际有形贸易引起的结算称为国际贸易结算，而将由无形贸易如劳务输出、服务等其他的经济文化交流活动引起的结算称为非贸易结算。

国际结算是一项综合的经济活动，所涉及的内容包括：支付工具、结算方式的选择；各种商业单据的填制、交接和处理；款项的索取与偿付；国际资金的转移与调拨；短期与中长期贸易的融资活动；信用担保的提供与应用等。国际贸易结算在国际结算中具有特殊地位，比其他的结算业务复杂许多，所涉及的相关知识包括国际贸易实务与国际金融实务的基本知识。可以说，掌握了国际贸易结算再去从事其他结算就比较容易了，所以国际贸易结算便是本书重点讲述的内容。

一、国际贸易结算

现代国际贸易结算是以票据为基础、以单据为条件、以银行为中枢、结算与融资相结合的非现金结算体系。国际贸易结算是国际结算的基础，在国际结算中占据主导地位，涉及的范围包括：

（一）有形贸易结算

有形贸易结算指有形贸易（Visible Trade）引起的货币收付活动。有形贸易是指买卖那些看得见、摸得着的物质性商品的活动，也称为货物贸易，通常是指商品的进出口贸易。有形商品的种类繁多，按照联合国《国际贸易商品标准分类》，国际贸易商品共分为10大类，这10类商品分别为：①食品及主要供食用的活动物；②饮料及烟类；③燃料以外的非食用粗原料；④矿物燃料、润滑油及有关原料；⑤动植物油脂及油脂；⑥未列名化学品及有关产品；⑦主要按原料分类的制成品；⑧机械及运输设备；⑨杂项制品；⑩没有分类的其他商品。在国际贸易中，一般把1—4类商品称为初级产品，把5—8类商品称为制成品。

目前绝大多数进出口交易都不再采用传统的买卖双方一手交钱一手交货的方式结算，而是由经办国际结算业务的银行通过票据、单据等结算工具的转移与传递，并借助某种结算方式结清该项国际债权债务，从而最终完成整个贸易过程。

(二) 记账贸易结算

记账贸易结算也称为协定贸易结算，记账贸易是指在国际贸易中，贸易双方通过银行记账进行清算的一种贸易方式，通常是根据两国政府间签订的双边贸易协定和支付协定，商定每年进出口额、主要进出口商品的品种和数量、执行期限和记账程序等，各自在对方国家开立银行账户，集中结算货款支付。双方的进出口公司完成商品交易以后，只在各自的银行账户上记入贷方或借方项目即可。每年年终进行结算，差额部分用商定的货币偿还或转入下一年度。通常双方会规定一个额度限定，当一方结欠超过限额时，另一方可以停止交货，甚至催促对方加速交货。

(三) 因国际资本流动所引起的商品贸易或资本性货物贸易的结算

一些国际直接投资和企业的跨国经营活动，不但会涉及一些长期的资本流动，还会发生商品的进出口交易和结算。例如，外国直接投资（Foreign Direct Investment）是现代资本国际化的主要形式之一，按照国际货币基金组织（IMF）的定义，FDI 是指一国的投资者将资本用于他国的生产或经营，并掌握一定经营控制权的投资行为。这种投资行为既涉及两个实体之间最初的交易，也涉及二者之间以及不论是联合的还是非联合的国外分支机构之间的所有后续交易。

(四) 综合类经济交易中的商品贸易结算

在国际经济交易中，一些经济交易既包含了商品贸易，又包含了非商品贸易，比如国际工程承包、“三来一补”贸易、技术服务贸易等，这些活动既有无形资产的进出口，也伴随着有形资产的进出口。这样一些综合经济交易除了可以用货币清偿债权债务外，还可以用融资款项以及采用抵补、返销、互购、回购产品等方式来结算。

二、非国际贸易结算

非国际贸易结算的主体是服务贸易，服务贸易（International Service Trade）是指国际服务的输入和输出的一种贸易方式，通常贸易一方向另一方提供服务并获得收入的过程被称为服务出口或服务输出，而购买他人服务的一方被称为服务进口或服务输入。目前服务贸易是一国外汇收入的重要来源。近几年服务贸易在各国国际收支中的比重不断上升，尤其是美国，历年来它的服务贸易额占到对外贸易总额的 20%以上。非贸易结算的范围如下：

（一）无形贸易结算

无形贸易结算指由无形贸易引起的货币收付活动，主要包括国际收支平衡表中的服务项目的内容造成的收支，即保险、运输、通信、港口、旅游等劳务活动的收支和广告费、专利费、银行手续费等劳务收支，以及国际直接投资与间接投资所产生的股息、红利等的收支。

（二）金融交易类结算

金融交易类结算指国际间各种金融资产买卖的结算。这类结算完全是金钱的交易，在今天的世界经济一体化的环境中，这种结算所占的比重越来越大，但所需要的结算方式和途径也对安全性提出了更高的要求，结算的速度也需要更加迅捷，包括：外汇买卖，证券、股票等金融工具的买卖，期权、期货等衍生金融工具的买卖等。

（三）国际资金单方面的转移结算

国际资金单方面的转移结算主要是国际收支平衡表中的转移支付项目的内容引起的收支，即是发生在各级政府以及民间的各种援助、捐赠和各类调拨资金的结算。

（四）银行提供的以信用担保为代表的一系列服务与结算

在国际商务活动中，为了保护交易双方当事人的权益，往往还需要银行作为第三方提供各项服务，包括：信用担保、资信调查、处理应收账款、催收追账、融资、信息咨询等服务。在应用信用证进行结算时，开证银行甚至需要成为第一付款责任人。

（五）其他的非贸易结算业务

国际政治、外交等事务性的联系，以及文化、艺术、体育交流等民间往来，往往会涉及一定的资金往来，这就会产生各类非贸易结算业务，这也是非常普遍的。随着中国在国际上逐渐建立起负责任的大国的形象，此类结算业务所涉金额会越发增大。

第二节　国际结算的历史发展与现状

早期的国际结算业务都是以现金或者是金银来结算的。但金银在国与国之间频繁运送，不仅耗时长、风险大，而且积压了资金，加重了商人支付运费、保险费的负担，阻碍了国际贸易的发展。为了克服这一弊端，到了公元12世纪，意大利沿海城市的商人们开始大量地使用票据结算方式。

由于票据的广泛流通适应了贸易发展的需要，所以商业信用就不断地向票据化发展，到16—17世纪，欧洲大陆上以票据结算的方式已基本取代了现金结算。随着国际贸易的不断发展，商人们又逐渐认识到了单据的作用，到18世纪，货物的买卖已不再是依靠传统的实物转手，而仅仅是转让货物单据，海运提单逐渐由一般的货物收据转变为可以背书转让的物权凭证，保险单也自然成为可以转让的单据。

由于银行信用的产生，凭单付款的结算方式得以迅速发展，买方可以得到他所要求的代表着货物的单据，并凭单据付款；卖方则可在出运货物后以单据为抵押要求银行融资。国际贸易由过去的实质性交货转变为象征性交货。在此基础上发展起来的汇付、托收、信用证、保函等结算方式基本满足了不同贸易方式的需要，尤其是托收、信用证这两种方式，融票据、单据于一体，被广泛运用于国际贸易结算，也进一步促进了国际贸易的发展。

中国本土的国际结算业务发展比较晚，起源于1912年2月5日。当日，中国银行在上海汉口路3号宣告诞生，从此中国银行便开始了与外资银行抗衡的征程。那时，外资银行垄断着中国的金融业，并不断设计圈套，扼杀处于弱势的本土钱庄票号。南京临时政府财政部深刻认识到开展中国银行海外业务对保持政权独立、促进实业发展的重要意义，于是仿照西方国家的银行制度，制定了规范银行海外业务的规章制度。中国银行获得独家经营国际汇兑业务的资格，从经手国外票据、签发小额国外汇票等业务入手，国际业务逐步开展起来。

1929年中国银行设立第一家海外分支机构——伦敦经理处，这对中国来说，是一件具有标志性意义的事情。虽然伦敦经理处最初规模很小，只有7位职员，租赁两间办公用房，但这里成为中国银行庞大的海外机构的起点。其后，中国银行又陆续设立了日本大阪分行、新加坡分行、纽约经理处，使中国银行结算业务开始扩展到海外。当时，国际汇兑业务已拓展到进出口押汇、汇款、信用证、托收等。此外，国外部还代政府收付英德借款、英德续借款、善后大借款等外债，并积极扩展侨汇业务，仅南洋一带的侨汇，早在20世纪30年代中期总额就已超过3000万美元。国外部还陆续设立国外直接通汇行62家、特约代理行96家，国际汇兑逐渐成为中国银行的主要业务，并为中国银行外汇业务的发展奠定了坚实的基础。

第二次世界大战结束后，随着丘吉尔铁幕演说与“杜鲁门主义”的推行，以美国为首的资本主义国家对中国等社会主义国家进行了封锁禁运，一切贸易活动都停止了。新中国成立后，由于外汇资金短缺，中国银行和贸易部门联合在各口岸恢复与社会主义国家的易货贸易。中国银行创造了“清算货币”进行结算：与社会主义国家进行的易货项下记账，称为“清算甲账户”；对民主主义国家的易货贸易，称为“清算乙账户”。现汇结算、记账结算，再加上与120多个社会主义国家及发展中国家的协定贸易结算，构成当时中国银行国际结算业务的整体，也是当时中国对外贸易的全部。

随着抗美援朝战争的结束，资本主义国家对我国的贸易政策逐渐松动。进入20世纪60年代，自由贸易项下的贸易逐渐增多。但直到1985年以前，我国的对外贸易结算工作基本由中国银行独家办理。1985年9月，中共中央在“七五”计划的建议中提出：各专业银行应坚持企业化改革的方向，业务经营范围允许交叉。随后，其他几家专业银行和股份制银行、区域性银行相继开办了国际贸易结算业务。同时，在某些地区也允许一些外资或侨资银行开办国际贸易结算业务，从而使国际贸易结算领域逐步形成了激烈竞争的格局。

近年来，随着改革开放的不断深化和扩大，我国在对外贸易中跟随国际形势，使用多种灵活的结算方式，尤其是票据结算方式日趋增多，为商人们带来更多的方便，极大地促进了中国对外贸易的发展，同时国际结算业务也不断随着国际贸易的发展而发展。现代化通信设备在贸易、运输、银行、保险等行业的普及应用，使国际结算业务朝无纸结算的方向前进，更为快捷、准确地结清国与国之间的债权债务。

第三节　国际支付清算体系

由于经济活动所产生的债权债务必须通过货币所有权的转移加以清偿，支付系统的任务就是快速、有序并且安全地实现货币所有权在经济活动参与者间的转移。支付系统（Payment System）是由提供支付清算服务的中介机构和实现支付指令传送及资金清算的专业技术手段共同组成，用以实现债权债务清偿及资金转移的一种金融安排，有时也称为清算系统（Clear System）。

支付清算体系是中央银行向金融机构及社会经济活动提供资金清算服务的综合安排。具体说来，支付清算体系的内容主要包括：清算机构、支付结算制度、支付系统及银行间清算制度与操作。

支付清算体系的主要功能：组织票据交换清算、办理异地跨行清算、为私营清算机构提供差额清算服务、提供证券和金融衍生工具交易清算服务、提供跨国支付服务。

根据中央银行与商业银行的职能，可以将社会的支付系统划分为两个层次的系统：

上层系统是银行间系统。它是中央银行为商业银行提供支付清算服务，并通过服务贯彻中央银行宏观货币政策、维护金融稳定、繁荣市场，对国民经济实施宏观调控的系统。它是完成专业银行之间支付和中央银行与专业银行之间支付活动的最终的资金清算与结算系统，并对联系各个金融和货币市场、实现货币政策的有效传导机制的畅通有重要作用。

下层系统是银行与客户间系统。它是商业银行面对广大银行客户，为社会提供支付服务的金融服务系统。它是银行与客户联系的窗口，是金融服务和管理信息的原点，是商业银行与客户之间的资金往来和结算的系统。

一、美国的支付清算体系

美国的支付清算体系以美联储为核心，整个支付清算体系具有高科技、高水准、高效能的特征。其支付清算体系主要有：

（1）票据交换资金清算系统；

（2）联邦资金转账系统（FEDWIRE）；

（3）清算所银行同业支付系统（CHIPS）；

（4）自动化票据清算系统（ACH）；

（5）信用卡业务及电子货币。

美联储在政策制定、提供服务、监督管理、风险控制等多个层面全方位地参与了美国的支付清算安排，并居于核心与主导地位。

美国通过联邦储备账户提供同业银行清算服务。如果收款方和付款方在不同的商业银行拥有账户，由于所有的商业银行都在一个中央银行设有账户，资金转移者可以直接通过中央账户进行，这将大大提高支付系统效率。发生全国性的金融危机时，整个金融体系将面临流动性严重不足的压力，这时，中央银行便充当稳定整个金融体系的最后贷款人角色。

美国的支付系统在“9·11”事件中经受了考验。世贸大楼被袭击后，美联储果断地做出了两个决定：第一，立刻关闭美国的三大金融市场——股市、汇市和债市；第二，立刻停止靠近纽约的新泽西美元支付系统的运行，启动灾难备份系统，将美元支付系统从纽约新泽西切换到里士满和达拉斯，在整个切换过程中，支付系统没有中断支付服务，也没有丢失一个数据，充分显示了美国支付系统高度安全、快速有效的运行能力。这两个决定不仅保护了美国经济发展的基础设施，更重要的是保证了美国金融系统免遭破坏，保住了美元的地位和美元在全球的支付结算。这一事件让人们充分认识到一国的经济安全重点是金融安全，而金融安全中，支付系统的安全又是十分重要的。

美联储为私营清算组织提供差额清算服务。为利用在联储设立的账户进行差额头寸的清算，私营清算组织首先将在一个营业日中分别对清算参加者的净债务或净债权头寸加以计算，然后将各参加者的头寸情况提交联储，由联储借记或贷记各参加者在联储的账户来完成资金的清算。或者，清算组织也可以在联储建立一个专门账户，在一个营业日结束后，该清算组织通知各产生净债务头寸的参加者通过联邦电子资金划拨体系将资金转入该专门账户，在所有净债务头寸收清后，由清算组织将账户资金转移到产生净债权头寸的参加者的账户上。

二、欧洲的支付清算体系

欧盟的支付清算体系 TARGET 是一个区域性的支付清算系统，它具有一体化色彩，其支付清算机制高度发达，支付清算服务优质高效。

TARGET 的特点：

（1）采用 RTGS 模式，系统在整个营业日内连续、逐笔地处理支付指令，所有支付指令均是最终的和不可撤销的，从而大大降低了支付系统风险，但对参加清算银行的资金流动性具有较大的要求。

（2）由于资金可以实时、全额地从欧盟一国银行划拨到另一国银行，不必经过原有的货币汇兑程序，从而减少了资金的占用，提高了清算效率和安全系数，有助于欧洲中央银行货币政策的实施。

（3）欧洲中央银行对系统用户采取收费政策，用户业务量越大，收费标准越低，这一收费规则似乎对大银行更加有利。此外系统用户需在欧洲中央银行存有充足的资金或备有等值抵押品，资金规模要求较高；加之各国中央银行对利用该系统的本国用户不予补贴，故 TARGET 系统的清算成本高于其他传统的清算系统。

如今，TARGET2 已逐渐替代 TARGET。TARGET 全拼为 The Trans-European Automated Real-time Gross settlement Express Transfer，即泛欧实时全额自动清算系统，它为欧盟国家提供实时全额清算服务。TARGET 始建于 1995 年，1999 年 1 月 1 日正式启用。TARGET 由 16 个国家的 RTGS 系统、欧洲中央银行的支付机构（EPM）和相互间连接系统（Interlinking System）构成。互联系统将各国的 RTGS 系统与 EPM 相连，这样支付指令就能从一个系统传递到另一个系统。

根据 TARGET 规则规定，只有在欧洲经济（EEA）成立的、符合欧洲议会 2000/12/EC 管理文件 1 规定的、受监管的信用机构才能成为国内 RTGS 系统的直接成员。欧盟成员国中央或地方政府的财政部门，在货币市场中扮演了积极的角色。此外，以下经济实体在获得国家中央银行的批准后也可以加入国内的 RTGS 系统：

（1）欧盟成员国中授权管理客户账户的公共机构。

（2）在 EEA 建立的、由权威机构授权并监管的投资银行。

（3）由权威机构监管的、提供清算和结算服务的机构。

所有加入国内 RTGS 系统的信用机构都将自动获得使用 TARGET 系统进行跨国支付的权力。通过远程访问，TARGET 允许信用机构（必须设立在 EEA 的某个国家）成为另一国 RTGS 系统的直接使用者，无须在该国设立分支机构，但必须在该国的中央银行开设欧元的清算账户，且具有一定的账户余额。由于电子货币机构（ELMIS）不符合金融清算管理机构（SFD）的信用机构定义，因而现在还不能加入 TARGET。

TARGET 系统的管理：

（1）欧盟成员国中授权管理客户账户的公共机构。

（2）在 EEA 建立的、由权威机构授权并监管的投资银行。

（3）由权威机构监管的、提供清算和结算服务的机构。

TARGET 主要处理以下 3 种交易：

（1）与中央银行动作直接相关的支付（即与实施货币政策直接相关的支付），发送方或接收方要使用欧洲中央银行系统，该项支付是委托 TARGET 进行的清算服务之一。

（2）提供大额支付服务的净额清算系统，以欧元为单位进行的清算，需委托 TARGET 完成，目的是降低支付系统的风险。

（3）以欧元为单位的银行间支付以及商业支付。

此外，TARGET 也用于处理欧洲中央银行系统的交易指令、EUROI（EBA）系统的日终结算、CLS（持续结算）银行及其成员间的欧元结算。

TARGET 是一个非中心清算系统，支付信息在双方之间传递而不通过某个中心机构统一结算，在营业时间内支付指令不会送往欧洲中央银行。它由十五国的 RTGS 系统、欧洲中央银行的支付机构（EPM）和互联系统（INTERLINKING SYSTEM）构成。

TARGET2 把欧洲一体化提升到一个更高的程度，精简了欧元支付系统、流动性管理和银行间的商务往来过程。如今，TARGET2 已经逐渐替代 TARGET。TARGET2 系统最有意义的理念创新在于其整合了现有的分散技术设施的方式。

三、中国的支付清算体系

中国银行业的组织结构与清算结构以中央银行为核心，商业银行以及非银行金融机构为服务对象展开。

（一）中国银行体系由中央银行、监管机构、自律组织和银行业金融机构组成

中国人民银行是中央银行，它的职能是在国务院的领导下，负责制定和执行货币政策，防范和化解金融风险，维护金融稳定。中国银行业监督管理委员会，简称银监会，负责对全国银行业金融机构及其业务活动实施监管。中国银行业协会是在民政部登记注册的全国性非营利社会团体，是中国银行业的自律组织。中国的银行业金融机构包括政策性银行（国家开发银行、中国进出口银行、中国农业发展银行），大型商业银行（中国工商银行、中国银行、中国农业银行、中国建设银行、交通银行），中小商业银行，农村金融机构以及中国邮政储蓄银行和外资银行。银监会监管的非银行金融机构包括金

融资产管理公司、信托公司、企业集团财务公司、金融租赁公司、汽车金融公司和货币经纪公司。

（二）中国现代支付系统的总体功能与相互关系

现代化支付系统由大额支付系统（HVPS）和小额批量支付系统（BEPS）两个应用系统组成。大额支付系统处理下列支付业务：

（1）规定起点金额以上的跨行贷记支付业务；

（2）规定起点金额以下的紧急跨行贷记支付业务；

（3）各银行行内需要，通过大额支付系统处理的贷记支付业务；

（4）特许参与者发起的即时转账业务；

（5）城市商业银行银行汇票资金的移存和兑付资金的汇划业务；

（6）中国人民银行会计营业部门和国库部门发起的贷记业务及内部转账业务；

（7）中国人民银行规定的其他支付清算业务。

小额支付系统的业务种类：小额支付系统设计的业务种类有普通贷记、普通借记、定期贷记、定期借记、实时贷记、实时借记、支票截留、支票圈存、通存通兑、清算组织发起的代收付业务、国库业务、同城轧差净额清算业务、信息服务业务 13 种。

大额支付系统实行逐笔实时处理，全额清算资金。建设大额支付系统的目的就是为了给各银行和广大企业单位以及金融市场提供快速、高效、安全、可靠的支付清算服务，防范支付风险。同时，该系统对中央银行更加灵活有效地实施货币政策具有重要作用。该系统处理同城和异地、商业银行跨行之间和行内的大额贷记及紧急的小额贷记支付业务，处理人民银行系统的贷记支付业务。

小额批量支付系统在一定时间内对多笔支付业务进行轧差处理，净额清算资金。建设小额批量支付系统的目的，是为社会提供低成本、大业务量的支付清算服务，支撑各种支付业务的使用，满足社会各种经济活动的需要。该系统处理同城和异地纸凭证截留的、商业银行跨行之间的定期借记和定期贷记支付业务，中央银行会计和国库部门办理的借记支付业务，以及每笔金额在规定起点以下的小额贷记支付业务。小额批量支付系统采取批量发送支付指令，轧差净额清算资金。

（三）中国现代支付系统与各家商业银行柜面业务系统的接口模型与实现方式

设置清算系统安全密码使用办法，有清算密钥和更换密钥，接受和审查会计柜台传入的汇划清单等会计凭证，复核确认无误后上网发送，录入或接收会计柜台传来的查询和查复信息，监控清算设备运行状况、网络通信状况、相邻结点工作状态等，与上下联行和有关部门联系，保证清算数据流畅等工作。

（四）跨行清算业务处理流程

在我国异地清算业务是同现行的联行往来制度相联系的，中央银行和商业银行在联行转汇清算业务中的基本做法是：

（1）各商业银行全国联行跨系统和系统内大额汇划款项均通过人民银行联行办理转汇并清算资金。

（2）商业银行全国联行跨系统和系统内未达到转汇金额起点的汇划款项、内部资金汇划款项和县以下全国联行机构的汇划款项，仍分别通过商业银行跨系统和本系统联行划转。

（3）商业银行签发的银行汇票和银行承兑汇票，暂不通过人民银行联行划付，仍由各商业银行联行划付。

（4）商业银行必须在人民银行存款账户留足备付金，人民银行收到商业银行的汇划凭证时，如其存款不足支付，应通知商业银行于一日之内补足，仍不能补足的，对不足部分退回凭证，不得在人民银行存款账户透支。

（5）商业银行办理转汇时，汇划金额一般不得转入同城票据交换差额内，可将有关汇划凭证连同转汇清单一并向人民银行提出信件交换或单独提交。但人民银行划拨解付款项，可通过同城票据交换办理。

（6）电子联行业务，全国电子联行往来是指经总行核准发有电子联行行号的行与行之间，通过电子计算机网络进行异地资金划拨的账务往来，电联行采用星形结构、纵向往来、随发随收、当时核对、每日结平、存欠反映的做法。其中：星形结构，是指清算中心分布全国各地；纵向往来，是指各分中心受理的联行汇划业务，直接发送总中心，各分中心之间不发生直接的横向关系；随发随收，是指及时发送或转发联行信息，收到后及时反馈；当时核对，是指发报分中心与总中心，总中心与收报分中心的反馈信息应及时核对；每日结平，是指每日营业终了，发报分中心和收报分中心与总中心核对当日电子联行审察无误后结平；存欠反映，是指总中心对转收、转发的电子联行账务，每日核对后再用存、借来反映存欠关系。

（五）行内清算业务处理流程

同城清算，同城票据交换。票据交换，也称票据清算，一般指同一城市（或区域）各金融机构对相互代收、代付的票据，按照规定时间和要求通过票据交换所集中进行交换，并清算资金的一种经济活动。它是银行的一项传统业务，票据交换业务不仅涉及银行间票据的交换与清算，而且还牵涉到社会资金的使用效益等。

同城票据交换的具体做法主要有以下几种：

（1）同城商业银行间本系统内票据交换。由同城商业银行的主管行牵头，对辖内各营业机构代收、代付本系统的票据组织交换，通过同城行的往来科目划转，当日或定期通过联行往来科目进行清算。

（2）同城商业银行间跨系统票据交换。根据各商业银行机构设置和在彼此银行开立存款账户的情况，采取三种不同的票据交换方法。

一是当时清算的办法，是各商业银行的所属机构都直接通过在人民银行的存款账户进行资金清算。业务量不大的县城行的跨系统票据交换，采取直接交换、当时清算资金的办法。

二是资金清算。参加票据交换的商业银行和其他金融机构，当票据交换所核对轧平当天（或场）的票据交换业务后，主要采取下面两种资金清算方法：①全额清算，即参加票据交换的银行，将提出提入票据的应借和应贷差额分别进行汇总，然后通过人民银行向对方银行清算资金。②差额清算，即参加票据交换的银行，将各自提出提入的票据金额进行轧差，得到应贷差额或应借差额，然后通过在人民银行的存款账户进行清算。

三是同城票据的微机清算。随着科学技术的不断进步，金融业务的电子化工作也得到飞速发展。1987 年以后，在结算业务多的大中城市，人民银行开始建立清算中心，通过电子计算机处理同城票据交换业务，使同城资金清算工作有了质的飞跃。

第四节 国际结算方式

国际货款结算的基本方式有汇付、托收和信用证三种。只是为使知识体系更完善，故本小节仅做简要介绍，详细内容会在本书的第三章至第六章介绍。

（1）汇付（Remittance），是最简单的国际货款结算方式，又称为汇款，通常是卖方将货物发运给买方后，再将有关的货运单据寄送买方，买方然后通过银行将货款汇交卖方。

在用汇付方式进行货款结算的过程中，银行只提供服务而不提供信用，因此是一种商业信用，取决于买卖双方对对方的信任，并基于这种信用向对方提供信用和进行资金融通。

（2）托收（Collection），是出口人发运货物后，将有关货运单据交由银行，并委托银行向进口人收款的一种方法。托收也是一种商业信用，出口方承担的风险较大。

（3）信用证（Letter of Credit），是目前使用比较广泛的一种国际结算方式，根据UCP600的规定，信用证指一项不可撤销的安排，不论其如何命名或描述，该项安排构成开证行对相符交单予以承付的确定承诺。

上述的三种结算方式所涉及的当事人以及流程颇为复杂，甚至不同国家、地区的相关规章又存在区别，所以会是本书研究的重点，此处仅作为介绍性了解即可。

本章习题

单项选择题：

1. 商品进出口款项的结算属于（C）。

A. 双边结算　　B. 多边结算　　C. 贸易结算　　D. 非贸易结算

2. “汇款方式”是基于（B）进行的国际结算。

A. 国家信用　　B. 商业信用　　C. 公司信用　　D. 银行信用

3. 实行多边结算需使用（D）。

A. 记账外汇 B. 外国货币 C. 黄金白银 D. 可兑换货币

4. 以下（C）反映了商业汇票结算的局限性：

A. 进、出口商之间业务联系密切相互信任；

B. 进、出口商一方有垫付资金的能力；

C. 进、出口货物的金额和付款时间不一致；

D. 出口商的账户行不在进口国

5. 当代国际结算信用管理的新内容涉及（A）。

A. 系统信用和司法信用 B. 员工信用和银行信用

C. 公司信用和商业信用 D. 银行信用和商业信用

6 以下（C）引起的货币收付，属于“非贸易结算”：

A. 服务供应 B. 资金调拨 C. 设备出口 D. 国际借贷

8. 新中国成立初期我国对苏联和东欧国家的贸易使用（C）的方式。

A. 单边结算 B. 多边结算

C. 双边结算 D. 集团性多边结算

9. 传统的国际贸易和结算中的信用主要是（D）两类。

A. 系统信用和银行信用 B. 系统信用和司法信用

C. 商业信用和司法信用 D. 商业信用和银行信用

10. 国际结算制度的核心即是（A）。

A. 信用制度 B. 银行制度

C. 贸易制度 D. 外汇管理制度

本章思考题

1. 什么叫国际结算？
2. 简述国际结算的历史发展。
3. 简述从买卖直接结算发展到银行结算。
4. 简述国际结算方式的具体内容。
5. 简述结算方式的发展演变。

第二章

国际结算中的票据

本章要点

1. 掌握票据的概念、基本特征和功能。
2. 掌握汇票的定义及其要式。
3. 会填制汇票。
4. 了解本票的定义、要式与样本。
5. 了解支票的定义、要式与样本。

课前小知识

国家经济实力与国际结算货币

从对英镑、美元及伦敦和纽约的金融历史的回顾中，可以看到，一个国家想要让其货币成为国际结算货币，令其城市成为一线国际金融城市，需要在一段时期内和其他国家相比，具有压倒性的强大的经济实力，即巨大的“相对经济实力”。英国享有一百多年的全球经济主导地位，是因为工业革命发源于此。1914 年，虽然美英两国 GDP 之比为 2.1∶1，但美元还没有成为国际结算货币，这说明美国还不具有压倒性的经济实力。十年后的 1924 年，美元已经超过英镑成为最重要的国际结算货币，此时美英两国 GDP 之比为 3.2∶1，且这一比例仍在扩大。

第一节　票据概述

一、票据的基本概念

票据是出票人依票据法签发的，具有一定的格式，规定由自己或委托他人于到期日或见票时无条件支付一定金额给收款人或持票人的一种有价证券。

国际结算中的票据包括汇票、本票和支票三种。

票据是国际结算中用以抵消债权债务关系的、具有流通及支付手段的信用工具，正是它的产生和普及才开启了非现金结算的历史。现代国际结算的基本方式是非现金结算，票据在其中担负着支付工具和信用工具的角色。它在货币和商品的转移和让渡过程中，为反映债权债务关系的发生、转移和偿付而诞生。在商务活动实践中，它具有可流通转让的功能。所以国际结算中的票据于整个国际结算流程的顺利完成具有十分重要的作用。

二、票据的基本特征

（1）票据的要式性。票据的外观是有严格的要求的，票据上必须记载什么、记载哪些内容、记载的部位是哪里都是法定的，不允许当事人进行改变。

（2）票据的文义性。所谓文义性就是票据上的记载是用来确定当事人之间权利义务关系的凭据，如果记载与事实不符，也要以记载为准。

（3）票据的无因性。这里所说的无因性，不是说票据的出票没有原因，而是不问原因。《中华人民共和国票据法》第十条规定，票据的签发、取得和转让，应当遵循诚实信用的原则，具有真实的交易关系和债权债务关系。

（4）票据的设权性。票据的设权性是指，票据的作成并不能证明任何关系，当交易双方决定用票据了结交易的时候，一方作成票据后，创设了票据的权利义务关系。当票据背后的关系发生纠纷的时候，票据关系不受影响。

（5）票据是流通证券。流通性是票据最本质的特征，票据贵在流通，票据法上的所有设计都是为了流通。随着票据的流通，在票据上签章的人负连带责任。

三、票据的功能

票据的功能，是指票据在社会经济生活中的作用。票据的功能主要有：

（1）汇兑功能。票据最初的功能是汇兑，即异地输送现金和兑换货币的工具。当时，随着商品经济的发展和市场范围的扩大，在异地贸易中携带现金不方便、不安全，还存在不同种类货币之间的兑换困难。因此产生了如下的汇兑业务：商品交易当事人通过货币经营者（现为银行）的汇款业务和货币兑换业务，在本地将现金交付货币经营者，取得票据作为汇款和货币兑付凭证，并凭该票据在异地向货币经营者兑换现金，从而克服了现金支付的空间困难。

（2）支付功能。由于票据有汇兑功能，可异地兑换现金，是一种金钱给付的债权凭证，因而它逐渐发展为具有支付功能，即可以通过法定流通转让程序，代替现金在交易中进行支付的功能。在市场经济中，货币作为交换媒介和一般等价物，会经常发生大量收付货币的现象。用票据代替现金作为支付工具，例如使用支票方式支付，具有便携、快捷、安全等优点。因此，在现代经济中，票据支付在货币支付中占有越来越大的比重。

（3）结算功能。这是指票据作为货币给付的手段，可以在同城或异地的经济往来中，抵消不同当事人之间相互的收款、欠款或相互的支付关系，即：通过票据交换，使各方收付相抵，相互债务冲减。这种票据结算的方式，和使用现金相比，更加便捷、安全、经济，因而成为现代经济中银行结算的主要方式。

（4）信用功能。票据可作为信用工具，在商业和金融中发挥融资等作用。其中，在商品交易中，票据可作为预付货款或延期付款的工具，发挥商业信用功能。例如，在甲方向乙方开出票据后，乙方可先期交付商品或者先行预付货款即提供商业信用，然后，乙方再在票据指定日期，向甲方收回已经交货的货款或者收回已经预付货款的商品。在金融活动中，企业可以通过将尚未到期的票据向银行进行贴现，取得货币资金，以解决企业一时发生的资金周转困难。这时，票据就发挥了银行信用的作用。

票据的以上基本功能，使票据制度成为现代市场经济的一项基本制度。商业信用、银行信用的票据化和结算手段的票据化，是市场经济高度发展的重要标志之一。

第二节　汇票及其样本与填制操作

一、汇票的定义和要式

汇票是票据中最重要的一种，在票据法中占有重要地位。英国票据法规定：汇票（Bill of Exchange）是由一人向另一人签发的，要求他立即或定期或在可以确定的将来时间，将一定金额的货币，支付给一个特定的人或其指定人或来人的**无条件书面支付命令**。我国《票据法》规定：汇票是出票人签发的，委托付款人在见票时或者在票据指定日期无条件支付确定的金额给收款人或持票人的票据。汇票各当事人的关系如下图所示：

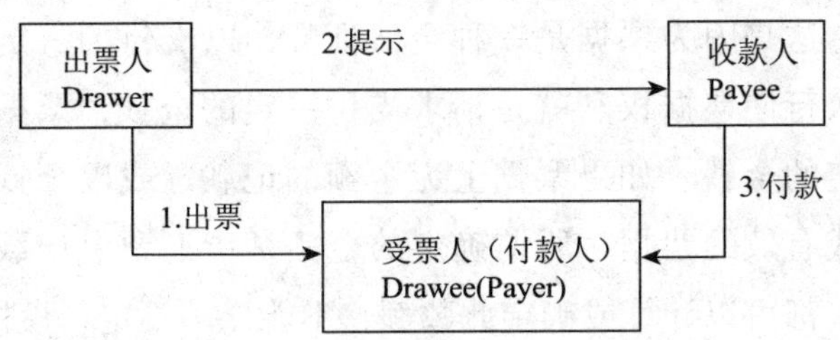

汇票是要式证券，在汇票上依法记载各种事项是票据有效成立的要件。一张汇票是否成立，要看该汇票上的必要项目是否齐全与合格。对此，各国票据法都有详细规定。现对汇票的必要项目分别介绍如下：

（一）注明“汇票”字样

该项记载在票据法理论上称为汇票文句，是指在票据上必须记载足以表明该票据是汇票的文字，其目的在于与其他支付工具如本票、支票加以区分。我国《票据法》将汇票文句规定为绝对必要项目，如果票据上没有该项记载，则该票据将因此无效。在这个问题上，国外票据法的规定有所不同。大陆法系国家的票据法律以及日内瓦统一票据法大都规定汇票上必须记载汇票文句，至于用哪个词表示无固定要求。在实务中可用“Bill of Exchange”，也可用同义词“Exchange”或“Draft”，但需要作成汇票的同种语言表示。英美国家票据法采取自由主义，没有将汇票文句规定为应记载事项。

（二）无条件支付命令

该记载事项在票据法理论上称为支付文句。我国《票据法》和许多国家的票据法包括英国票据法和日内瓦统一法，都将支付文句规定为绝对应记载事项。这样规定的必要性在于汇票是一种委付证券，是由出票人委托他人付款的，如果允许出票人的支付委托可以附加条件，就可能会影响到汇票金额的支付，危及票据受益人的利益，这就需要在法律上规定出票人的支付委托必须是无条件的，如果附有条件，则汇票无效。这就有利于保证票据付款的确实、可靠，有利于保护票据受益人的票据权利。因此，如果汇票支付文句中有这样的记载，“如货与合同相符付 1 万英镑”、“从叁号账户付 1 万英镑”、“以某项特定资金支付”等，则这样的汇票视为无效。

（三）确定的金额

各国票据法都将汇票金额规定为票据的绝对应记载事项，我国《票据法》

也有相同规定。这是因为票据是一种金钱证券，以支付的一定的金钱为标的物。票据权利人行使票据权利就是请求支付一定的金钱，票据债务人履行债务也是支付一定的金钱。如果票据上无金额的记载，或以金钱以外的给付为标的，都不构成有效的票据。所谓确定的金额是指汇票上记载的金额必须是固定的，任何人都可以计算或确定此数额，不能浮动不定、模棱两可。

票据金额都以大小写表示。国外票据立法对此都有规定，日内瓦统一法、英国票据法都规定：票据金额同时以文字（Amount in Words）和数码（Amount in Figure）记载，而两者有差异时，以文字记载的金额为准。这种较普遍的规定是票据立法允许的推定做法。另有少数国家如瑞士等国规定，遇有差异时，应以数额较少者为准。我国《票据法》第八条的规定是：票据金额以中文大写和数码同时记载，二者必须一致；二者不一致的，票据无效。

（四）付款人名称和付款地点

付款人又称受票人（Drawee），指接受出票人的支付委托或支付命令的人。但他并不因此而成为票据债务人，并不一定付款；受票人只有承兑汇票后，才成为主债务人，才负有于到期日支付汇票金额的义务。因此，出票人应当在汇票上记载付款人的名称、详细地址，以使收款人或持票人知道向谁提示承兑或提示付款。日内瓦统一法、英国票据法及我国《票据法》都规定付款人名称为绝对必要项目。付款地点是收款人或持票人提示票据请求承兑或付款的地点，也是不能获得付款时作拒绝证书的地点和发生票据纠纷时付款地法院有管辖权的重要依据。出票人必须在汇票上记载付款地。但国外主要的票据立法都认为汇票无付款地记载时，仍然有效。付款地可以是付款人的营业场所、住所或者经常居住地。我国《票据法》第十三条也有此规定。所以，付款地点属于非绝对必要项目。

（五）付款时间或付款期限

付款时间或付款期限又称到期日，是指支付汇票金额的日期。它既是付款人应该履行付款义务的日期，也是收款人或持票人行使付款请求权的开始时期。由于汇票是一种信用支付工具，除见票即付汇票之外，汇票金额都是在签发汇票后经过一段时间才支付的。因此，需要在汇票上记载付款日期作为依据，以明确收款人或持票人应在何时向付款人请求支付，付款人应在何时向票据债权人履行付款义务。

付款日期对持票人提示付款、债务人履行债务及票据时效的计算都很重要。其作用主要有三点：

（1）付款日期是持票人行使或保全票据权利的开始时期，只有在付款日期到期时，持票人才能向付款人请求付款；同时，付款日期又是付款提示期间的起算日，持票人从付款日期起，在法定提示期间内必须进行付款提示，否则将丧失对其前手的追索权。如日内瓦统一法就规定，远期汇票必须在到期日及以后的两个营业日内做付款提示。英国票据法规定，远期票据必须在到期日当天做付款提示。

（2）付款日期是确定票据债务人何时履行其债务的依据，付款人不能在付款日期前予以付款，否则要自负后果。

（3）付款日期是某些票据权利时效期间的起算日。如我国《票据法》第十七条规定，持票人对票据出票人和承兑人的权利，自票据到期日起算两年有效。日内瓦统一法则规定为从到期日起算三年有效。英国票据法规定从承兑日起算六年有效。如果持票人未在此期间内行使其票据权利，则将发生票据权利消灭的后果。汇票的付款时间一般可分为即期付款和远期付款两类。

（六）收款人名称

汇票收款人（Payee），汇票收款人又称抬头人，是指出票人在汇票上记载的受领汇票金额的最初票据权利人，是汇票的基本当事人之一。汇票抬头有不同的记载方式，它决定了汇票可否流通转让以及转让的形式。

（七）出票日期

出票日期（Date of Issue）是出票人在汇票上记载的签发汇票的日期。记载出票日期的作用有：

（1）是确定出票日后定期付款汇票到期日的依据；

（2）是确定见票即付汇票付款提示期限的依据；

（3）是确定见票后定期付款汇票承兑提示期限的依据；

（4）是判定出票人于出票时的行为能力状态的依据。

在国外票据立法中，大陆法系各国均将出票日期列为绝对必要项目。英美国家票据法律没有将出票日期规定为应记载事项，出票日期不构成汇票有效成立的要件。

（八）出票地点

出票地点（Place of Issue）是出票人签发票据的地点，是出票行为所在地。汇票记载出票地点的作用主要在于：它是确定适用于出票行为的法律标准的依据，也就是说，出票行为应该适用哪一国的法律或一国境内哪一区域的法律，才能有效成立。按国际上通行的规则，一般要适用行为地的法律，即出票地的法律。我国《票据法》第九十八条对此做了明文规定："汇票、本票出票时的记载事项，适用出票地法律。"国外的主要票据立法，包括日内瓦统一法、英国票据法，以及我国的票据法，都将出票地点规定为非绝对必要项目，汇票上无记载出票地点的，汇票仍然有效。在这种情况下，出票地依法律上的规定，为出票人经营场所或住所或经常居住地。

（九）出票人签章

出票人签章（Signature of the Drawer）是指出票人在票据上亲自书写自己的姓名或加盖本人印章。签章的意义是：只有在票据上签章的人，才承担票据上的责任。换言之，签章是确定票据债务人的身份及其必须承担票据责任的根本依据。尤其是出票人的签章，不仅是出票人向收款人表示承担票据责任的依据，而且还是出票行为有效成立的一个非常重要的形式条件。

我国票据立法将出票人签章规定为绝对必要项目。大陆法系国家和英美国家票据法律在这个问题上的规定完全一致，都将出票人签章规定为绝对必要项目。除上述法律规定的必要记载项目外，票据法律还允许记载法律规定事项以外的项目，但不具有汇票上的效力。这些可以任意记载的项目主要有"付一不付二"、"免作拒绝证书"、"免作拒付通知"、"免于追索"、"不得提示承兑"、"必须提示承兑及其期限"和"规定提示期限"等文句。对于此类记载，汇票当事人须按其文义行事。

二、汇票的样本

汇票一般为一式两份，第一联、第二联在法律上无区别。其中一联生效则另一联自动作废。港澳地区一次寄单可只出一联。为防止单据可能在邮寄途中遗失造成的麻烦，一般远洋单据都按两次邮寄。

以下为汇票的样本以及各条项目的注释：

BILL OF EXCHANGE

No. STDFT000269　　　　Dated ________

Exchange for ____________________

At ________ Sight of this FIRST of Exchange

(Second of exchange being unpaid)

Pay to the Order of ____________________

the sum of ____________________

Drawn under L/G No. ________　　　　Dated ________

Issued by ____________________

To

(Authorized Signature)

图片来源于世格软件。

汇票号码（No.）

由出票人自行编号填入，一般使用发票号兼作汇票的编号。

在国际贸易结算单证中，商业发票是所有单据的核心，一般会以商业发票的号码作为汇票的编号，表明本汇票属第×××号发票项下。实务操作中，银行也接受此栏是空白的汇票。

出票日期（Dated）

填写汇票出具的日期。

汇票金额（Exchange for）

此处要用数字小写（Amount in Figures）填写。填写小写金额，一般要求汇票金额使用货币缩写和用阿拉伯数字表示金额小写数字。例如，USD1, 234.00。大小写金额均应端正地填写在虚线格内，不得涂改，且大小写数量要一致。除非信用证另有规定，汇票金额不得超过信用证金额，而且汇票金额应与发票金额一致，汇票币别必须与信用证规定和发票所使用的币别一致。在试验操作过程中，注意须分别将币别和金额填在两根横线上。

付款期限（at ____ sight...）

一般可分为即期付款和远期付款两类。即期付款只需在汇票固定格式栏内打上“at sight”。若已印有“at sight”，可不填。若已印有“at ____ sight”，应在横线上打“------”占位。

远期付款一般有四种：

（1）见票后××天付款，填上“at ×× days after sight”，即以付款人见票承兑日为起算日，××天后到期付款。

（2）出票后××天付款，填上“at ×× days after date”，即以汇票出票日为起算日，××天后到期付款，将汇票上印就的“sight”划掉。

（3）提单日后××天付款，填上“at ×× days after B/L”，即付款人以提单签发日为起算日，××天后到期付款，将汇票上印就的“sight”划掉。

（4）某指定日期付款，指定×年×月××日为付款日。例如“On 25th Feb. 2015”，汇票上印就的“sight”应划掉。这种汇票称为“定期付款汇票”或“板期汇票”。托收方式的汇票付款期限，如D/P即期者，填：“D/P at sight”；D/P远期者，填：“D/P at ×× days sight”；D/A远期者，填“D/A at ×× days Sight”。

受款人（Pay to the Order of）

即“抬头人”。在信用证方式下通常为出口地银行。

汇票的抬头人通常有三种写法：

（1）指示性抬头（Demonstrative order）。例如，“付××公司或其指定人”（Pay ×× Co. or order; pay to the order of ×× Co.）。

（2）限制性抬头（Restrictive order）。例如，“仅付××公司”（Pay ×× Co. only）或“付××公司，不准流通”（Pay ×× Co. Not negotiable）。

（3）持票人或来票人抬头（Payable to bearer）。例如，“付给来人”（Pay to bearer）。这种抬头的汇票无须持票人背书即可转让。

在我国对外贸易中，指示性抬头使用较多，在信用证业务中要按照信用证规定填写。若来证规定“由中国银行指定”或来证对汇票受款人未规定，此应填上“pay to the order of Bank of China”（由中国银行指定）；若来证规定“由开证行指定”，此栏应填上“Pay to the order of ×× Bank”（开证行名称）。

汇票金额（the sum of）

要用文字大写（Amount in words）表明。填大写金额，先填写货币全称，再填写金额的数目文字，句尾加“only”相当于中文的“整”字。例如，UNITED STATES DOLLARS ONE THOUSAND TWO HUNDRED AND THIRTY FOUR ONLY。大写金额均应端正地填写在虚线格内，不得涂改，且必须与汇票的小写金额一致。除非信用证另有规定，汇票金额不得超过信用证金额，而且汇票金额应与发票金额一致，汇票币别必须与信用证规定和发票所使用的币别一致。

信用证号码（L/C No.）

填写信用证的准确号码，如非信用证方式则不填。

开证日期（Dated）

填写信用证的准确开证日期，而非出具汇票的日期，如非信用证方式则不填。

付款人（Issued by）

信用证方式下通常为进口地开证银行。根据《跟单信用证统一惯例》规定，信用证方式的汇票以开证行或其指定银行为付款人，不应以申请人为汇票的付款人。如果信用证要求以申请人为汇票的付款人，银行将视该汇票为一份附加的单据；而如果信用证未规定付款人的名称，汇票付款人也应填开证行名称。

在信用证业务中，汇票付款人是按信用证“draw on ××”、“draft on ××”或“drawee”确定。例如，“… available by beneficiary´s draft（s）on applicant”条款表明，以开证申请人为付款人；又如“… available by draft（s）drawn on us”条款表明，以开证行为付款人；再如“drawn on yourselves/you”条款表明以通知行为付款人。信用证未明确付款人名称者，应以开证行为付款人。如非信用证方式，则填进口商名称。

被出票人（To）

此项为被出票人名称和地址。信用证方式下，此处填写开证行名称。其他方式下填写进口商名称地址。

右下方空白栏（Authorized Signature）

出票人，即出口商法人签字，填写公司名称。

填制好的即期付款汇票样本（1）

BILL OF EXCHANGE

No.STDFT000001　　Dated 2010-04-08

Exchange for USD 450000

At ______ Sight of this FIRST of Exchange

(Second of exchange being unpaid)

Pay to the Order of Nanjing Commercial Bank

the sum or U.S.DOLLARS FOUR HUNDRED AND FIFTY THOUSAND ONLY

Drawn under L/C NO.STLCN000002　　Dated 2010-04-07

Issued by THE CHARTERED BANK

To THE CHARTERED BANK

GRAND WESTERN TRADING CORP.

(Authorized Signature)

图片来源：世格软件。

填制好的远期付款汇票样本（2）

BILL OF EXCHANGE

No.09-7019 Beijing,20th Sep.2003

Exchange for USD8,040.00

At 60 days after sight of this FIRST of Exchange(Second being unpaid)

Pay to the order of BANK OF COMMUNICATIONS

the sum of US DOLLARS EIGHT THOUSAND AND FORTY ONLY

Drawn under Metropolitan Bank,L/C No.0319.dated:6th sep.2003

To Metropolitan Bank Ltd.

Spencer's building humdinger Road

Karrachi-Pakistan

for: ABC CO.

JOHN

图片来源：互联网。

空白中文汇票样本（3）

银行汇票式样（第二联，正面）

中国××银行银行汇票

付款期 汇票号码

壹个月 第 号

签发日期（大写）	壹玖 年 月 日	兑付地点： 兑付行： 行号：	
收款人： 账号或地址：			
汇款金额 人民币（大写）			
实际结算金额 人民币（大写）			千百十万千百十元角分
汇款人：________	账号或住址：________________		
发行人：________	多余金额	科目（付）________	
行号：________		对方科目（收）________	
汇款用途：________	百十万千百十元角分	兑付日期 年 月 日	
签发行盖章		复核 记账	

本汇票和解讫通知一并由汇款人自带，兑付行兑付汇票后作联行往来付出传票

图片来源：互联网。

三、汇票的使用程序

（一）出票（Issue）

出票是指出票人按票据法规定的记载事项和方式作出票据并交付收款人

的一种票据行为。出票有票据的作成和交付两部分。票据的作成即在原始票据上记载法定事项并签章，票据的交付是指以成立票据关系为目的而将票据交付他人占有。作成和交付是出票行为有效成立及票据有效成立的两个必备条件，缺一不可。票据作成但未交付或未作成即交付，都不能产生有效的票据。

（二）背书（Endorse）

背书是票据转让的一种重要方式。它的产生是票据成为流通证券的一个标志，是票据发展史上一个质的飞跃。

背书的形式包括：

（1）记名背书。又称正式背书或特别背书（Special Endorsement），是由背书人先记载被背书人名称再签章的一种背书形式。例如，Pay to the order of A Company，N. Y. For B Company，London.（Signed）被背书人可以再作记名背书转让票据权利，也可以仅作空白背书转让。

（2）空白背书（Blank Endorsement）。又称不记名背书，即不记载被背书人名称的背书。背书人在汇票背面签章后，将汇票交付给受让人即完成转让行为。

（3）限制性背书（Restrictive Endorsement），背书人在背书转让汇票时，注明带有限制流通的词语，使汇票不能再流转，被背书人只能凭汇票取款。例如：Pay to A only. 仅付甲。Pay to A not transferable /negotiable. 付给甲不得转让/流通。Pay to A not to order. 付给甲，不得付给指定人。

（4）带有条件的背书（Conditional Endorsement）。背书人背书时指示付款人待所述条件完成后才付款给被背书人，称为有条件的背书。例如，Pay to the order of Brown. On delivery of B/L No. 123. For A Co. ，London.（Signed）。

（5）部分背书（Partial Endorsement）指将汇票金额的一部分进行转让或者将票据金额分别转让数人的背书。

（6）托收背书（Endorsement for Collection）。托收背书，以设立委托收款为目的，并不意味着汇票所有权的转让，即要求被背书人按照委托他代收票款的指示处理汇票。通常是在 Pay to the order of B Bank 的前或后加上 or collection 等字样。例如：For collection pay to the order of B Bank. 托收汇票付给乙银行指定人；Pay to the order of A Bank for a/c of deposit. 付给甲银行指定人存款账户；Pay to the order of A Bank by procuration. 付给甲银行法定代理；Pay to any bank. 付给任何一家银行。

（三）提示（Presentation）

是指持票人向付款人出示汇票，以行使或保全票据权利的行为。由于票据是一种提示证券，持票人在请求付款人对汇票进行承兑或付款时不提示汇票，付款人就无从确定是否承兑或付款。因此，持票人请求付款人承兑或付款时，必须提示汇票，否则，付款人可以拒绝，并且这种拒绝不发生拒绝承兑的效力，持票人不得以此为由，向前手行使追索权。

（四）承兑（Acceptance）

是指汇票付款人承诺在汇票到期日支付汇票金额的票据行为。汇票是由出票人委托他人付款的一种委付证券，但出票人的出票行为是一种单方面的法律行为，对付款人并不产生约束力。付款人没有必须向收款人或持票人付款的义务。因此，收款人或持票人能否从付款人处得到付款，在出票时还不能确切地知道，而是有赖于付款人是否作出愿意向收款人或持票人支付汇票金额的表示，这就是承兑。这种表示可以使持票人确知其付款请求权能否实现以及是否要行使追索权。

（五）付款（Payment）

狭义的付款指付款人依照票据文义支付票据金额，以消灭票据关系的行为，又称付款人的付款。广义的付款除狭义付款外，还包括偿还义务人的付款，即由付款人以外的一切票据债务人，诸如出票人、背书人及保证人等，向票据债权人支付票据金额及其他费用的付款。

第三节　本票、支票及其样本

一、本票

本票（Promissory Note）是一项书面的无条件的支付承诺，由一个人作成，并交给另一人，经制票人签名承诺，即期或定期或在可以确定的将来时间，支付一定数目的金钱给一个特定的人或其指定人或来人。我国《票据法》对本票的定义，指的是银行本票，指出票人签发的，承诺自己在见票时无条件支付确定金额给收款人或者持票人的票据。国外票据法允许企业和个人签发本票，称为一般本票。但在国际贸易中使用的本票，均为银行本票。银行本票都是即期的，但一般本票可以是即期的或远期的。而狭义的本票仅指银行本票，不包括商业本票和个人本票。本票的出票人必须具有支付本票金额的可靠资金来源，并保证支付。

（一）本票的特征

（1）本票是票据的一种，具有一切票据所共有的性质：无因性、设权性、文义性、要式性、流通证券等。

（2）本票是自付证券，它是由出票人自己对收款人支付并承担绝对付款责任的票据。这是本票和汇票、支票最重要的区别。在本票法律关系中，基本当事人只有出票人和收款人，债权债务关系相对简单。

（3）无须承兑。本票在很多方面可以适用汇票法律制度。但是由于本票是由出票人本人承担付款责任，无须委托他人付款，所以，本票无须承兑就能保证付款。

（二）本票的要式

根据《中华人民共和国票据法》规定，一张本票是否生效，要求具备以下的必要项目：

（1）标明其为“本票”字样；

（2）无条件支付承诺；

（3）出票人签字；

（4）出票日期和地点；

（5）确定的金额；

（6）收款人或其指定人姓名。

本票可任意记载的事项与汇票的记载事项相同，目的均在于提高本票的信用和保证其流通的顺利进行。包括：本票到期后的利率、利息的计算，本票是否允许转让，是否缩短付款的提示期限，在发生拒绝付款时，对其他债务人通知事项的约定等。

（三）本票的种类

本票的划分方法多种多样，根据签发人的不同，可分为商业本票和银行本票：商业本票（PROMISSORY NOTE）的出票人为企业或个人，票据可以是即期本票，也可是远期本票；银行本票（CASHIER'S ORDER）出票人是银行，且只能是即期本票。

根据付款时间的不同，本票可分为即期本票和远期本票：即期本票是见票即行付款的本票；远期本票是指其持票人只能在票据到期日才能请求出票人付款的本票。

根据有无收款人之记载，可分为记名本票和不记名本票：记名本票是指本票的票面注明收款人姓名的一种本票；不记名本票指的是在票面上并不记载权利人（受款人）的名称，而只是写明以“来人”为受款人的本票。

根据其金额记载方式的不同，可分为定额本票和不定额本票：定额本票是指凭证上预先印有固定面额的本票；不定额本票是本票中票面金额为填写的，金额是由银行签发的，承诺自己在见票时无条件支付确定金额给付款人或者持票人的本票。

根据支付方式的不同，可分为现金本票和转账本票：现金本票是指在票面上注明“现金”字样，可以通过向银行支取现金的方式来进行支付结算的本票；转账本票是指通过银行账户转移资金的方式来进行支付结算的本票。

本票样本一

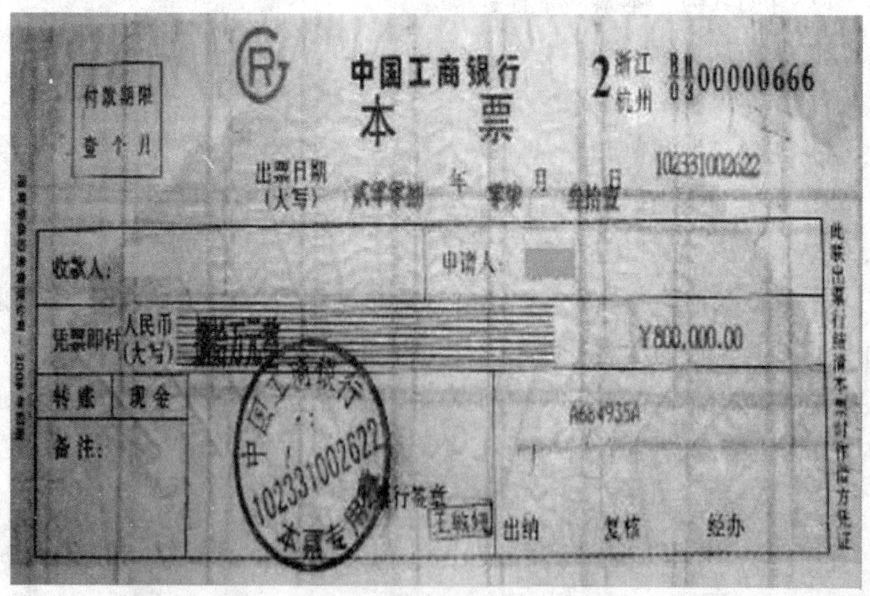
付款期限 壹个月

中国工商银行
本票

2 浙江 杭州 BH 03 00000666

102331002622

出票日期（大写） 年 月 日

收款人： 申请人：

凭票即付 人民币（大写） ¥800,000.00

转账 现金

备注：

A684935A

出票行签章

出纳 复核 经办

此联出票行结清本票时作借方凭证

图片来源：互联网。

本票样本二

中国工商银行上海市分行

本　票　1

付　款　期 壹　个　月	签发日期 （大写）　壹玖　　年　　月　　日	本票号码 第　　号　XI

此联签发行结清本票时作付出传票

收款人		
凭票即付　人民币（大写）		
转账	现金	
图片来源：互联网。		科目（付）＿＿＿＿ 对方科目（付）＿＿＿＿ 兑付日期　　年　　月　　日 出纳　　复核　　经办

二、支票

支票（Cheque，Check）是出票人签发，委托办理支票存款业务的银行或者其他金融机构在见票时无条件支付确定的金额给收款人或持票人的票据。支票是以银行为付款人的即期汇票，可以看作汇票的特例。支票出票人签发的支票金额，不得超出其在付款人处的存款金额。如果存款低于支票金额，银行将拒付给持票人。这种支票称为空头支票，出票人要负法律上的责任。

开立支票存款账户和领用支票，必须有可靠的资信，并存入一定的资金。支票可分为现金支票、转账支票、普通支票。支票一经背书即可流通转让，具有通货作用，成为替代货币发挥流通手段和支付手段职能的信用流通工具。运用支票进行货币结算，可以减少现金的流通量，节约货币流通费用。

（一）支票记载事项

支票记载事项也包括：绝对记载事项、相对记载事项、非法定记载事项。

1. 绝对记载事项

绝对记载事项是票据法规定必填的记载事项，如欠缺某一项记载事项则该票据无效，包括：

（1）表明“支票”字样；

（2）无条件支付委托；

（3）确定的金额；

（4）付款人名称；

（5）出票日期；

（6）出票人签章。

2. 相对记载事项

相对记载事项是指票据法规定应当记载而没有记载，如未记载可以通过法律规定进行推定而不会导致票据无效，包括：

（1）付款地（如果支票上未记载付款地的，则付款地为付款人的营业场所）；

（2）出票地（支票上未记载出票地的，则出票人的营业场所、住所、经常居住地为出票地）。

3. 非法定记载事项

非法定记载事项指不强制当事人必须记载而允许当事人自行选择，不记载时不影响票据效力，记载时则产生票据效力的事项，包括：

（1）支票的用途；

（2）合同编号；

（3）约定的违约金；

（4）管辖法院等等。

（二）支票的分类

（1）记名支票（Cheque payable to order）是在支票的收款人一栏，写明收款人姓名，如“限付某甲”（Pay A Only）或“指定人”（Pay A Order），取款时须由收款人签章，方可支取。

（2）不记名支票（Cheque payable to bearer）又称空白支票，支票上不记载收款人姓名，只写“付来人”（Pay bearer）。取款时持票人无须在支票背后签章，即可支取。此项支票仅凭交付而转让。

（3）划线支票（Crossed Cheque）是在支票正面划两道平行线的支票。划线支票与一般支票不同，划线支票非由银行不得领取票款，故只能委托银行代收票款入账。使用划线支票的目的是为了在支票遗失或被人冒领时，还有可能通过银行代收的线索追回票款。

（4）保付支票（Certified Cheque）是指为了避免出票人开出空头支票，保证支票提示时付款，支票的收款人或持票人可要求银行对支票“保付”。保付是由付款银行在支票上加盖“保付”戳记，以表明在支票提示时一定付款。支票一经保付，付款责任即由银行承担，出票人、背书人都可免于追索。付款银行对支票保付后，即将票款从出票人的账户转入一个专户，以备付款，所以保付支票提示时，不会退票。

（5）现金支票（Cash Cheque）是专门制作的用于支取现金的一种支票，当客户需要使用现金时，随时签发现金支票，向开户银行提取现金，银行在见票时无条件支付给收款人确定金额的现金。

（6）银行支票（Banker’s Cheque）是由银行签发并由银行付款的支票，也是银行即期汇票。银行代顾客办理票汇汇款时，可以开立银行支票。

（7）旅行支票（Traveller’s Cheque）是银行或旅行社为旅游者发行的一种固定金额的支付工具，是旅游者从出票机构用现金购买的一种支付手段。

支票样本一

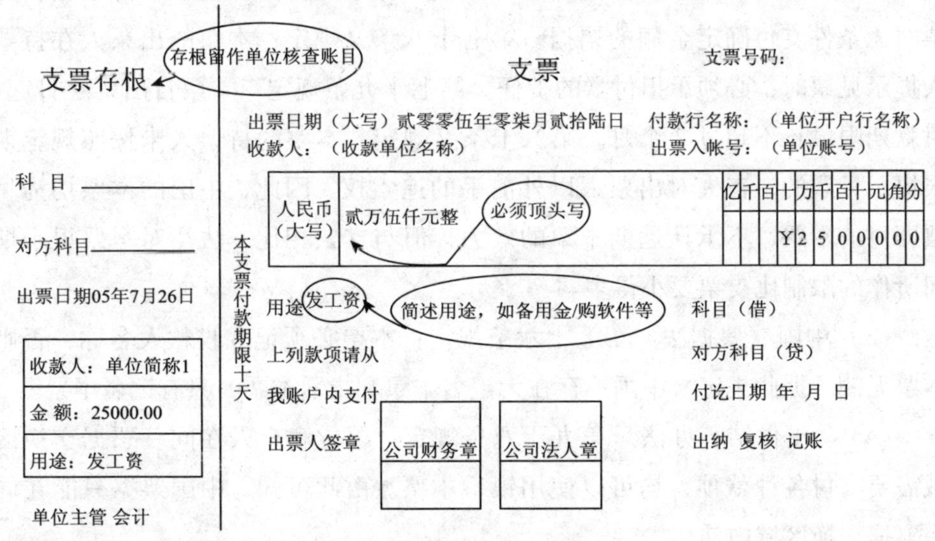

支票样本二

图片来源：互联网。

中国关于本票的规定：

与汇票支票相同，本票本意是代表典型之信用证券，其最重要的作用在于它在现代商业中承担的信用担保功能。而中国《票据法》中对于本票的规定与世界上许多国家和地区有所不同，其特殊之处在于：

（1）中国《票据法》第七十三条第二款规定：本法所称的本票，是指银行本票。并且在票据法未修订前，签发本票的出票人必须是经过人民银行当地分支行批准办理银行本票业务的银行机构。尽管2004年8月28日全国人大常委会新修订的票据法对此进行了调整，取消了本票业务的准入制，但是本票的出票人仍限定为银行。可见，中国没有商业本票，一般的企业单位不能签发本票。

（2）中国《票据法》第七十三条规定：本票是出票人签发的并承诺在见票时无条件支付确定金额的票据。第七十八条又规定：本票的出票人在持票人提示见票时，必须承担付款的责任。第七十九条规定：本票自出票之日起，付款期限最长不超过2个月。第八十条又规定：本票的持票人未按照规定期限提示见票的，丧失对出票人以外前手的追索权。因此，中国的本票均为见票即付的本票，不承认远期本票的效力，但与支票相比，法律对本票提示期间所作的限制比支票要小得多。

（3）中国《票据法》第七十六条规定：本票必须记载收款人名称，否则本票无效。据此规定，中国不存在无记名本票和指示本票，只有记名本票。

（4）《支付结算办法》第九十八条规定：单位和个人在同一票据交换区域需要支付各种款项，均可以使用银行本票。由此可知，中国票据只能在同一票据交换区域内使用。

（5）中国《票据法》第七十四条还规定：本票的出票人必须具有支付本票金额的可靠资金来源，并保证支付。从规定的“必须”、“保证”等字眼中，可以看出立法者的意图，不保护没有合法交易关系而签发本票的效力。

三、汇票、本票、支票的异同

（一）汇票、本票、支票的相同点

（1）具有同一性质。

①都是设权有价证券，即票据持票人凭票据上所记载的权利内容，来证明其票据权利以取得财产。

②都是格式证券。票据的格式（其形式和记载事项）都是由法律（即票据法）严格规定，不遵守格式对票据的效力有一定的影响。

③都是文字证券。票据权利的内容以及票据有关的一切事项都以票据上记载的文字为准，不受票据上文字以外事项的影响。

④都是可以流通转让的证券。一般债务契约的债权，如果要进行转让时，必须征得债务人的同意。而作为流通证券的票据，可以经过背书或不作背书仅交付票据就可以自由转让与流通。

⑤都是无因证券，即票据上权利的存在只依票据本身的文字确定，权利人享有的票据权利只以持有票据为必要，至于权利人取得票据的原因、票据权利发生的原因均可不问。这些原因存在与否、有效与否，与票据权利原则上互不影响。由于中国的票据还不是完全票据法意义上的票据，只是银行结算的方式，这种无因性不是绝对的。

（2）具有相同的票据功能。

①汇兑功能。凭借票据的这一功能，解决两地之间现金支付在空间上的障碍。

②信用功能。票据的使用可以解决现金支付在时间上的障碍。票据本身不是商品，它是建立在信用基础上的书面支付凭证。

③支付功能。票据的使用可以解决现金支付在手续上的麻烦。票据通过背书可多次转让，在市场上成为一种流通和支付工具，可以减少现金的使用。而且由于票据交换制度的发展，票据可以通过票据交换中心集中清算，简化结算手续，加速资金周转，提高社会资金的使用效率。

（二）汇票、本票、支票的主要区别

（1）本票是自付（约定本人付款）证券；汇票是委付（委托他人付款）证券；支票是委付证券，但受托人只限于银行或其他法定金融机构。所以也可以说支票是一种特殊的汇票。

（2）中国的票据在使用区域上有区别。本票只用于同一票据交换地区；支票可用于同城或票据交换地区；汇票在同城和异地都可以使用。

（3）付款期限不同。本票付款期为 2 个月，若逾期兑付，则银行不予受理；中国汇票必须承兑，因此承兑到期，持票人方能兑付。商业承兑汇票到期日付款人账户不足支付时，其开户银行应将商业承兑汇票退给收款人或被

背书人，由其自行处理。银行承兑汇票到期日付款，但承兑到期日已过，持票人没有要求兑付的如何处理，《银行结算办法》没有规定，各商业银行都自行作了一些补充规定。如中国工商银行规定超过承兑期日 1 个月，持票人没有要求兑付的，则承兑失效。支票付款期为 10 天。

本章试验

汇票填制

汇票试验一

1. 登录“外贸单证教学系统”。

2. 点击查阅在线帮助。

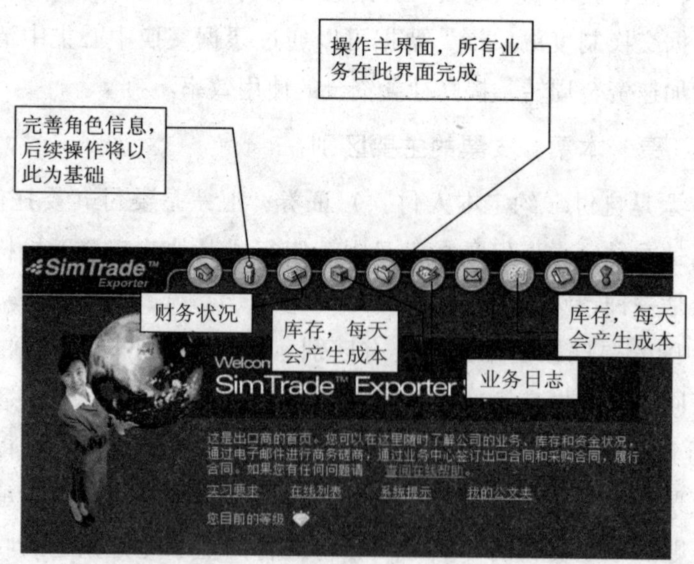

3. 点击“单据填写样本参考”。

操作画面简介

出口商的工作

L/C方式下的履约流程

其他方式下的履约流程

履约流程步骤参考

国内采购流程

出口预算表的填写

业务助手

单据填写样本参考

了解产品的基本特点

发布信息与广告

邮件系统的使用

我的公文夹

常见问题

在线学习

L/C+CIF快速入门

T/T+FOB快速入门

请选择以下单据查看相关填写内容：

出口商：

外销合同

出口预算表

国内购销合同

货物出运委托书

商业发票

装箱单

出境货物报检单

原产地证明书

普惠制产地证明书

输欧盟纺织品产地证

货物运输保险投保单

出口收汇核销单

出口货物报关单

装船通知

汇票

出口收汇核销单送审登记表

进口商：

进口预算表

贸易进口付汇核销单

不可撤销信用证开证申请书

入境货物报检单

进口货物报关单

进口付汇到货核销表

单据样本，
可点击打开

本图表中的单据填写样本会成为本课程学习中非常重要的帮助内容，今后在学习中，当面临单据填写方面的知识时，都可以点击上述的单据作为参考。

4. 打开“外销合同”及“信用证”，并结合空白样本制作汇票。

汇票试验二

1. 点击桌面“实训平台”进入界面。

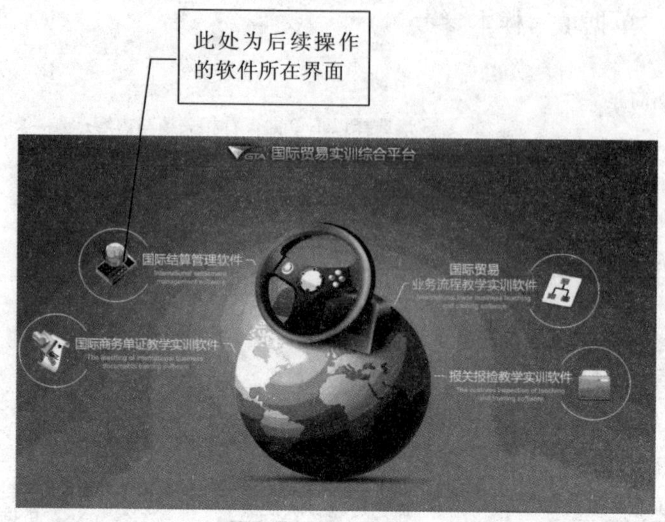

2. 点击“国际结算管理软件”进入登录界面，输入自己的登录信息。

3. 点击“实务案例”，进入界面：

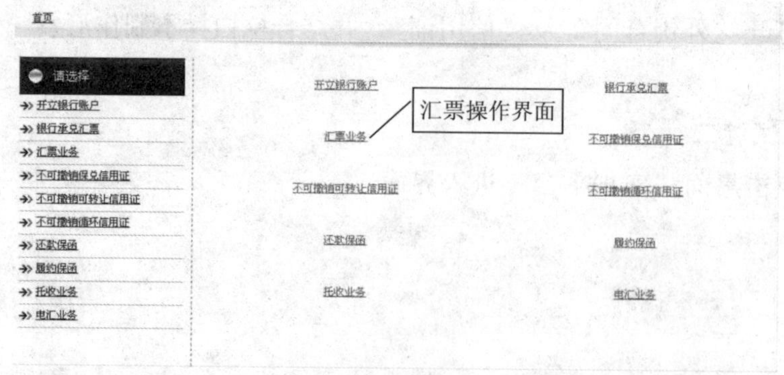

4. 点击“汇票业务”，进入界面，在此处可以看到有关汇票业务操作的基础知识，包括概念、操作流程等。

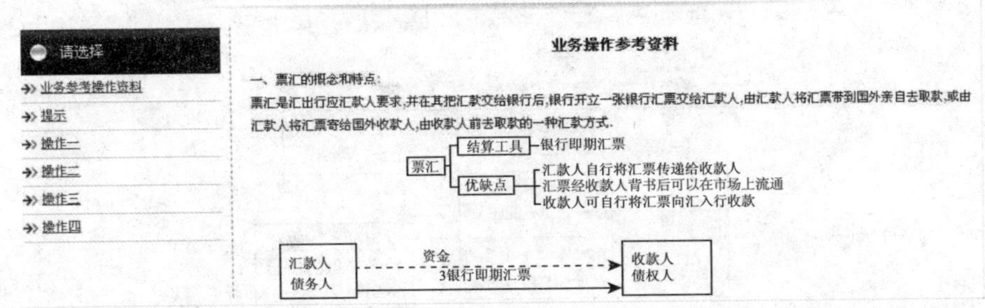
请选择

业务参考操作资料

提示

操作一

操作二

操作三

操作四

业务操作参考资料

一、票汇的概念和特点：

票汇是汇出行应汇款人要求，并在其把汇款交给银行后，银行开立一张银行汇票交给汇款人，由汇款人将汇票带到国外亲自去取款，或由汇款人将汇票寄给国外收款人，由收款人前去取款的一种汇款方式。

5. 点击页面左边的“提示”，阅读“操作指南”，操作指南会为我们提供后续操作的基础信息，需要仔细阅读。

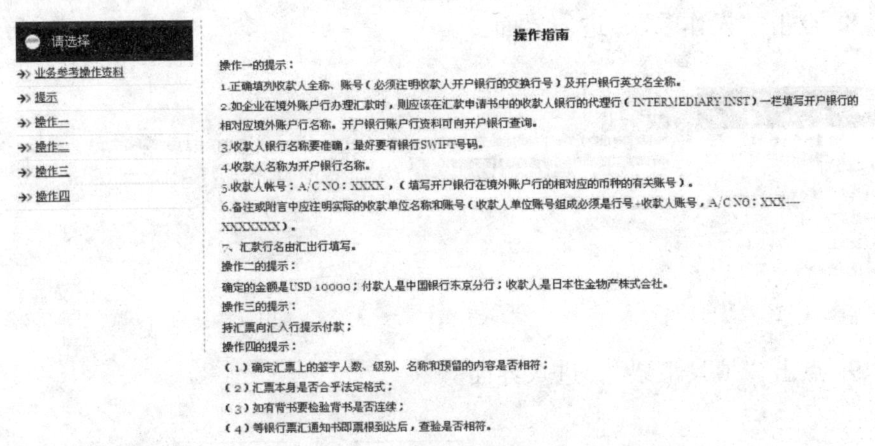
请选择

业务参考操作资料

提示

操作一

操作二

操作三

操作四

操作指南

操作一的提示：

1.正确填列收款人全称、账号（必须注明收款人开户银行的交换行号）及开户银行英文名全称。

2.如企业在境外账户行办理汇款时，则应该在汇款申请书中的收款人银行的代理行（INTERMEDIARY INST）一栏填写开户银行的相对应境外账户行名称。开户银行账户行资料可向开户银行查询。

3.收款人银行名称要准确，最好要有银行SWIFT号码。

4.收款人名称为开户银行名称。

5.收款人帐号：A/C NO：XXXX，（填写开户银行在境外账户行的相对应的币种的有关账号）。

6.备注或附言中应注明实际的收款单位名称和账号（收款人单位账号组成必须是行号+收款人账号，A/C NO：XXX—XXXXXXXX）。

7、汇款行名由汇出行填写。

操作二的提示：

确定的金额是USD 10000；付款人是中国银行东京分行；收款人是日本住金物产株式会社。

操作三的提示：

持汇票向汇入行提示付款；

操作四的提示：

（1）确定汇票上的签字人数、级别、名称和预留的内容是否相符；

（2）汇票本身是否合乎法定格式；

（3）如有背书要检验背书是否连续；

（4）等银行票汇通知书即票根到达后，查验是否相符。

6. 点击“操作一”，进入界面，阅读填制汇票所需信息。

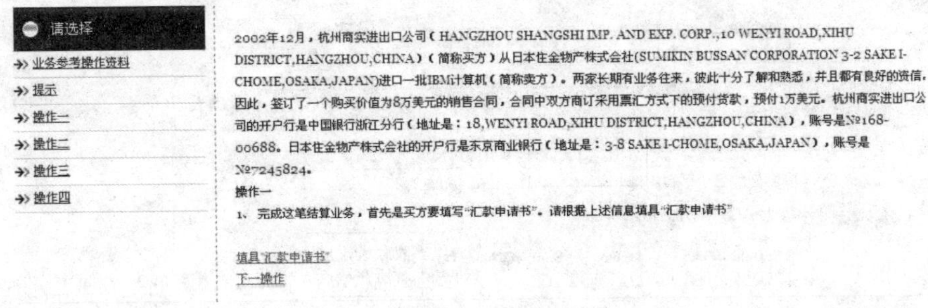
请选择

业务参考操作资料

提示

操作一

操作二

操作三

操作四

2002年12月，杭州商实进出口公司（HANGZHOU SHANGSHI IMP. AND EXP. CORP.,10 WENYI ROAD,XIHU DISTRICT,HANGZHOU,CHINA）（简称买方）从日本住金物产株式会社(SUMIKIN BUSSAN CORPORATION 3-2 SAKE I-CHOME,OSAKA,JAPAN)进口一批IBM计算机（简称卖方）。两家长期有业务往来，彼此十分了解和熟悉，并且都有良好的资信，因此，签订了一个购买价值为8万美元的销售合同，合同中双方商订采用票汇方式下的预付货款，预付1万美元。杭州商实进出口公司的开户行是中国银行浙江分行（地址是：18,WENYI ROAD,XIHU DISTRICT,HANGZHOU,CHINA），账号是№168-00688。日本住金物产株式会社的开户行是东京商业银行（地址是：3-8 SAKE I-CHOME,OSAKA,JAPAN），账号是№7245824。

操作一

1、完成这笔结算业务，首先是买方要填写“汇款申请书”。请根据上述信息填具“汇款申请书”

填具“汇款申请书”

下一操作

7. 阅读信息完毕点击“填具汇款申请书”，进入界面，并填写申请书。

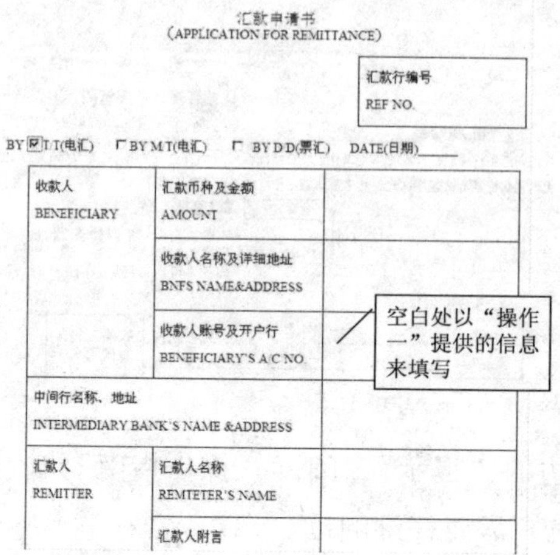
汇款申请书
(APPLICATION FOR REMITTANCE)

汇款行编号 REF NO.	

BY ☑T/T(电汇) □BY M/T(电汇) □BY D/D(票汇) DATE(日期)

收款人 BENEFICIARY	汇款币种及金额 AMOUNT	
	收款人名称及详细地址 BNFS NAME&ADDRESS	
	收款人账号及开户行 BENEFICIARY'S A/C NO.	
中间行名称、地址 INTERMEDIARY BANK'S NAME &ADDRESS		
汇款人 REMITTER	汇款人名称 REMTETER'S NAME	
	汇款人附言	

8. 点击“操作二”，进入界面。

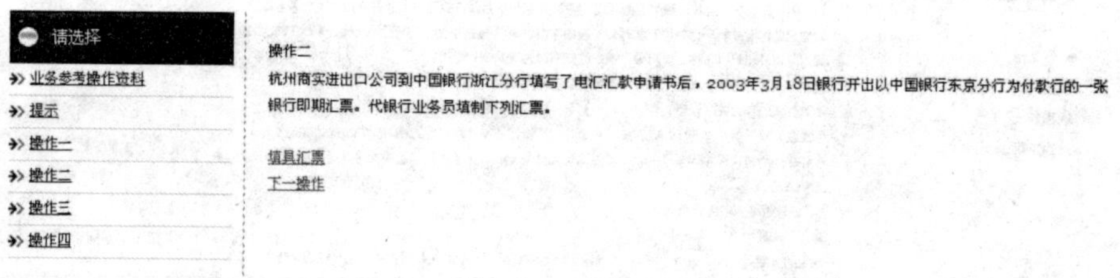

9. 点击“填具汇票”，进入界面。

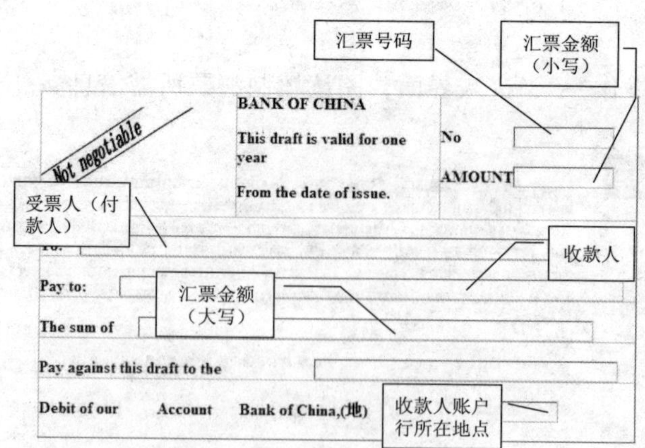
BANK OF CHINA

This draft is valid for one year

From the date of issue.

No

AMOUNT

Not negotiable

To:

Pay to:

The sum of

Pay against this draft to the

Debit of our Account Bank of China,(地)

10. 填制汇票，然后点击“操作三”、“操作四”，和同学讨论完成。

汇票试验三

1. 进入界面，点击“银行承兑汇票”。

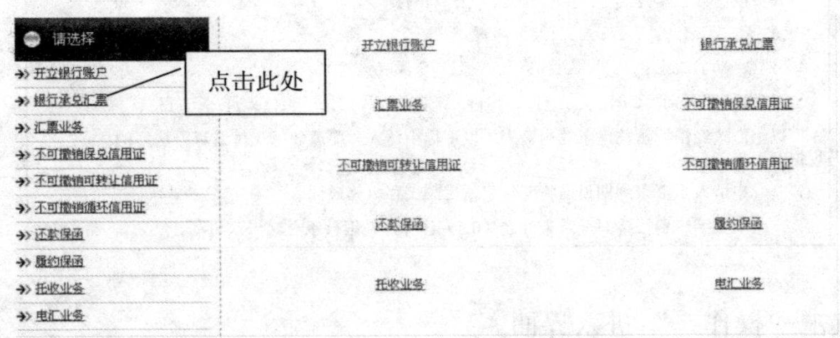

2. 点击页面左边的“提示”，阅读“业务操作参考资料”，此处有比较详细的银行承兑汇票的基础知识，可花些时间详细阅读。

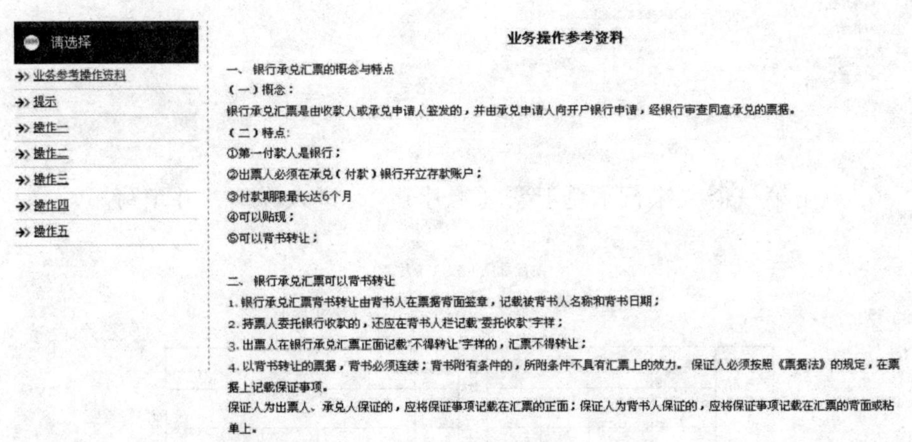
请选择
业务参考操作资料
提示
操作一
操作二
操作三
操作四
操作五

业务操作参考资料

一、 银行承兑汇票的概念与特点

（一）概念：

银行承兑汇票是由收款人或承兑申请人签发的，并由承兑申请人向开户银行申请，经银行审查同意承兑的票据。

（二）特点:

①第一付款人是银行；

②出票人必须在承兑（付款）银行开立存款账户；

③付款期限最长达6个月

④可以贴现；

⑤可以背书转让；

二、 银行承兑汇票可以背书转让

1. 银行承兑汇票背书转让由背书人在票据背面签章，记载被背书人名称和背书日期；

2. 持票人委托银行收款的，还应在背书人栏记载“委托收款”字样；

3. 出票人在银行承兑汇票正面记载“不得转让”字样的，汇票不得转让；

4. 以背书转让的票据，背书必须连续；背书附有条件的，所附条件不具有汇票上的效力。保证人必须按照《票据法》的规定，在票据上记载保证事项。

保证人为出票人、承兑人保证的，应将保证事项记载在汇票的正面；保证人为背书人保证的，应将保证事项记载在汇票的背面或粘单上。

3. 点击“操作一”，进入界面，阅读填制银行承兑汇票所需信息。

请选择
业务参考操作资料
提示
操作一
操作二
操作三
操作四
操作五

宁波美乐地服装有限公司（简称买方）从上海纺织品工贸公司购进一批布料（简称卖方）。两家公司长期以来有业务往来，彼此十分了解和熟悉，并且都有良好的资信。因此签订了一份购买价值为30万人民币的销售合同，合同号为：S/C8888，合同中约定采取银行承兑汇票的结算方式一次付清，并要求买方于6月20号开出一张面值为30万人民币的期限为2个月的银行承兑汇票。买方的开户银行是中国银行宁波分行（行号BC1234），其账号为No:05741234；卖方的开户银行是中国银行上海分行（行号BC4321），其账号为No:02104321。

操作一

要完成这笔业务，首先买方要向银行进行承兑申请。买方将双方签订的购销合同及营业执照、税务登记证及其复印件，法人代表身份证复印件，经税务部门指定的会计师事务所审计过的前三年财务报表和近期财务报表及有关单据等有关资料送交给中国银行宁波支行，经银行全部审批程序终了同意买方承兑汇票的要求，买方即与银行签订承兑协议。请根据上述信息填具“银行承兑协议”。

填具“银行承兑协议”

下一操作

4. 阅读信息完毕点击“填具银行承兑协议”，进入界面，并填写协议书。

银行承兑协议

编号：____________________

空白处信息从“操作一”获得

银行承兑汇票的内容：

付款人全称 __________________ 收款人全称 __________________

开户银行 __________________ 开启银行 __________________

账 号__________________ 账 号__________________

汇票号码 __________________ 汇票金额（大写） ____________

签发日期______年_____月_____日 到期日 ______ 年_____月_____日

以上汇票经银行承兑，承兑申请人（以下称申请人）愿遵守《支付结算办法》的规定及下列条款：

一、 申请人于汇票到期日前将应付票款足额交存承兑银行。

二、 承兑手续费按票面金额千分之（0.5）计算，在银行承兑时一次付清。

5. 点击“操作二”进入界面。

请选择

- 业务参考操作资料
- 提示
- 操作一
- 操作二
- 操作三
- 操作四
- 操作五

操作二

2，银行与买方签订银行承兑协议后，银行就可以承兑银行承兑汇票。假如你是银行业务员，请你代他根据以上信息填具下列四份银行承兑汇票：

银行承兑汇票（卡片）

银行承兑汇票（卡片）

银行承兑汇票（解讫通知）

银行承兑汇票（存根）

下一操作

6. 点击第一个“银行承兑汇票（卡片）”，进入界面，并填写。

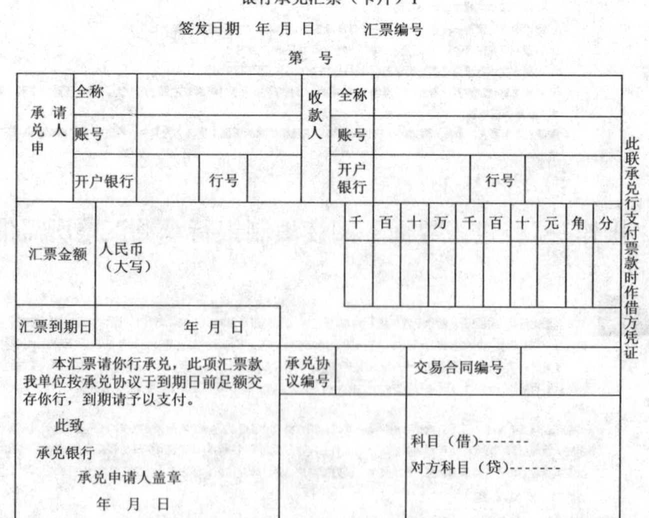

银行承兑汇票（卡片）1

签发日期 年 月 日 汇票编号

第 号

<table>
<tr><td rowspan="3">承兑申请人</td><td>全称</td><td colspan="3"></td><td rowspan="3">收款人</td><td>全称</td><td colspan="10"></td></tr>
<tr><td>账号</td><td colspan="3"></td><td>账号</td><td colspan="10"></td></tr>
<tr><td>开户银行</td><td></td><td>行号</td><td></td><td>开户银行</td><td colspan="4"></td><td>行号</td><td colspan="5"></td></tr>
<tr><td rowspan="2">汇票金额</td><td rowspan="2" colspan="5">人民币
（大写）</td><td>千</td><td>百</td><td>十</td><td>万</td><td>千</td><td>百</td><td>十</td><td>元</td><td>角</td><td>分</td></tr>
<tr><td></td><td></td><td></td><td></td><td></td><td></td><td></td><td></td><td></td><td></td></tr>
<tr><td>汇票到期日</td><td colspan="3">年 月 日</td><td colspan="12"></td></tr>
<tr><td rowspan="2" colspan="4">本汇票请你行承兑，此项汇票款我单位按承兑协议于到期日前足额交存你行，到期请予以支付。
此致
承兑银行
承兑申请人盖章
年 月 日</td><td>承兑协议编号</td><td colspan="2"></td><td colspan="4">交易合同编号</td><td colspan="5"></td></tr>
<tr><td colspan="3"></td><td colspan="9">科目（借）-------
对方科目（贷）-------</td></tr>
</table>

此联承兑行支付票款时作借方凭证

7. 点击第二个“银行承兑汇票（卡片）”，进入界面，并填写。

此致 承兑银行 承兑申请人盖章 年　月　日 ---------------- 本汇票经本行承兑，到期日由本行付交。 承兑银行盖章 年　月　日	汇票签发人盖章 负责　经办	科目（借）------- 对方科目（贷）------- 转账　年 月 日 复核　记账

银行承兑汇票2背面

注意事项

一、收款人必须将本汇票和解讫通知同时提交开户银行，两者缺一无效。

二、本汇票经背书可以转让。

被背书人	被背书人	被背书人
背书	背书	背书

8. 点击“银行承兑汇票（解讫通知）”，进入界面，并填写。

银行承兑汇票（解讫通知）3

签发日期　年 月 日　　　　汇票编号

第　号

承兑申请人	全称			收款人	全称										
	账号				账号										
	开户银行	行号			开户银行		行号								
汇票金额	人民币（大写）				千	百	十	万	千	百	十	元	角	分	
汇票到期日	年 月 日														
收款人开户银行盖章 复核 会计				承兑协议编号		交易合同编号									

此联收款人开户银行收取票款时随报价单行，承兑行作借方凭证附件

9. 点击“银行承兑汇票（存根）”，进入界面，并填写。

银行承兑汇票（存根）4

签发日期　年 月 日　　　　　汇票编号

第　号

<table>
<tr><td rowspan="3">承兑申请人</td><td>全称</td><td colspan="3"></td><td rowspan="3">收款人</td><td>全称</td><td colspan="10"></td></tr>
<tr><td>账号</td><td colspan="3"></td><td>账号</td><td colspan="10"></td></tr>
<tr><td>开户银行</td><td></td><td>行号</td><td></td><td>开户银行</td><td colspan="4"></td><td colspan="2">行号</td><td colspan="4"></td></tr>
<tr><td rowspan="2">汇票金额</td><td colspan="4" rowspan="2">人民币（大写）</td><td colspan="3">千</td><td>百</td><td>十</td><td>万</td><td>千</td><td>百</td><td>十</td><td>元</td><td>角</td><td>分</td></tr>
<tr><td colspan="3"></td><td></td><td></td><td></td><td></td><td></td><td></td><td></td><td></td><td></td></tr>
<tr><td>汇票到期日</td><td colspan="4">年 月 日</td><td colspan="12"></td></tr>
<tr><td colspan="4" rowspan="2">备注：</td><td colspan="2">承兑协议编号</td><td colspan="3"></td><td colspan="4">交易合同编号</td><td colspan="4"></td></tr>
<tr><td colspan="5"></td><td colspan="8"></td></tr>
</table>

此联签发人存根

10. 点击“操作三”，计算手续费。

请选择

→ 业务参考操作资料

→ 提示

→ 操作一

→ 操作二

→ 操作三

→ 操作四

→ 操作五

操作三

汇票承兑之后，银行退回有关资料并将银行承兑汇票并交付买方，买方支付出票手续费。手续费率是0.05%。请计算手续费。

下一操作

11. 点击“操作四”，计算罚款。

操作四

买方将经银行承兑的汇票交付给卖方，并在汇票到期日之前足额将货款交存银行。对出票人尚未支付的承兑金额，银行将按照每天万分之五计收利息。假设买方只按时交存了20万元，剩余的10万元是在到期日后的三十天后交存的，那银行该如何处理，买方是否要罚款，如果是，要罚多少？

下一操作

12. 点击“操作五”，讨论完成思考题。

请选择
业务参考操作资料
提示
操作一
操作二
操作三
操作四
操作五

操作五

汇票到期后，卖方委托中国银行上海分行收款。上海分行向宁波分行发出票据及委托收款凭证，并划回票款到卖方在其银行所开立的账户。如果买方没有将票款足额、定期存入买方开户银行，其开户银行可否拒付？

本章习题

单项选择题：

1. 票据的背书是否合法，以（B）法律解释。

A. 出票地　　B. 行为地　　C. 付款地　　D. 交单地

2. 票据的有效性应以（A）国家的法律解释。

A. 出票地　　B. 行为地　　C. 付款地　　D. 交单地

3. 票据的作成，形式上要求记载的必要项目必须齐全，各个必要项目又必须符合票据法律规定，方可使票据产生法律效力。这是票据的（A）性质。

A. 要式性　　B. 设权性

C. 提示性　　D. 流通转让性

4. 票据所有权通过交付或背书及交付进行转让，这是票据的（D）性质。

A. 要式性　　B. 设权性

C. 提示性　　D. 流通转让性

5. 票据上的债权人在请求票据债务人履行票据义务时，必须向付款人提示票据，方能请求付给票款。这是票据的（C）性质。

A. 要式性　　B. 设权性

C. 提示性　　D. 流通转让性

6. 出票人在票据上立下书面的支付信用保证，付款人或承兑人允诺按照票面规定履行付款义务。这是票据的（B）作用。

A. 结算　　B. 信用

C. 流通　　D. 抵消债务

7. 汇票的付款期限的下述记载方式中，（B）必须由付款人承兑后才能确定具体的付款日期。

A. at sight　　B. at XX days after sight

C. at XX days after date　　D. at XX days after shipment

8. 承兑是（A）对远期汇票表示承担到期付款责任的行为。

A. 付款人　　B. 收款人　　C. 持票人　　D. 受益人

9. 以下关于支票的说法，正确的是（D）。

A. 是一种无条件的书面支付承诺

B. 付款人可以是银行，工商企业或个人

C. 可以使即期付款或远期付款

D. 是以银行为付款人的即期汇票

10. 支票的出票人和付款人的关系是（C）。

A. 债务人和债权人　　B. 债权人和债务人

C. 银行的存款人和银行　　D. 供应商和客户

本章思考题

1. 简述票据的特点及功能。

2. 汇票、本票、支票的定义和特点。

3. 汇票、本票、支票的异同。

第三章

汇 款

本章要点

1. 理解汇款的含义、当事人的相互关系、汇款的种类与业务流程。

2. 理解电汇、信汇、票汇三种汇款方式。

3. 能进行电汇业务操作。

课前小知识

汇出去的钱还能追回来吗?

不少人都被电话诈骗骗过钱，可是被骗的钱还能要回来吗? 2014 年 12 月，在银行工作人员的协助下，在中国某城市受害人被电话诈骗汇款后 8 分钟内，银行快速作出反应，利用异地跨行转账的黄金时间差，及时追回电话诈骗涉案金额 7 万余元。在汇款后十分钟内是追回钱款的黄金时间，因为一般骗子都会在钱款到账后十分钟内派出多人分几个账户将钱取走或转移到多个自己的账户上。十分钟后，如果让骗子得逞，这钱想追回来那就难了。

第一节 汇款概述

一、汇款的概念

汇款（**Remittance**）又称汇付，是银行（汇出行）应汇出人的要求，以一定的方式将款项通过国外联行或代理行（汇入行）交付收款人的结算方式。汇款是债务人或付款人主动通过银行将款项汇交收款人的结算方式。汇款是买卖双方根据贸易合同相互提供的信用，属于商业信用，其资金的流向与支付工具的传送方向相同，在国际结算中称为顺汇法。

二、汇款的当事人

在汇款结算方式下，通常有四个当事人：

(1) 汇款人（Remitter）即付款人，是委托汇出行将款项汇交收款人的当事人，通常是国际贸易合同中的买方，即进口商。汇款人在委托汇出行办理汇款时要出具汇款申请书，该申请书是汇款人与汇出行之间的契约。汇款人应当正确填写汇款申请书，申请书填制上的错漏所引起的后果由汇款人自己负责。

(2) 收款人（Payee），或称债权人、受益人（Beneficiary），是接到汇入行通知后收取汇款的当事人，在国际贸易中，收款人通常为出口人。收款人是汇款金额的最终接受者，通常是出口方或债权人，也可以是汇款人本人，其权利是凭证取款。

(3) 汇出行（Remitting Bank），指接受汇款人委托汇出汇款的银行。汇出行对汇款申请书的内容应该仔细阅读审核，如果有危及汇款解付的应予指出，或者要求汇款人修改或将申请书退给汇款人。汇款申请书一旦接受，汇款人和汇款行之间的契约关系立即正式生效。汇出行应该完全遵照汇款申请书的内容办理汇款业务。在国际贸易中，汇出行通常为进口地银行。

(4) 汇入行（Paying Bank），即接受汇出行委托，并解付一定金额给收款人的银行。汇入行解付汇入款必须严格按照汇出行的支付委托书执行，收到支付委托书后应该验收印鉴密押，若有疑惑必须与汇出行进行联系，并通过加押电报来确认。在国际贸易中，汇入行通常为出口地银行。

三、汇款当事人间的关系

（一）汇款人与收款人之间的关系

汇款人与收款人之间的关系在实务中表现为两个方面：在非贸易汇款中，由于资金单方面转移的特性，汇、收双方表现为资金提供与接受的关系；在贸易汇款中，由于商品买卖的原因，汇、收双方表现为债权债务关系。

（二）汇款人与汇出行之间的关系

汇款人与汇出行之间是委托与被委托的关系。汇款人委托汇出行办理汇款时，要出具汇款申请书。这是当事双方委托与接受委托的契约凭证，它明确了双方在该项业务中的权利与义务。

（三）汇出行与汇入行之间的关系

汇出行与汇入行之间既有代理关系，又有委托与被委托的关系。一般代理关系在前，即两行事先签有业务代理合约或有账户往来关系，在代理合约规定的业务范围内，两行各自承担应尽之责。就一笔汇款业务而言，汇出行通过汇款凭证，传递委托之信息，汇入行接受委托承担解付汇款之义务。

（四）收款人与汇入行之间的关系

收款人与汇入行之间通常表现为账户往来关系，即收款人在汇入行开有存款账户。此外，两者也可以没有关系，汇入行有责任向收款人解付该笔款项。

汇款当事人之间的关系可以用下图表示：

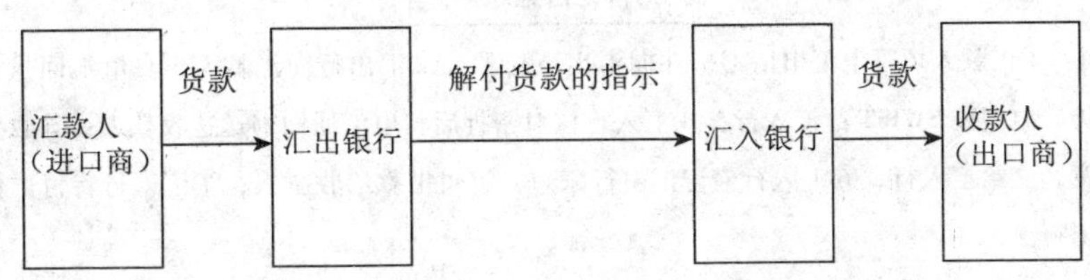

第二节 汇款的种类与流程

按照汇款使用的支付工具不同，汇款可分为电汇、信汇、票汇三种。

一、电汇

电汇（Telegraphic Transfer，TT），是汇款人将一定款项交存汇款银行，汇款银行通过电报或电传给目的地的分行或代理行（汇入行），指示汇入行向收款人支付一定金额的一种汇款方式。

电汇经历了从电报到电传再到SWIFT通信方式的演变过程。SWIFT是society for worldwide interbank financial telecommunications（环球同业银行金融电信协会或环球银行间金融通信协会）的缩写，是国际银行同业间的国际合作组织，也被称为SWIFT组织。这是一个国际银行间非营利性的国际合作组织，它依据全世界各成员银行金融机构相互之间的共同利益，按照工作关系将其所有成员组织起来，按比利时的法律制度登记注册，总部设在比利时的布鲁塞尔，成立于1973年，目前全球大多数国家大多数银行已使用SWIFT系统。SWIFT的使用，为银行的结算提供了安全、可靠、快捷、标准化、自动化的通信业务，从而大大提高了银行的结算速度。

电汇的基本程序：

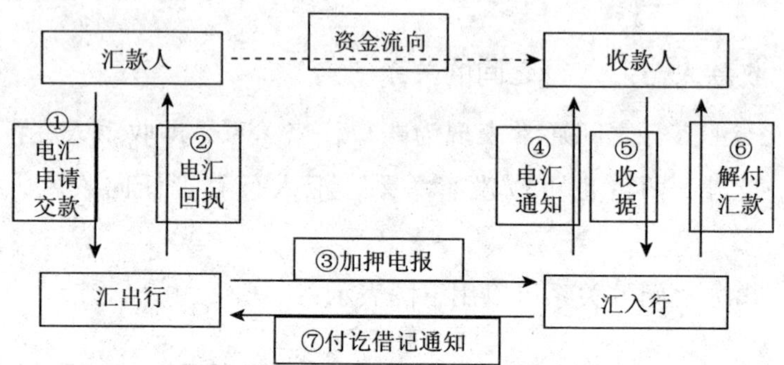

说明：①汇款人填写电汇申请书，并向汇出行付款；②汇出行向汇款人出具电汇回执；③汇出行拍发电传、电报或SWIFT给汇入行；④汇入行核对密押后将电汇通知书送达收款人；⑤收款人将收款收据盖章，交给汇入行；⑥汇入行借记汇出行账户，解付汇款给收款人；⑦汇入行将付讫借记通知书寄给汇出行。

2012年Swift通信流量图例：

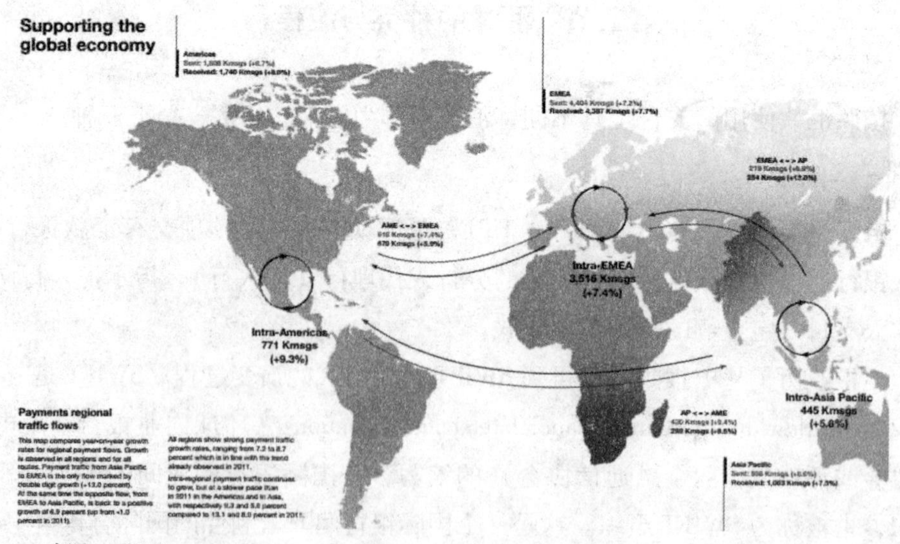

来源：SWIFT

二、信汇

信汇（mail transfer，M/T）是指汇款人向当地银行交付本国货币，由银行开具付款委托书，用航空邮寄交国外分行或代理行，办理付出外汇业务。信汇凭证是信汇付款委托书，其内容与电报委托书内容相同，只是汇出行在信汇委托书上不加注密押，而以负责人签字代替。在办理信汇时，汇出行出具由银行有权签字人员签发的银行"信汇委托书"，然后用信函寄往解付行，解付行凭此办理有关款项的解付手续。

信汇的特点是：

（1）费用低廉。采用信汇方式，由于邮程需要的时间比电汇长，银行有机会利用这笔资金，所以信汇汇率低于电汇汇率，其差额相当于邮程利息。

（2）速度慢。因邮递关系，收款时间较长，一般航邮为 7~15 天，视地区远近而异。如果使用快递，可以加速 3~5 天。

（3）资金可被银行短期占用。信汇在途时间较长，因此汇出行可占用一个邮程时间内的信汇资金。

信汇的基本程序：

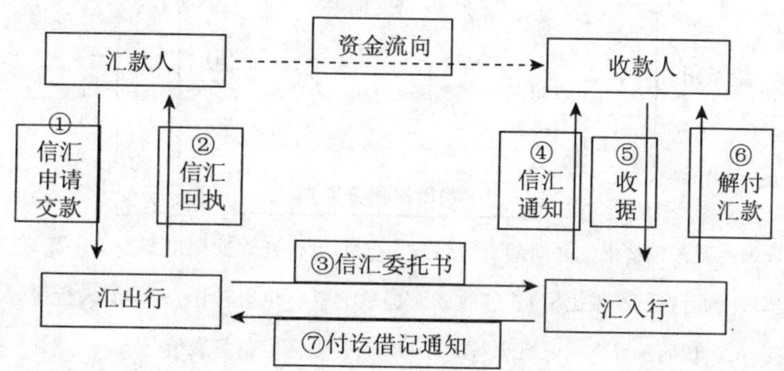

说明：①汇款人填写信汇申请书，并向汇出行付款；②汇出行向汇款人出具信汇回执；③汇出行制作委托书，邮寄给汇入行；④汇入行核对签字后将信汇通知书送达收款人；⑤收款人将收款收据盖章，交给汇入行；⑥汇入行借记汇出行账户，解付汇款给收款人；⑦汇入行将借记通知书寄给汇出行完成汇款。

三、票汇

票汇（Demand Draft，Remittance by Banker´s Demand Draft，D/D）是指汇出行应汇款人的申请，代汇款人开立以其分行或代理行为解付行的银行即期汇票（Banker's Demand Draft），支付一定金额给收款人的一种汇款方式。

银行在受理票汇业务时，需签发一张汇票给汇款人，并向汇入行寄送汇票通知书。当收款人持汇票向汇入行提取款项时，汇入行在审验汇票无误后，解付票款给收款人。除此之外，票汇的其他手续与电汇、信汇基本相同。

当票汇退汇时，汇款人应提交书面申请，并交回原汇票（应背书），经汇出行核对无误后，在汇票上加盖“注销”戳记，办理退汇手续。退交的汇票作为退汇传票附件，并通知汇入行注销寄回相应票据。

票汇的特点：

（1）汇入行无须通知收款人取款，而由收款人上门自取。

（2）收款人通过背书可以转让汇票，到银行领取汇款的，很可能不是汇票上列明的收款人本人，而是其他人。因此，票汇牵涉到的当事人可能较多。国际贸易实务中，进出口商的佣金、回扣、寄售货款、小型样品与样机、展品出售和索赔等款项的支付，常采取票汇方式汇付。

票汇流程图：

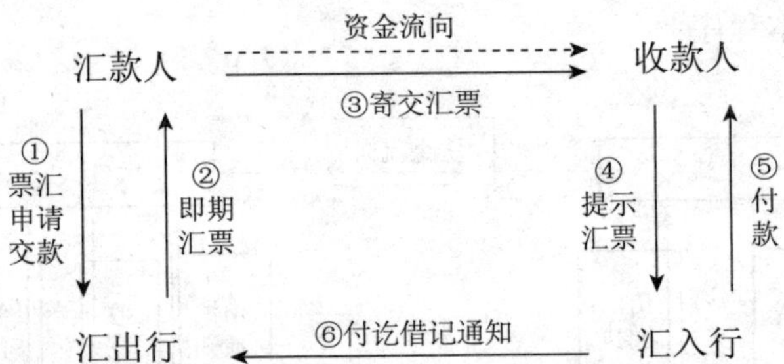

①汇款人填写票汇申请书，并向汇出行付款；②汇出行开立即期汇票交给汇款人；③汇款人向收款人寄交汇票（也可自行携带出国）；④收款人提示汇票（也可转让）；⑤汇入行借记汇出行账户，凭票付款给收款人；⑥汇入行将借记通知书寄给汇出行，通知它付款完毕。

三种汇款方式的比较：

方式	利	弊	速度
T/T	安全，汇款人可充分利用资金，减少利息损失	银行不能占用资金，成本较高	最快
M/T	银行可占用客户资金	速度较慢，有可能在邮寄中丢失	比 T/T 慢
D/D	客户自行取款，背书后可转让汇票	可能丢失，被窃，但成本较低	最慢

第三节 电汇试验

电汇实验一：

1. 进入界面，点击“电汇业务”。

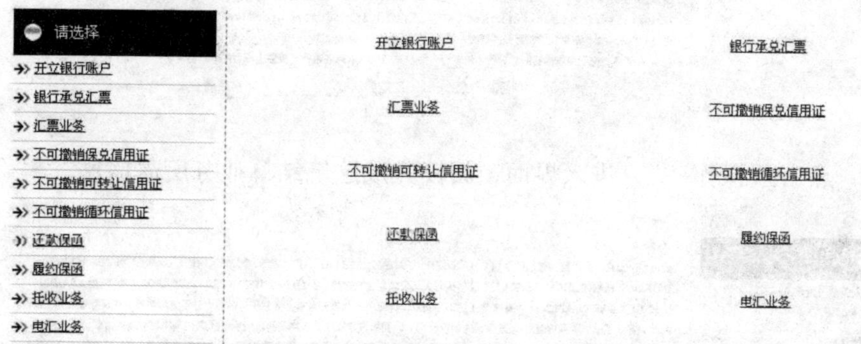

2. 点击页面左边的“业务操作参考资料”，并仔细阅读。

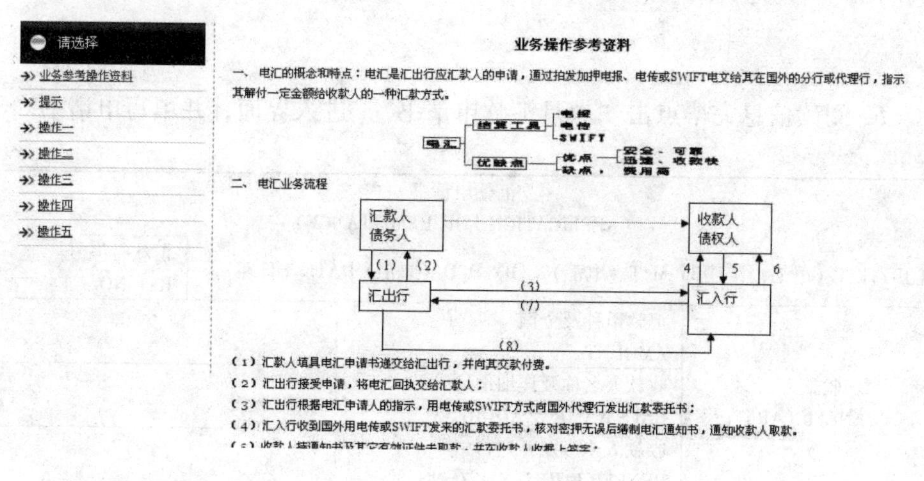

3. 点击页面左边的“提示”，并仔细阅读。

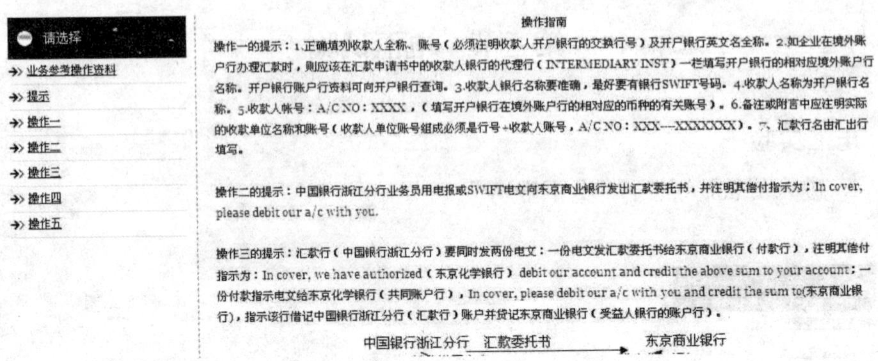

请选择

→ 业务参考操作资料
→ 提示
→ 操作一
→ 操作二
→ 操作三
→ 操作四
→ 操作五

操作指南

操作一的提示：1.正确填列收款人全称、账号（必须注明收款人开户银行的交换行号）及开户银行英文名全称。2.如企业在境外账户行办理汇款时，则应该在汇款申请书中的收款人银行的代理行（INTERMEDIARY INST）一栏填写开户银行的相对应境外账户行名称。开户银行账户行资料可向开户银行查询。3.收款人银行名称要准确，最好要有银行SWIFT号码。4.收款人名称为开户银行名称。5.收款人帐号：A/C NO：XXXX，（填写开户银行在境外账户行的相对应的币种的有关账号）。6.备注或附言中应注明实际的收款单位名称和账号（收款人单位账号组成必须是行号+收款人账号，A/C NO：XXX---XXXXXXX）。7、汇款行名由汇出行填写。

操作二的提示：中国银行浙江分行业务员用电报或SWIFT电文向东京商业银行发出汇款委托书，并注明其偿付指示为：In cover, please debit our a/c with you.

操作三的提示：汇款行（中国银行浙江分行）要同时发两份电文：一份电文发汇款委托书给东京商业银行（付款行），注明其偿付指示为：In cover, we have authorized（东京化学银行） debit our account and credit the above sum to your account；一份付款指示电文给东京化学银行（共同账户行），In cover, please debit our a/c with you and credit the sum to(东京商业银行)，指示该行借记中国银行浙江分行（汇款行）账户并贷记东京商业银行（受益人银行的账户行）。

4. 点击“操作一”，进入界面，阅读完成这笔结算业务所需信息。

请选择

→ 业务参考操作资料
→ 提示
→ 操作一
→ 操作二
→ 操作三
→ 操作四
→ 操作五

2002年12月，杭州商实进出口公司（HANGZHOU SHANGSHI IMP. AND EXP. CORP.)(地址：10,WENYI ROAD,XIHU DISTRICT,HANGZHOU,CHINA）（简称买方）从日本住金物产株式会社(SUMIKIN BUSSAN CORPORATION 3-2 SAKE I-CHOME,OSAKA,JAPAN)（简称卖方）进口一批IBM计算机。两家长期有业务往来，彼此十分了解和熟悉，并且都有良好的资信。因此，签订了一个购买价值为80万美元的销售合同，合同中双方商订在货物到达杭州后45天之内采用电汇方式付款，一次付清。货物到达杭州的日期是2003年4月18日。杭州商实进出口公司的开户行是中国银行浙江分行（地址是：18,WENYI ROAD,XIHU DISTRICT,HANGZHOU,CHINA），账号是№168-00688。．日本住金物产株式会社的开户行是东京商业银行（地址是：3-8 SAKE I-CHOME,OSAKA,JAPAN），账号是№7245824。杭州商实进出口公司的业务员于4月16日到中国银行浙江分行办理汇款手续。

操作一

要求：完成这笔结算业务，首先是买方要填写“汇款申请书”。请根据上述信息填具“汇款申请书”

填具“汇款申请书”

下一操作

5. 阅读信息完毕点击“填具汇款申请书”，进入界面，并填写申请书。

<table>
<tr><td colspan="3">汇款申请书
（APPLICATION FOR REMITTANCE）</td></tr>
<tr><td colspan="2">□BY T/T（电汇）　□BY M/T（电汇）　BY D/D（票汇）DATE（日期）</td><td>汇款行编号
REF NO.</td></tr>
<tr><td rowspan="3">收款人
BENEFICLARY</td><td>汇款币种及金额
AMOUNT</td><td></td></tr>
<tr><td>收款人名称及详细地址
BNFS NAME & ADDRESS</td><td></td></tr>
<tr><td>收款人账号及开户行
BENEFICIARY’ S A/C NO.</td><td></td></tr>
<tr><td colspan="2">中间行名称、地址
INTERMEDIARY BANK’ S NAME & ADDRESS</td><td></td></tr>
</table>

6. 点击“操作二”，进入界面，阅读相关信息。

7. 点击“填写汇款电报”，进入界面，并填制电报书。

用电报方式发出的汇款委托书

FM：（汇出行名称）

TO：（汇入行名称）

DATE：（发电日期）

TEST（密押），XXXX

OUR REF

NO. （汇款编号）

PAY （付款金额 AMOUNT） （起息日 DATE）

VALUE

TO （收款人 BENEFICIARY）

FOR CREDIT OF

ACCOUNT NO

OF

MESSAGE （汇款附言）

ORDER （汇款人）

COVER （头寸拨付）

8. 点击“填写 swift 报文”，进入界面，并填制。

SWIFT 报文 MT202

Explanation	Format
Sender（发报行）	
Message Type（电文类型）	202
Receiver（收报行）	
Message Text（电文内容）	
Transaction Reference Number（汇款编号）	：20：
Value Date Currency Code/Amount（起息日/货币代号/金额）	：32A：
Sender’s Correspondent（1）（偿付账号）	：53B
Intermediary	：56A：
Account With Institution（2）	：57A：
End of Message Text/Trailer（电文结束/报尾）	

9. 点击“操作三”，进入界面，阅读所需信息。

请选择

→ 业务参考操作资料
→ 提示
→ 操作一
→ 操作二
→ 操作三
→ 操作四
→ 操作五

操作三

要求：

现假设中国银行与东京商业银行无账户关系，但与东京化学银行（I行）有账户关系，中国银行在东京化学银行开设的帐号为№23456789，而东京化学银行在东京商业银行开设的账号为№12345678，请你分别用电报或电传和SWIFT方式完成这笔头寸清算。

填写汇款电报
填写SWIFT报文
填写SWIFT MT202报文
下一操作

10. 点击“填写汇款电报”，进入并填写电报。

用电报方式发出的汇款委托书

FM：（汇出行名称）

TO：（汇入行名称）

DATE：（发电日期）

TEST（密押）：XXXX

OUR REF NO.　　　　（汇款编号）

PAY　　　　（付款金额 AMOUNT） VALUE　（起息日 DATE）

TO　　　　（收款人 BENEFICIARY）

FOR CREDIT OF ACCOUNT NO.

OF

MESSAGE　　　　（汇款附方）

ORDER　　　　（汇款人）

COVER　　　　（头寸拨付）

NO ANY CHARGES FOR US（我行不负担费用）

11. 点击“填写 swift 报文”，并进行填写。

Explanation	Format
Sender（发报行）	
Message Type（电文类型）	202
Receiver（收报行）	
Message Text（电文内容）	
Transaction Reference Number（汇款编号）	：20：
Value Date/Currency Code/Amount（起息日/货币代号/金额）	：32A：

续表

Explanation	Format
Sender' s Correspondent（1）（偿付账号）	：53B
Intermediary	：56A：

12. 点击“填写 swift mt202 报文”。

用 SWIFT 方式发出的汇款委托书

Fin/Session/TSN	：F01　　. SS.	. SEQ
Own Address	（银行代码）	（银行全称）
Input message type	：100	CUSTOMER TRANSFER
Sent to：	（银行代码）	（银行全称）
Input time：		
MIR：		
Priority/Obsol. Period Normal/100 Minutes（只需填以下部分）		
MT 100 CUSTOMER TRANSFER		
DATE		
Sent to：		
：20/transaction reference number：		
：32A/value date，currency code，amount：		

13. 点击“操作四”，进入界面，阅读所需信息。

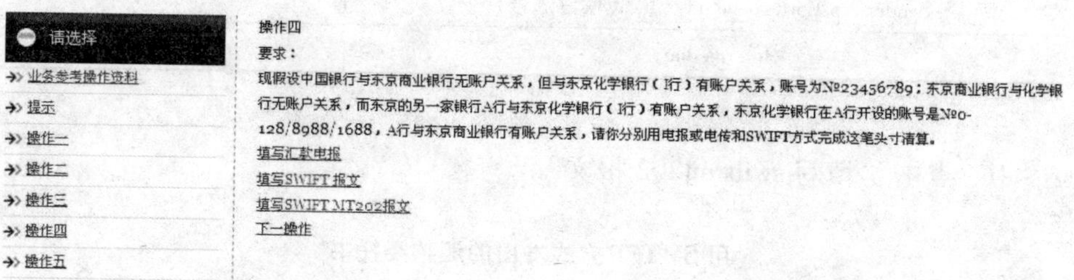

14. 点击“填写汇款电报”，进入并填写电报。

用电报方式发出的汇款委托书

FM：（汇出行名称）

TO：（汇入行名称）

DATE：（发电日期）

TEST（密押）：XXXX

OUR REF NO. （汇款编号）

PAY （付款金额 AMOUNT） VALUE （起息日 DATE）

TO （收款人 BENEFICIARY）

FOR CREDIT OF ACCOUNT NO.

OF

MESSAGE （汇款附方）

ORDER （汇款人）

COVER （头寸拨付）

15. 点击“填写 swift 报文”，并进行填写。

Explanation	Format
Sender（发报行）	
Message Type（电文类型）	202
Receiver（收报行）	
Message Text（电文内容）	
Transaction Reference Number（汇款编号）	：20：
Value Date/Currency Code/Amount（起息日/货币代号/金额）	：32A：
Sender’s Correspondent（1）（偿付账号）	：53B
Intermediary	：56A：

16. 点击“填写 swift mt202 报文”。

用 SWIFT 方式发出的汇款委托书

Fin/Session/TSN	：F01 . SS.	. SEQ
Own Address	（银行代码）	（银行全称）
Input message type	：100	CUSTOMER TRANSFER
Sent to：	（银行代码）	（银行全称）
Input time：		

续表

MIR：
Priority/Obsol. Period Normal/100 Minutes（只需填以下部分）
MT 100 CUSTOMER TRANSFER
DATE
Sent to：
：20/transaction reference number：
：32A/value date，currency code，amount：

17. 点击“操作五”，讨论完成问题。

操作五

要求：

如果中国银行的账户行1行和东京商业银行的账户行A行之间也没有账户关系，但它们有一个共同账户行B行，如何将这笔汇款金额拨交给收款人，请简述其具体过程。

以下为截至2014年10月24日时中国银行汇付业务的费用情况：

转账汇款

1. 汇出汇款

公司客户

汇款手续费　1.5‰，最低200元人民币

电报费　150元人民币

个人客户（每日最多限汇80000元）

汇款手续费　1.5‰，最低50元人民币，最高120元人民币

电报费　免费

2. 汇入汇款　免费

3. 现金存款、取款的现钞费，现金汇款的现钞费（汇款手续费见上）

公司客户　3%

个人客户

在中国银行有账户的个人客户　1.5%

在中国银行无账户的个人客户　3%

4. 汇款信息修改费　　　　　　每笔30元人民币

5. 汇款退回　　　　　　　　　每笔30元人民币

本章习题

单项选择题：

1. 押电报或电传给国外汇入行，指示其解付一定金额给收款人的汇款方式是（B）。

A. 信汇　　B. 电汇　　C. 票汇　　D. 电报

2. 信汇汇款的英文是（A）。

A. M/T　　B. T/T　　C. D/D　　D. P/T

3. 以下关于汇款表述正确的是（A）。

A. 是汇款人通过银行将款项交付给收款人的方式

B. 属于银行信用

C. 是一种保证汇款人收到款项的方式

D. 是一种逆汇方式

4. 以下结算方式中属于顺汇的是（B）。

A. 信用证　　B. 汇款　　C. 保函　　D. 托收

5. 信汇的特点不包括：（D）。

A. 费用低廉　　B. 速度较慢

C. 资金可能被银行短期占用　　D. 取款灵活

6. 预付货款对（B）来说是预收货款。

A. 进口商　　B. 出口商　　C. 汇出行　　D. 解付行

7. If a importer asks his bank to make a telegraphic transfer to an exporter abroad he should（B）.

A. pay the home currency equivalent of the sum in foreign currency

B. pay the banks commission

C. get a permission from the authorities

D. pay the bank in foreign currency

8. If the London' s bank makes a payment to a correspondent abroad, (D).

A. it will remit the sum abroad

B. the foreign bank' s vostro account (来账) will be credited

C. the London bank' s nostro account (往账) will be credited

D. either A or B

9. If Barclays instructs Citibank to pay a sum of US $ 100000 to Midland, its vostro account should be (B).

A. credited　　B. debited　　C. increased　　D. decreased

10. Mail transfers are sent to the correspondent bank, unless otherwise instructed by clients (C).

A. by courier service　　B. by ordinary mail

C. by airmail　　D. by seamail

11. 汇款人与汇出行之间是（A）的关系。

A. 委托与被委托　　B. 代理

C. 账户往来　　D. 债权债务

12. 汇款人在委托汇出行办理汇款时要出具（C），它是汇款人与汇出行之间的契约。

A. 汇票通知书　　B. 支付委托书

C. 汇款申请书　　D. 电报证实书

13. 哪种结算方式取款最灵活（B）。

A. 信汇　　B. 票汇　　C. 电汇　　D. 邮寄

14. 票汇方式下汇入行的查验对象是（C）。

A. 汇出行预留的签字与信汇委托书上汇出行的签字是否一致

B. 密押

C. 汇票票根上银行的签字与汇出行预留的签字是否一致

D. 汇出行预留的签字与电汇委托书上汇出行的签字是否一致

15. 当汇出行在汇入行有账户时，汇出行可采用（C）的方式偿付汇入行。

A. 主动贷记汇入行在汇出行的账户

B. 主动贷记汇出行在汇入行的账户

C. 授权借记

D. 借记汇入行在汇出行的账户

本章操作要求

1. 理解汇款的含义、当事人的相互关系、汇款的种类与业务流程。
2. 理解电汇、信汇、票汇三种汇款方式。
3. 能进行电汇业务操作。

本章思考题

1. 电汇、信汇、票汇的定义及特点。
2. 比较分析电汇、信汇、票汇三种付款方式的区别。
3. 如何进行电汇操作。
4. 汇款的当事人以及各自的职责。

第四章

商业单据

本章要点

1. 掌握商业合同的内容;
2. 掌握商业发票的内容;
3. 掌握原产地证明书的内容;
4. 掌握检验检疫证书的内容。

课前小知识

虚假转口贸易

2014年9月，在一次外管局例行发布会上，管理检查司副司长武瑞林称，外管局已查实青岛港贸易骗贷事件中虚假转口贸易单证金额达到100亿美元。外管局专项行动检查发现大量企业利用伪造、变造商业单据、重复使用物权单证，或者套用已报关进口的一般货物贸易单证等手法构造虚假贸易，使得转口贸易成为投机套利的工具，甚至演变为热钱乃至违法犯罪跨境资金流动的通道。这件事甚至引发全球商品市场震动。

第一节　商业合同

销货合同（Sales Confirmation）。国际货物买卖合同一般金额大，内容繁杂，有效期长，因此许多国家的法律要求采用书面形式。书面合同主要有两种形式，即正式合同（CONTRACT）和合同确认书（SALES CONFIRMATION），虽然其繁简不同，但具有同等法律效力，对买卖双方均有约束力。大宗商品或成交额较大的交易，多采用正式合同；而金额不大、批数较多的小土特产品或轻工产品，或者已订立代理、包销等长期协议的交易多采用合同确认书（亦称简式合同）。无论采用哪种形式，合同抬头应醒目注明 SALES CONTRACT 或 SALES CONFIRMATION（销售合同或确认书）等字样。一般来说出口合同的格式都是由我方（出口公司）事先印制好的，因此有时在 SALES CONFIRMATION 之前加上出口公司名称或是公司的标志等（外贸公司进口时也习惯由我方印制进口合同）。交易成立后，寄交买方签署（countersign），作为交易成立的书面凭据。下页图为世格软件提供的商业合同样本。

报表上方两行空白栏

为出口商公司抬头，须分别填写出口商的英文名称及地址。

如：

GRAND WESTERN FOODS CORP.

Room2501, Jiafa Mansion, Beijing West road, Nanjing 210005, P. R. China

Messrs

详细填列交易对象（即进口商）的名称及地址。

如：

Dynasty Furniture Manufacturing Ltd.

3344-54th Avenue S. E.

Calgary, Alberta T2C OAS

Canada

GRAND WESTERN TRADING CORP.						
Room2501,Jiafa Mansion, Beijing West road, Nanjing 210005,P.R.China						
SALES CONFIRMATION						
Messrs:	Carters Trading Company,LLC P.O.Box8935,New Terminal, Lata.Vista,Ottawa,Canada				No.	Contract001
					Date:	2010-04-06

Dear Sirs,

We are pleased to confirm our sale of the following goods on the terms and conditions set forth below

Choice	Product No.	Description	Quantity	Unit	Unit Price	Amount
					[CIF][Toronto]	
O	02009	WOMEN'S T-SHIRT 20PCS PER CARTON,COLOR:BLACK, FABRIC CONTENT:100%COTTON	15000	PC	USD30	USD450000
					[添 加][修 改][删 除]	
		Total:	15000	PC		[USD][450000]

Say Total:	U.S.DOLLARS FOUR HUNDRED AND FIFTY THOUSAND ONLY
Payment:	L/C [By 100% irrevocable sight letter of credit in our favor.]
Packing:	20PCS PER CARTON Each of the carton should be indicated with Item No.,Name of the Table,G.W.,and C/No.
Port of Shipment:	Nanjing
Port of Destination:	Toronto
Shipment:	All of the goods will be shipped on or before May 20,2010 subject to L/C reaching the SELLER by the end of June,2010.Partial shipments and transshipment are not allowed.
Shipping Mark:	WOMEN'S T-SHIRT CANADA C/NO.1-750 MADE IN CHINA
Quality:	As per sample submitted by seller.
Insurance:	The SELLER shall arrange maring insurance ICC(A)Plus institute War Risks for 110% of CIF value and provide of claim,if any,payable in Canada, with U.S.currency.
Remarks:	The Buyers are requested to sign and return one copy of this Sales Confirmation immediately after receipt of the same.

BUYERS	SELLERS
	GRAND WESTERN TRADING CORP.
	Minghua liu
(Manager Signature)	(Manager Signature)
[打印预览][保存][退出]	

图片来源于世格软件

No.

销货合同编号。

Date

填写销货合同制作日期。

如2005年2月18日，可以有以下几种日期格式填法：

1. 2005-02-18或02-18-2005；

2. 2005/02/18或02/18/2005；

3. 050218（信用证电文上的日期格式）；

4. February 18，2005或Feb 18，2005。

Product No.

填写货号，销货合同上应记明各种货物编号，以求联系沟通方便。

Description

品名条款。此栏应详细填明各项商品的英文名称及规格，这是买卖双方进行交易的物质基础和前提。对商品的具体描述说明是合同的主要条款之一，如果卖方交付的货物不符合合同规定的品名或说明，买方有权拒收货物、撤销合同并提出损害赔偿。

例1：CANNED SWEET CORN

3060Gx6TINS/CTN

例2：WOODEN TEA SERVICE

PACKING：1SET/BOX，5SETS/CARTON

Quantity

数量条款。用于填写交易的货物数量，这是买卖双方交接货物及处理数量争议时的依据。不明确卖方应交付多少货物，不仅无法确定买方应该支付多少金额的货款，而且不同的量有时也会影响到价格以及其他的交易条件。

为便于装运并节省运费，通常以一个20’或40’集装箱的可装数量作为最低交易数量，关于集装箱的相关知识在运输单据中会有讲解。

Unit

货物数量的计量单位，应以适合该货物计量的单位为准。

Unit Price

价格条款。这是买卖合同中必不可少的重要组成部分，它不仅直接关系到买卖双方的利益，而且与合同中的其他条款也有密切联系。在国际贸易中，通常由出口商根据成本通过往来函电报价给进口商，双方经过协商后确定此交易价格。

货物的价格，通常指货物的单价（Unit Price），是针对一个销售单位的货物而言。单价一般包括贸易术语、计价货币与单价金额等内容。

Amount

列明币种及各项商品总金额（总金额=单价×数量）。

Total

货物总计，是所有货物累计的总数量和总金额（包括相应的计量单位与币种）。

Say Total

以文字（大写）写出该笔交易的总金额，必须与货物总价数字表示的金额一致。

如：U. S. DOLLARS EIGHTY NINE THOUSAND SIX HUNDRED ONLY.

Payment

支付条款。它规定了货款及其从属费用的支付工具、支付方式等内容，与价格条款一样，往往成为买卖双方交易磋商时的焦点。

支付方式有许多种，其中四种最常用的方式是：L/C（信用证）、D/P（付款交单）、D/A（承兑交单）及T/T（电汇）。

如，By a prime bankers irrevocable sight letter of credit in sellers favor for 100% of invoice value. 全部凭银行所开发不可撤销即期信用状付款，以卖方为受益人。

Packing

包装条款。一般包括包装材料、包装方式和每件包装中所含物品的数量或重量等内容，是合同的必要组成部分。

如：3060Gx6Tins per carton. Each of the carton should be indicated with Product No.，Name of the Table，G. W.，and C/NO.

Port of Shipment

启运港名称，为出口国港口之一。

Port of Destination

填写目的港名称，通常已由买方在双方签订合约之前的往来磋商函电中告知卖方。

Shipment

装运条款。包括装运时间、装运港或装运地、目的港或目的地以及分批装运和转运等内容，有的还规定卖方应予交付的单据和有关装运通知的条款。

如：All of the goods will be shipped from Shanghai to Toronto before July 20, 2003, subject to L/C reaching the SELLER by the early of June, 2003. Partial shipments and transhipment are not allowed. 所有货物2003年7月20日前装运，从上海港运往多伦多港，但以信用证6月初以前送达卖方为条件。不许分批装运，不许转运。

Shipping Mark

运输标志，也称装运唛头，可以是图案、文字或号码。如没有唛头应填“No Mark”或“N/M”。

如：

CHAB（货品名称）；

ABU DHABI（进口商所在国家）；

C/NO. 1-100（集装箱顺序号和总件数）；

MADE IN CHINA（货物原产地）。

Quality

质量条款。这是对商品的质量、等级、规格等的具体规定，是买卖双方交接货物时的品质依据，同时也是商检部门进行检验、仲裁机构或法院解决品质纠纷时的依据。

如：As per samples No. MBS/006 and CBS/002 submitted by seller on April 12, 2003. 如同卖方于2003年4月12日所提供，编号MBS/006及CBS/002的样品。

Insurance

写明保险条款。在FOB、CFR条件下，由买方投保，此栏可写“Insurance effected by buyer”。在CIF条件下，由卖方投保，应具体载明投保的险别、保险金额、保单类别、适用条款、索赔地点及币种等事项。

如，The SELLER shall arrange marine insurance covering ALL Risks bearing Institute Cargo Clauses (ALL Risks) plus institute War Clause (Cargo) for 110% of CIF value and provide of claim, if any, payable in U. A. E. with U. S. currency. 卖方应投保协会货物条款（全险）并加保协会战争险条款（货物），保险金额按CIF金额的110%计算，索赔时在阿拉伯联合大公国以美金支付。

Remarks

备注。外贸公司多使用格式化的合同，难免有需要改动和补充之处，有特殊规定或其他条款可在此说明。

如：Unless otherwise specified in this Sales Confirmation, all matters not mentioned here are subject to the agreement of the general terms and conditions of business No. CD-101 concluded between both parties.

Manager Signature（BUYERS）

进口商公司负责人签名。通常需要填写进口公司英文名称和公司法人英文名称。

Manager Signature（SELLERS）

出口商公司负责人签名。通常需要填写出口公司英文名称和公司法人英文名称。

第二节　商业发票

商业发票（COMMERCIAL INVOICE），又称为发票，是出口贸易结算单据中最重要的单据之一，所有其他单据都应以它为中心来缮制。因此，在制单顺序上，往往首先缮制商业发票。商业发票是卖方对装运货物的全面情况（包括品质、数量、价格等，有时还有包装）详细列述的一种货款价目的清单。它常常是卖方陈述、申明、证明和提示某些事宜的书面文件；另外，商业发票也是作为进口国确定征收进口关税的基本资料。

一般来说，发票无正副本之分。来证要求几份，制单时在此基础之上多制一份供议付行使用。如需正本，打上“ORIGIN”即可。

不同发票的名称表示不同用途，要严格根据信用证的规定制作发票名称。一般发票都印有“INVOICE”字样，前面不加修饰语，如信用证有规定名称要与信用证要求完全一致，如“COMMERCIAL INVOICE”、“SHIPPING INVOICE”、“TRADE INVOICE”或“INVOICE”，均可视为商业发票。信用证如规定“DETAILED INVOICE”是指详细发票，则应加打“DETAILED INVOICE”字样，而且发票内容中的货物名称、规格、数量、单价、价格条件、总值等应一一详细列出。来证如要求“CERTIFIED INVOICE”证实发票，则发票名称为“CERTIFIED INVOICE”，同时在发票内注明“We hereby certify that the contents of invoice herein are true & correct”。当然，发票下端通常印的“E. &. O. E.”（有错当查）应去掉。来证如要求“MANUFACTURE’S INVOICE”厂商发票，则可在发票内加注“We hereby certify that we are actual manufacturer of the goods”。同时，要用人民币表示国内市场价，此价应低于出口 FOB 价。此外，又有“RECEIPT INVOICE”（钱货两讫发票）、“SAMPLE INVOICE”（样品发票）、“CONSIGNMENT INVOICE”（寄售发票）等。在信用证支付时，发票中的各项内容应当与信用证规定的完全一致，否则会出现单证不符的问题，遭到开证行拒付。

出票人（Issuer）

是出票人（即出口商）的英文名称和地址。一般来说，出票人名称和地址是相对固定的，因此有许多出口商在印刷空白发票时就印刷上这一内容。但当公司更名或搬迁后，应及时印刷新的发票，以免造成单证不符。当来证规定用公司新名称、地址时，采用新发票；而当来证规定用公司旧名称、地址时，应用旧发票。

受票人（To）

也称抬头人。多数情况下填写进口商的名称和地址，且应与信用证开证申请人的名称和地址一致。如信用证无规定的，则是信用证的申请人或收货人的名称和地址。如信用证中无申请人名字则用汇票付款人。在其他支付方式下，可以按合同规定列入买方名址。

发票号（No.）

一般由出口企业自行编制。发票号码可以代表整套单据的号码，如出口报关单的申报单位编号、汇票的号码、托运单的号码、箱单及其他一系列同笔合同项下的单据编号都可用发票号码代替，因此发票号码尤其重要。有时，有些地区为使结汇不致混乱，也使用银行编制的统一编号。

发票日期（Date）

在全套单据中，发票是签发日最早的单据。它只要不早于合同的签订日期、不迟于提单的签发日期即可。一般都是在信用证开证日期之后、信用证有效期之前。

ISSUER GRAND WESTERN TRADING CORP. Room2501, Jiafa Mansion, Beijing West road, Nanjing 210005, P. R. China	商业发票 COMMERCIAL INVOICE	
TO Carters Trading Company, LLC P. O. Box8935, New Terminal, Lata. Vista, Ottawa, Canada	NO. STINV000002	DATE 2010-04-07
	S/C NO. Contract001	L/C NO. STLCN000002
TRANSPORT DETAILS From Nanjing to Toronto on May 20, 2010 By Vessel.	TERMS OF PAYMENT L/C	

Choice	Marks and Numbers	Description of goods	Quantity	Unit Price	Amount
				CIF TORONTO	
C	WOMEN' S T-SHIRT CANADA C/NO. 1-750 MADE IN CHINA	WOMEN' S T-SHIRT 20PCS PER CARTON, COLOR: BLACK, FABRIC CONTENT: 100% COTTON	15000PC	USD30	USD450000

添加 修改 删除

Total: [15000] [PC] [USD] [450000]

SAY TOTAL: U. S. DOLLARS FOUR HUNDRED AND FIFTY THOUSAND ONLY

(写备注处)

GRAND WESTERN TRADING CORP. (公司名称)

Minghua Liu (法人签名)

打印预览 保存 退出

图表来源：世格软件

运输说明（Transport Details）

运输工具或运输方式加上运输工具的名称；运输航线要严格与信用证一致。如果在中途转运，在信用证允许的条件下，应表示转运及其地点。如：From Shanghai to London on July 1, 2004, Thence Transshipped to Rotterdam By Vessel. 所有货物于2004年7月1日通过海运，从上海港运往伦敦港，中途在鹿特丹港口转船。

合同号（S/C No.）

发票的出具都以买卖合同作为依据，但买卖合同并不都以“S/C”为名称。有时出现“order”、“P. O.”、“contract”等。因此，当合同的名称不是“S/C”时，应将本项的名称修改后，再填写该合同的号码。

信用证号（L/C No.）

信用证方式下的发票需填列信用证号码，作为出具该发票的依据。若不是信用证方式付款，本项留空。

支付条款（Term of Payment）

填写支付方式，如：T/T、L/C、D/P、D/A。

唛头及件数编号（Marks and numbers）

唛头即运输标志，既要与实际货物一致，还应与提单一致，并符合信用证的规定。如信用证没有规定，可按买卖双方和厂商订的方案或由受益人自定。无唛头时，应注“N/M”或“No Mark”。如为裸装货，则注明“NAKED”或散装“In Bulk”。如来证规定唛头文字过长，用“/”将独立意思的文字彼此隔开，可以向下错行。

件数有两种表示方法，一是直接写出××件，二是在发票中记载诸如“We hereby declare that the number of shipping marks on each packages is 1~10, but we actually shipped 10 cases of goods.”（兹申明，每件货物的唛头号码是从1~10，实际装运货物为10箱。）之类的文句。

货物描述、包装种类和件数（Number and kind of packages, description of goods）

这是发票的主要部分，包括商品的名称、规格、包装、数量、价格等内容。品名规格应该严格按照信用证的规定或描述填写。货物的数量应该与实际装运的货物相符，同时符合信用证的要求，如信用证没有详细的规定，必要时可以按照合同注明货物数量，但不能与信用证内容有抵触。

根据《UCP600》规定，发票的商品名称不得使用统称，必须完全与信用证相符。有些国家开来的信用证中，商品名称以英语以外的第三国文字表述（如法文、德文、西班牙文等），则发票（包括其他单据）亦应严格按信用证内容以该文字照抄。尤其是法国来证，法国海关要求收货人进口清关时必须提供法文发票，因此应至少以法文注明商品名称。

如：800 CARTONS（EIGHT HUNDRED CARTONS ONLY）OF CANNED SWEET CORN 3060Gx6TINS/CTN.

数量（Quantity）

货物的数量，与计量单位连用，如××××PC。注意该数量和计量单位既要与实际装运货物情况一致，又要与信用证要求一致。

单价（Unit Price）

单价由四个部分组成：计价货币、计量单位、单位数额和价格术语。如果信用证有规定，应与信用证保持一致；若信用证没规定，则应与合同保持一致。

（1）贸易术语，填写格式为：FOB 后加启运港名称；CFR 或 CIF 加目的港名称。

（2）计价货币与单价金额，依双方约定填写。如 CIF Toronto USD 18.75。

金额小计（Amount）

列明币种及各项商品总金额（总金额=单价×数量）。除非信用证上另有规定，货物总值不能超过信用证金额。若信用证没规定，则应与合同保持一致。

在实际制单时，若来证要求在发票中扣除佣金，则必须扣除。折扣与佣金的处理方法相同。有时证内无扣除佣金规定，但金额正好是减佣后的金额，发票应显示减佣，否则发票金额超证。有时合同规定佣金，但来证金额内未扣除，而且证内也未提及佣金事宜，则发票不宜显示，待货款收回后另行汇给买方。

SAY TOTAL

以大写文字写明发票总金额，必须与数字表示的货物总金额一致。如：U. S. DOLLARS EIGHTY NINE THOUSAND SIX HUNDRED ONLY.

特殊条款（Special terms）

在相当多的信用证中，都出现要求在发票中证明某些事项的条款，譬如发票内容正确、真实、货物产地等证明，均应按照信用证要求办理。

签名（Signature）

根据《UCP600》条款规定，如果信用证没有特殊要求，发票无须签字，但是必须表明系由受益人出具。如果信用证要求签字（Signed）发票，由出口公司的法人代表或者经办制单人员代表公司在发票右下方签名，上方空白栏填写公司英文名称，下方则填写公司法人英文名称。

发票的出票人一般为信用证的受益人，如果是可转让信用证或其表明接受第三方单据，则出票人可为受让人或第三者。

第三节　原产地证明书

原产地证明书（Certificate of Origin），简称产地证，是证明货物原产地或制造地的证明文件，主要供进口国海关采取不同的国别政策和国别待遇。在不用海关发票或领事发票的国家，要求提供产地证明，以便确定对货物征收的税率。有的国家限制从某个国家或地区进口货物，也要求用产地证来证明货物的来源。

产地证明书一般由出口地的公证行或工商团体签发，在中国由出入境检验检疫局或贸促会签发。至于产地证由谁出具或者出具何种产地证，应按信用证规定来办理。

证书编号（Certificate No.）

此栏不得留空，否则此证书无效。

出口方（Exporter）

填写出口方英文名称、详细地址及国家（地区）。在中国，出口方是指具有对外贸易出口经营权的单位，也就是指经外贸主管部门正式批准，并经中国工商管理局注册批准的专业外贸公司、工贸公司、一部分自营出口的企业、中外合资企业、外商独资等企业的正式名称，一般填写有效合同的卖方，要同出口发票上的公司名称一致。地址部分要填写详细地址，包括街道名称、门牌号码等。如果经由其他国家或地区需填写转口名称时，可在出口商后面加英文“VIA”然后填写转口商名称、地址和国家或地区。

ORIGINAL

<table>
<tr><td colspan="3">1. Exporter
Shanghai Xinhua Trade CORP.
No. 98 Chongqing South Road, Huangpu District, Shanghai China</td><td colspan="4" rowspan="2">Certificate No. STCOC000003

CERTIFICATE OF ORIGIN
OF
THE PEOPLE' S REPUBLIC OF CHINA</td></tr>
<tr><td colspan="3">2. Consignee
Golden Time Import and Export Company
2 World Way, Los Angeles
U. S. A.</td></tr>
<tr><td colspan="3">3. Means of transport and route
From Shanghai to Los Angeles On April 08, 2010 By Vessel</td><td colspan="4" rowspan="2">5. For certifying authority use only</td></tr>
<tr><td colspan="3">4. Country/region of destination
U. S. A.</td></tr>
<tr><td>Choice</td><td>6. Marks and numbers</td><td>7. Number and kind of packages; description of goods</td><td>8. H. S. Code</td><td>9. Quantity</td><td colspan="2">10. Number and date of invoices</td></tr>
<tr><td>○</td><td>N/M</td><td>4 CARTONS (FOUR CARTONS ONLY) OF LIPSTICK 1P C/BOX, 300PCS/CARTON</td><td>3304100000</td><td>1195PC</td><td colspan="2">STINV000007
Apr. 14, 2010</td></tr>
<tr><td>○</td><td>N/M</td><td>3 CARTONS (THREE CARTONS ONLY) OF PERFUME 1BOTTLE/BOX. 250BOTTLES/CARTON</td><td>3303000000</td><td>742BOTTLE</td><td colspan="2">STINV000007
Apr. 14, 2010</td></tr>
<tr><td colspan="7">添加 修改 删除

SAY TOTAL: SEVEN CARTONS ONLY
(写备注处)</td></tr>
<tr><td colspan="3">11. Declaration by the exporter
The undersigned hereby declares that the above details and statements are correct, that all the goods were produced in China and that they comply with the Rules of Origin of the People' s Republic of China.

SHANGHAI, Apr. 16, 2010

Place and date, signature and stamp of authorized signatory</td><td colspan="4">12. Certification
It is hereby certified that the declaration by the exporter is correct.

SHANGHAI, Apr. 16, 2010

Place and date, signature and stamp of certifying authority</td></tr>
</table>

打印预览 保存 退出

图表来源：世格软件

收货人（Consignee）

最终收货方的英文名称、详细地址及国家（地区）。通常是合同的买方或信用证规定的提单通知人。如果来证要求所有单证收货人留空，应加注“To Whom It May Concern”或“To Order”，但不得留空。若需填写转口商名称，可在收货人后面加英文“VIA”，然后加填转口商名称、地址和国家（地区）。

运输方式和路线（Means of transport and route）

填写运输方式（海运、空运等）、起运港和目的地（目的港），应注意与提单等其他单据保持一致。如需中途转运，也应注明。如：From Shanghai to London on July 1, 2004, Thence Transshipped to Rotterdam By Vessel. 所有货物于 2004 年 7 月 1 日通过海运，从上海港运往伦敦港，中途在鹿特丹港口转船。

目的地国（地区）（Country/region of destination）

货物最终运抵目的地的国家、地区或港口，一般应与最终收货人或最终目的地港的国家或地区一致，不能填写中间商国别。

仅供签证机构使用（For certifying authority use only）

为签证机构使用栏，正常情况下，出口公司应将此栏留空，由签证机构根据需要在此加注。例如：证书更改、证书丢失、重新补发、声明 XXX 号证书作废等内容。

运输标志（Marks and numbers）

也称唛头，此栏内容应与合同、信用证或其他单据所列的同类内容完全一致，可以是图案、文字或号码。当内容过长时，可占用第 7、8、9、10 栏；如无运输标志，要填“No Mark”或“N/M”。

包装种类和件数、货物描述（Number and kind of packages, Description of goods）

填写商品的数量、包装种类及商品名称与描述。应依照买卖合同中的相关内容填写。

（1）商品要写具体名称，例如：杯子（Cup）、睡袋（Sleeping Bags）。不得用概括性描述如服装（Garment）。

（2）包装种类和数量，按具体单位填写，并用大小写分别表述。例如，“100 CARTONS（ONE HUNDRED CARTONS ONLY）OF COLOUR TV SETS”。

如果是散装货，在品名后加注“IN BULK”。例如，“1000 M/T（ONE THOUSAND M/T ONLY）PIGIRON IN BULK”（1000 吨生铁）。

（3）有时信用证要求加注合同号、L/C 号，可加于此。

（4）本栏的末行要打上表示结束的符号，如“____”或“＊＊＊＊”或“××××”，以防伪造或添加。

例 1：800 CARTONS（EIGHT HUNDRED CARTONS ONLY）OF CANNED SWEET CORN 3060Gx6TINS/CTN

例 2：53 CARTONS（FIFTY-THREE CARTONS ONLY）OF WOODEN TEA SERVICE PACKING：1SET/BOX，5SETS/CARTON

海关协调制度编码（H. S. Code）

商品的 H. S. 编码，即《商品分类和编码协调制度》为不同类的商品加列的商检顺序号。

量值（Quantity）

填写计算单价时使用的数量和计量单位，即销售数量和单位。应与买卖合同或其他单据所列的内容完全一致。

发票号和发票日期（Number and date of invoice）

必须与商业发票的内容完全一致，为避免月份、日期的误解，月份一律用英文表示。如，2004SDT001 July 25，2004.

SAY TOTAL

填写商品包装数量的英文大写。如：EIGHT HUNDRED CARTONS ONLY.

出口方声明（Declaration by the exporter）

为出口方声明和签字盖章处。申请单位在签证机构办理登记注册手续时，必须对手签人签字与公章进行登记注册。手签人员应是本申请单位的法人代表或由法人代表指定的其他人员，并应保持相对稳定，手签人的字迹必须清楚，印章使用中英文对照章。手签人签字与公章在证书上的位置不得重合。此栏还必须填写申报地点和日期，其申报日期不得早于发票日期和申请日期。如：NANJING，CHINA JULY 25，2004.

签证机构证明（Certification）

所申请的证书，经签证机构审核人员审核无误后，由授权的签证人在此栏手签姓名并加盖签证机构印章，注明签署地点、日期。注意此栏签发日期不得早于发票日期和申报日期，因为如早于发票日期和申报日期则不符合逻辑上的时间关系。

第四节 检验检疫证明

出境货物报检单，是国家检验检疫部门根据检验检疫、鉴定工作的需要，为保证检验检疫工作规范化和程序化而设制的。它是报检人根据有关法律、行政法规或合同约定，申请检验检疫机构对其某种货物实施检验检疫、鉴定意愿的书面凭证，它表明了申请人正式向检验检疫机构申请检验检疫、鉴定，以取得该批货物合法出口的凭证。报检单同时也是检验检疫机构对出入境货物实施检验检疫活动，启动检验检疫程序的依据。

中华人民共和国出入境检验检疫

出境货物报检单

报检单位(加盖公章):宏昌国际股份有限公司　　　　*编　号:STEPC000002

报检单位登记号:0000000003　联系人:刘铭华　电话:86-25-2350121　报检时间:2010 年 4 月 7 日

发货人	(中文) 宏昌国际股份有限公司					
	(外文) GRAND WESTERN TRADING CORP.					
收货人	(中文)					
	(外文) Carters Trading Company, LLC					
选择	货物名称 (中/外文)	H. S. 编码	产地	数/重量	货物总值	包装种类及数量
○	女式 T 恤衫 WOMEN' S T-SHIRT	6109100022	中国	15000PC	USD450000	750CARTON
						添加 修改 删除

运输工具名称号码	Ryndam	贸易方式	一般贸易	货物存放地点	Nanjing CY
合同号	Contract001	信用证号	STLCN000002	用途	
发运日期	2015-05-15	输往国家(地区)	加拿大	许可证/审批号	
启运地	南京港	到达口岸	多伦多	生产单位注册号	
集装箱规格、数量及号码					
合同、信用证订立的检验检疫条款或特殊要求		标记及号码		随附单据 (划“√”或补填)	

续表

	WOMEN'S T-SHIRT CANADA C/NO. 1-750 MADE IN CHI- NA	☑合同 ☑信用证 ☑发票 □换证凭单 ☑装箱单 □厂检单	□包装性能结果单 □许可/审批文件 □______ □______ □______ □______

需要证单名称（划"√"或补填）		＊检验检疫费	
□品质证书 0 正 0 副 □重量证书 0 正 0 副 □数量证书 0 正 0 副 □兽医卫生证书 0 正 0 副 □健康证书 0 正 0 副 □卫生证书 0 正 0 副 □动物卫生证书 0 正 0 副	□植物检疫证书 0 正 0 副 □熏蒸/消毒证书 0 正 0 副 □出境货物换证凭单 □通关单 □______ □______	总金额 （人民币元）	0
		计费人	
		收费人	
报检人郑重声明： 1. 本人被授权报检。 2. 上列填写内容正确属实，货物无伪造或冒用他人的厂名、标志、认证标志，并承担货物质量责任。 签名：刘铭华		领取证单	
		日期	
		签名	

注：有"＊"号栏由出入境检验检疫机关填写

◆国家出入境检验检疫局制

［1-2（2000.1.1）］

打印预览 保存 退出

图片来源于世格软件

报检单位（加盖公章）、登记号、联系人、电话

填写报检单位全称并加盖公章或报验专用章（或附单位介绍信），并准确填写本单位报检登记代码、联系人及电话；代理报检的应加盖代理报检机构在检验机构备案的印章。

编号

由出入境检验检疫机关填写。

发货人

填写合同上的卖方或信用证上的受益人名称，要求用中文、英文填写时，内容要一致。

收货人

填写合同上的买方或信用证的开证人名称，可只填英文。

货物名称（中/外文）

按合同、信用证所列名称填写，但中/外文要一致。

H. S. 编码

海关编码，按《商品分类及编码协调制度》8 位数字填写，如皮革服装的 H. S. 编码为 42031000。

产地

如果是中国出口的，出口货物产地统一为“中国”。

数/重量

按实际申请检验检疫数/重量填写，并注明计量单位，如××××PC。注意该数量和计量单位既要与实际装运货物情况一致，又要与信用证要求一致。

货物总值

按合同或发票所列货物总值填写，并注明货币单位。

包装种类及数量

填外包装材料的种类及件数。比如“370 CARTON”。

运输工具名称号码

填写货物实际装载的运输工具类别名称（如船、飞机、货柜车、火车等）及运输工具编号（船名、飞机航班号、车牌号码、火车车次）。

贸易方式

成交的方式，如一般贸易、来料加工、补偿贸易等，通常都为一般贸易。

货物存放地点

报验商品存放的地点，也是商检机构施检或抽取样品的地点。货物存放地点需要参照配舱通知中的相关内容。

合同号

报验商品成交的合同号码。

信用证号

按实际情况填写信用证号。如属非信用证结汇的货物，本栏目应填写“无”或“/”。

用途

商品的用途，一般用途明确的商品也可不填。

发货日期

按照货物的装运情况填写。

输往国家（地区）

指出口货物的最终销售国或地区，即进口国。

许可证/审批号

需申领许可证或经审批的商品填写，一般商品可空白。

启运地

办理报关出运的地点或口岸，须与合同规定一致（用中文填写）。

到达口岸

指出口货物运往境外的最终目的港，须与合同规定一致（用中文填写）。

生产单位注册号

填写出入境检验检疫机构签发的卫生注册证书号或质量许可证号，没有可不填。

集装箱规格、数量及号码

按实际情况填写，可参照配舱通知。

合同、信用证订立的检验检疫条款或特殊要求

填写对商检机构出具检验证书的要求，即检验检疫条款的内容。检验机构制作证书的检验结果内容时，会参考此栏的内容。

标记及号码

填写实际货物运输包装上的标记，与合同相一致。中性包装或裸装、散装商品应填“N/M”，并注明“裸装”或“散装”。

随附单据

出口商品在报验时，一般应提供外贸合同（或售货确认书及函电）、信用证原件的复印件或副本，必要时提供原件，还有发票及装箱单。合同如果有补充协议的，要提供补充的协议书；合同、信用证若有更改，要提供合同、信用证的修改书或更改的函电。对订有长期贸易合同而采取记账方式结算的，外贸进出口公司每年一次将合同副本送交商检机构，申请检验时，只在申请单上填明合同号即可，不必每批都附交合同副本。凡属危险或法定检验范围内的商品，在申请品质、规格、数量、重量、安全、卫生检验时，必须提交商检机构签发的出口商品包装性能检验合格单证，商检机构凭此受理上述各种报验手续。

需要证单名称

按照合同、信用证及有关国际条约规定，必须经检验检疫机构检验并签发证书的，应在报检单上准确注明所需检验检疫证书的种类和数量。

检验检疫费

此栏目由出入境检验检疫机关填写。

签名

由出口商公司法人签名。

领取证单

应在检验检疫机构受理报验日现场由报验人填写。

本章操作要求

在世格软件系统中学习并填写相应单据。

本章思考题

1. 你掌握了商业合同的内容吗？
2. 你掌握了商业发票的内容吗？
3. 你掌握了原产地证明书的内容吗？
4. 你掌握了检验检疫证书的内容吗？

第五章

运输和保险单据

本章要点

1. 掌握装箱单的填制方法。
2. 掌握提单的填制。
3. 掌握货物运输保险单的填制。
4. 掌握装船通知填制。

课前小知识

伪造单据案

2013年4月，外汇局在筛选分析转口贸易数据时发现，2011年1月—2012年12月，维利达贸易有限公司除2011年5月发生1笔2.5万美元苯乙烯的一般贸易进口外，其他全部业务均为转口贸易，金额高达20亿美元；进一步分析发现，该公司唯一一笔一般贸易业务还存在少收汇的情况，而且该公司提交给银行用于转口贸易开证的进境货物备案清单，在不同银行的不同贸易合同项下的编号全都相同。

2013年6月，外汇局将该公司用于开具信用证的可疑货权凭证——进境货物备案清单提交给海关进行核验后发现，维利达贸易有限公司用于转口贸易开证的进境备案清单有38份涉嫌伪造，涉案金额达7800万美元。鉴于该公司涉嫌提供伪造虚假单证且金额巨大，外汇局向公安部门移送了案件线索。公安部门通过深入调查，最终确认，2011年1月—2012年11月，维利达贸易有限公司虚构转口贸易背景，实施逃汇的转口付汇使用的38份备案清单系涉嫌伪造。

第一节 装箱单

装箱单（PACKING LIST），是发票的补充单据，它列明了信用证（或合同）中买卖双方约定的有关包装事宜的细节，便于国外买方在货物到达目的港时供海关检查和核对货物，通常可以将其有关内容加列在商业发票上，但是在信用证有明确要求时，就必须严格按信用证约定制作。类似的单据还有：重量单、规格单、尺码单等。其中重量单是用来列明每件货物的毛、净重；规格单是用来列明包装的规格；尺码单用于列明每件货物的尺码和总尺码，或用来列明每批货物的逐件花色搭配。

装箱单名称应按照信用证规定使用，通常用“PACKING LIST”、“PACKING SPECIFICATION”或“DETAILED PACKING LIST”。如果来证要求用“中性包装单”（NEUTRAL PACKING），则包装单名称打“PACKING LIST”，但包装单内不打卖方名称，不能签章。

出单方（Issuer）

出单人的名称与地址，应与发票的出单方相同。在信用证支付方式下，此栏应与信用证受益人的名称和地址一致。

受单方（To）

受单方的名称与地址，与发票的受单方相同。多数情况下填写进口商的名称和地址，并与信用证开证申请人的名称和地址保持一致。在某些情况下也可不填，或填写“To whom it may concern”（致有关人）。

发票号（Invoice No.）

与发票号码一致。

日期（Date）

装箱单缮制日期。应与发票日期一致，不能迟于信用证的有效期及提单日期。

唛头及件数编号（Marks and Numbers）

与发票一致，有的标注实际唛头，有时也可以只注“as per invoice No. xxx”。

包装种类和件数、货物描述（Number and kind of packages，description of goods）。

<table>
<tr><td colspan="3">ISSUER
GRAND WESTERN TRADING CORP.
Room2501, Jiafa Mansion, Beijing West road,
Nanjing 210005, P. R. China</td><td colspan="4">装箱单
PACKING LIST</td></tr>
<tr><td colspan="3" rowspan="2">TO
Carters Trading Company, LLC
P. O. Box8935, New Terminal, Lata. Vista,
Ottawa, Canada</td><td colspan="2">INVOICE NO.</td><td colspan="2">DATE</td></tr>
<tr><td colspan="2">STINV000002</td><td colspan="2">2010-04-07</td></tr>
<tr><td>Choice</td><td>Marks and Numbers</td><td>Description of goods</td><td>Package</td><td>G. W</td><td>N. W</td><td>Meas.</td></tr>
<tr><td>○</td><td>WOMEN ' S T -SHIRT
CANADA
C/NO. 1-750
MADE IN CHINA</td><td>WOMEN' S T-SHIRT
20PCS PER CARTON.
COLOR:
BLACK, FABRIC
CONTENT:
100% COTTON</td><td>750CARTON</td><td>9750KGS</td><td>8250KGS</td><td>107. 31CBM</td></tr>
<tr><td></td><td></td><td></td><td></td><td></td><td></td><td></td></tr>
<tr><td colspan="7">添加 修改 删除</td></tr>
<tr><td colspan="7">Total: [750] [9750] [8250] [107. 31]
[CARTON] [KGS] [KGS] [CBM]
SAY TOTAL: SEVEN HUNDRED AND FIFTY CARTONS ONLY
(写备注处)

GRAND WESTERN TRADING CORP. (公司名称)
Minghua Liu (法人签名)</td></tr>
</table>

打印预览 保存 退出

图表来源于世格软件

要求与发票一致。货名如有总称，应先注总称，然后逐项列明每一包装件的货名、规格、品种等内容。

外包装件数（PACKAGE）

填写每种货物的包装件数及单位，最后在合计栏处注明外包装总件数及单位。

毛重（G. W）

注明每种商品的总毛重及重量单位，最后在合计栏处把所有交易商品的毛重累加。信用证或合同不作要求的，也可以不注明。如：2588. 36 KGS.

净重（N. W）

注明每种商品的总净重及重量单位，最后在合计栏处把所有交易商品的净重累加。信用证或合同不作要求的，也可以不注明。如：760 KGS.

箱外尺寸（Meas.）

注明每种商品的总体积及体积单位，最后在合计栏处把所有交易商品的体积累加。信用证或合同不作要求的，也可以不注明。如：1623. 548 CBM.

SAY TOTAL

以大写文字写明总包装数量，必须与数字表示的包装数量一致。如：FOUR THOUSAND FOUR HUNDRED CARTONS ONLY.

签名（Signature）

由出口公司的法人代表或者经办制单人员代表公司在装箱单右下方签名。

第二节　海运提单

海运提单（B/L）。卖方将货物交给大副，拿着大副签发的大副收据到船运公司交运费，换取正式提单。海运提单种类繁多，就不同海运方式来分，有直运提单、转运提单、联运提单、集装箱运输提单等。各船公司一般都使用自己签发的提单，内容、格式虽稍有差异，但基本一致。

提单的内容可分为固定部分和可变部分。固定部分是指提单背面的运输契约条款，这部分一般不做更改；可变部分指提单正面内容。填写提单本应是由船运公司或其代理人经办，但我国许多口岸都由出口公司预填写。

海运提单与空运提单、铁路及公路运单不同，它是物权的凭证，因此海运提单正面内容的填写要准确无误，不能随便涂改。有些国家的海关规定很严格，例如：巴西的圣多斯港海关规定提单不得修改，即使承运人加盖校正章也不行；叙利亚海关规定，对有差错的提单，处以罚款。

提单号码（B/L No.）

提单上必须注明承运人及其代理人规定的提单编号，以便核查，否则提单无效。

<table>
<tr><td colspan="2">1. Shipper insert Name. Address and Phone
1
1
1</td><td colspan="3" rowspan="3">B/L No.
STRI N000365

中远集装箱运输有限公司
COSCO CONTAINER LINES
TLX：33057 COSCO CN
FAX：+88（021）6545 8984
ORIGINAL
Port-to-Port or Combined Transport
BILL OF LADING
RECEIVED in external apparent good order and condition except as other-Wise noted. The total number of packages or unites stuffed in the container. The description of the goods and the weights shown in this Bill of Lading are Furnished by the Merchants, and which the carrier has no reasonable means Of checking and is not a part of this Bill of Lading Contract. The carrier has issued the number of Bills of Lading stated below, all of this tenor and date. One of the original Bills of Lading must be surrendered and endorsed or sig-Ned against the delivery of the shipment and whereupon any other original Bills of Lading shall be void. The Merchants agree to be bound by the terms And conditions of this Bill of Lading as if each had personally signed this Bill of Lading.
SEE clause 4 On the back of this Bill of Lading（Terms continued on the back Hereof, please read carefully）.
* Applicable Only When Document Used as a Combined Transport Bill of Lading</td></tr>
<tr><td colspan="2">2. Consignee insert Name. Address and Phone
TO ORDER OF 23 $ M^K</td></tr>
<tr><td colspan="2">3. Notify Party Insert Name, Address and Phone
（It is agreed that no responsibility shall attach to the Carrier or his agents for failure to notify）</td></tr>
<tr><td>4. Combined Transport * Pre-carriage by</td><td>5. Combined Transport *
Place of Receipt</td></tr>
<tr><td>6. Ocean Vessel Voy. No.
Veendam DY100-09</td><td>7. Port of Loading
Nanjing</td></tr>
<tr><td>8. Port of Discharge
CARDIFF</td><td>9. Combined Transport
Place of Delivery</td></tr>
<tr><td>Marks & Nos.
Container/
Seal No.

A</td><td>No. of Containers or Packages

750 CARTON</td><td>Description of Goods（If Dangerous Goods, See Clause 20）

WOMEN' S T-SHIRT
20PCS PER CARTON, COLOR：BLACK,
FABRIC CONTENT：100% COTTON
FREIGHT PREPAID

Description of Contents for Shipper' s Use Only（Not part of This B/L Contract）</td><td>Gross Weight Kgs

9750.000
KGS</td><td>Measurement

107.3100
CBM</td></tr>
<tr><td colspan="3">10. Total Number of containers and/or packages（in words）
Subject to Clause 7 Limitation</td><td colspan="2">SAY SEVEN HUNDRED AND FIFTY CARTONS ONLY</td></tr>
</table>

续表

<table>
<tr><td>11. Freight & Charges
Declared Value Charge</td><td>Revenue Tons</td><td>Rate</td><td>Per</td><td>Prepaid</td><td>Collect</td></tr>
<tr><td rowspan="2">Ex. Rate:</td><td>Prepaid at</td><td colspan="2">Payable at</td><td colspan="2">Place and date of issue
Nanjing 2014-11-11</td></tr>
<tr><td>Total Prepaid</td><td colspan="2">No. of Original B (s) /L
THRFF</td><td colspan="2">Signed for the Carrier, COSCO CONTAINER LINES</td></tr>
<tr><td colspan="6">LADEN ON BOARD THE VESSEL
DATE 2014-11-11　BY IADFN ON BOARD</td></tr>
</table>

图片来源于世格软件

托运人（Shipper）

托运人是指委托运输的人，即将卖方的名称和地址填入此栏。若信用证规定要求某一第三者作为托运人，则应按要求填制。

收货人（Consignee）

这一栏的填写应严格按照 L/C 的规定在记名收货人、凭指示和记名指示中选一个。

例如：

（1）来证要求："Full set of B/L made out to order"，提单收货人一栏则应填"To order"。

（2）来证要求："B/L issued to order of Applicant"，此 Applicant 为信用证的申请开证人 Big A. Co.，则提单收货人一栏填写"To order of Big A. Co."。

（3）来证要求："Full set of B/L made out our order"，开证行名称为 Small B Bank，则应在收货人处填"To small B Bank' s order"。

被通知人（Notify Party）

通知栏为接受船方发出货到通知的人的名称、地址。它可以由买方选择，既可以是买方本人或其代理，又可以是第三方，但被通知人无权提货。

如果来证未说明哪一方为被通知人，那么就将 L/C 中的申请人名称、地址填入副本 B/L 中，正本先保持空白。

如果来证要求两个或两个以上的公司为被通知人，出口公司应把这两个或两个以上的公司名称和地址完整地填入。

Pre-Carriage by

如货物需要转运，在这一栏中填写第一程船的船名；如果货物不需转运，则保持空白。

Place of Receipt

如货物需要转运，填写收货的港口名称或地点；如果货物不需要转运，则保持空白。

Ocean Vessel Voy. No.

如货物需要转运，填写第二程船的船名与航次（但信用证并无要求时，则不需填写第二程船的船名）；如果货物不需要转运，填写第一程船的船名与航次。

Port of Loading

如果货物需要转运，填写中转港口名称；如果货物不需要转运，填写装运港名称。

Port of Discharge

填写卸货港（指目的港）名称。

Place of Delivery

填写最终目的地名称。如果货物目的地是目的港的话，这一栏可保持空白。

Marks & Nos.

Container / Seal No.

填写集装箱号和唛头；若无，填“N/M”。

No. of Containers or Packages

本栏包括三个栏目，但无须分别填写。填写的内容包括：第一，商品名称；第二，最大包装件数；第三，运费条款。

(1) 商品名称与托运单内容严格一致。在使用文字上要按信用证要求写。无特殊声明的，应用英文填写。某些港澳、新马地区来证要求货名用中文表达时，应遵守来证规定，用中文填写。

(2) 运费条款。一般填“Freight Prepaid/Freight Collect”，使用哪种按价格术语确定。若使用 CIF 或 CFR，要求卖方在交货前把运费付清，则填“Freight Paid or Freight Prepaid”。

注：有时来证在规定以 FOB 成交时，若有“B/L Marked freight prepaid”

这样的内容，要求预付运费的，出口公司最好要求对方修改信用证。如果不修改，则需出口方垫付运费，不但会有运费上的利息损失，而且万一发生纠纷更有运费收不回来的危险。

Description of Goods（If Dangerous Goods, See Clause 20）

应根据来证要求在提单上的批注与实际情况结合分析而制作，通常情况信用证多要求在此声明“运费预/（到）付”或加注信用证号码，此时可照办。例如，来证写明“FULL SET OF 3/3 CLEAN ON BOARD OCEAN BILLS OF LADING AND TWO NONNEGOTIABLE COPIES MADE OUT TO ORDER OF BANGKOK BANK PUBLIC COMPANY LIMITED, BANGKOK MARKED FREIGHT PREPAID（注明运费预付）AND NOTIFY APPLICANT AND INDICATING THIS L/C NUMBER（标明信用证号码）”。

另外，也有个别信用证要求特殊注明“货物已装上某班轮公会的船”、“提单上不得出现运费预付字样”等类似语句，这里制单时不能因其他部位已表明相同含义而放弃加注，最好于此特别声明，“We certify that……”。

Gross Weight Kgs

填写货物毛重，以公斤计。内容同托运单内容一致。

Measurement

填货物的尺码。

Total Number of containers and/or packages（in words）

用大写表示集装箱或其他形式最大外包装的件数。与“No. of Containers or Packages”栏的件数一致。

Place and date of issue

填写提单签发的时间和地点。

提单签发的时间，指货物实际装运的时间或已经接受船方监管的时间。

提单签发的地点，指货物实际装运的港口或接受监管的地点。

No. of Original B（s）/L

填正本提单签发的份数。

收货人凭正本提单提货，为避免因正本提单在递交过程中丢失而造成提货困难，承运人通常会多签发两份或两份以上的正本提单，正本提单的份数应在提单上注明。每份正本提单的效力相同，凭其中一份提货后，其余各份失效。

信用证中如要求提供“全套正本提单”（FULL SET OR COMPLETE SET OF B/L)，则须提供承运人签发的所有正本。

近些年来，来证中有如下语句出现：“Beneficiary’s certificate certifying that they have sent by speed post one of the three（1/3 original）B/L direct to the applicant immediately after shipment and accompanied by relative post receipt”，是指开证申请人要求卖方在货物装船后直接寄送进口方一份正本提单。这种做法于买方提货和转口贸易以及较急需或易腐烂的商品贸易有利，但对卖方却有货权已交出而被拒付的危险。因而，此处应慎重处理。

Signed for the Carrier，COSCO CONTAINER LINES

提单必须有船方或其代理的签字才能生效，特别情况下货代可以代办。

BY

如要求提供已装船提单，必须由船长签字并注明开船时间“Date：...”和“LADEN ON BOARD”字样。

第三节　货物运输保险单

保险单，是保险人接受被保险人的申请，并交纳保险费后而订立的保险契约，是保险人和被保险人之间权利和义务的说明，是当事人处理理赔和索赔的重要依据，也是出口商在 CIF 条件下向银行办理结汇时所必须提交的单据。

保险单就是一份保险合同，在保险单的正面，是特定的一笔保险交易，将该笔保险交易的当事人、保险标的物、保险金额险别、费率等等一一列出。在单据的背面，会详细地列出投保人、保险人、保险受益人的权利义务以及各自的免责条款。

发票号（INVOICE NO.）

填此批货物的发票号码。

合同号（CONTRACT NO.）

填此批货物的出口合同号。

信用证号（L/C NO.）

属信用证方式结汇的，要填具信用证号。

保单号次（POLICY NO.）

填写由保险公司编制的保单号。

被保险人（Insured）

即投保人或称“抬头”，这一栏填出口公司的名称。一般说来，买卖双方对货物的权利可凭单据的转移而转移，因此待交单结汇时，卖方将保险单背书转让给买方。

如信用证规定被保险人为受益人以外第三方，或作成“To Order of……”，应视情况确定接受与否。

在 FOB 或 CFR 价格条件下，如国外买方委托卖方代办保险，被保险人栏可做成“×××（卖方）On Behalf of ×××（买方）”，并且由卖方按此形式背书。此时，卖方可凭保险公司出示的保费收据（Premium Receipt）作为向买方收费的凭证。

标记（MARKS&NOS）

填写唛头，无唛头填“N/M”，也可填“As per Invoice No. ____”。

包装及数量（QUANTITY）

有包装的填写最大包装件数；裸装货物要注明本身件数；煤炭、石油等散装货注明净重；有包装但以重量计价的，应将包装数量与计价重量都注上。

保险货物项目（DESCRIPTION OF GOODS）

允许用统称，但不同类别的多种货物应注明不同类别货物的各自总称，与提单此栏目的填写一致。

保险金额（AMOUNT INSURED）

可小写，例如＄307.00。

PICC

中国人民保险公司

The People' s Insurance Company of China

总公司设于北京　　　　一九四九年创立

Head Office Beijing　　　　Established in 1949

货物运输保险单

CARGO TRANSPORATION INSURANCE POLICY

发票号（INVOICE NO.） STINV000370

合同号（CONTRACT NO.） 00000　　　　保单号次

信用证号（L/C NO.）　　　　POLICY NO. STINP000355

被保险人

Insured：

23 $ M^K

中国人民保险公司（以下简称本公司）根据被保险人的要求，由被保险人向本公司缴付约定的保险费，按照本保险单承保险别和背面所数条款与下列持款承保下述货物运输保险，特立本保险单。

THIS POLICY OF INSURANCE WITNESSES THAT THE PEOPLE' S INSURANCE COMPANY OF CHINA（HEREINAFTER CALLED "THE COMPANY"）

AT THE REQUEST OF THE INSURED AND IN CONSIDERATION OF THE AGREED PREMIUM PAID TO THE COMPANY BY THE INSURED. UNDERTAKES TO INSURE THE UNDERMENTIONED GOODS IN TRANSPORTATION SUBJECT TO THE CONDITIONS OF THIS POLICY AS PER THE CLAUSES PRINTED OVERLEAF AND OTHER SPECIAL CLAUSES ATTACHED HEREON.

标记 MARKS $ NOS	包装及数量 QUANTITY	保险货物项目 DESCRIPTION OF GOODS	保险金额 AMOUNT INSURED
A	750CARTON	WOMEN' S T-SHIRT 20PCS PER CARTON, COLOR: BLACK, FABRIC CONTENT: 100% COTTON	USD 495000

总保险金额

TOTAL AMOUNT INSURED：　U. S. DOLLAR FOUR HUNDRED AND NINETY-FIVE THOUSAND ONLY

保费　　　　启运日期　　　　装载运输工具

PERMIUM： AS ARRANGED　DATE OF COMMENCEMENT： As Per B/I　PER CONVEYANCE： Veedam DY100-09

自　　　　经　　　　至

FROM： Nation　VIA：　　TO： CARDIFF

承担险别

CONDITIONS：

F. P. A. ;

所保货物，如发生保险单项下可能引起索赔的损失或损坏，应立即通知本公司下述代理人查勘，如有索赔，应向本公司提交保单正本（本保险单共有　1　份正本）及有关文件。如一份正本已用于索赔，其余正本自动失效。

续表

IN THE EVENT OF LOSS OR DAMAGE WHICH MAY RESULT IN A CLAIM UNDER THIS POLICY. IMMEDIATE NOTICE MUST BE GIVEN TO THE COMPANY' S AGENT AS MENTIONED HEREUNDER. CLAIMS, IF ANY, ONE OF THE ORIGINAL POLICY WHICH HAS BEEN ISSUED IN 1 ORIGIN (S) TOGETHER WITH THE RELEVANT DOCUMENTS SHALL BE SURRENDERED TO THE COMPANY. IF ONE OF THE ORIGINAL POLICY HAS BEEN ACCOMPLISHED. THE OTHERS TO BE VOID.

中国人民保险公司
The People' s Insurance Company of China

赔款偿付地点
CLAIM PAYABLE AT UNITED KINGDOM
出单日期
ISSUING DATE 2014-11-07 Authorized Signature

地址（ADD）：中国北京 电话（TEL）：（010）88888888
邮编（POST CODE）：101100 传真（FAX）：（010）88888887

图表来源：世格软件

总保险金额（TOTAL AMOUNT INSURED）

此处累计金额应大写，例如：U. S. Dollars Three Hundred and Seven Only.

（1）保险货币应与信用证一致，大小写应该一致。

（2）保险金额的加成百分比应严格按信用证或合同规定掌握。如未规定，应按 CIF 或 CIP 发票价格的 110%投保。

（3）发票如需扣除佣金或折扣，则须按扣除佣金或折扣前的毛值投保。

（4）保险金额不要小数，出现小数时无论多少一律向上进位。

保费（PREMIUM）

此栏通常不注具体数字，而已分别印就“AS ARRANGED（按协商）”。有时也可按信用证要求缮打“Paid”、“Prepaid”或具体金额数目。

启运日期（DATE OF COMMENCEMENT）

可只填“As Per B/L（符合提单）”，也可根据提单签发日期具体填写，如为备运提单应填装船日。

装载运输工具（PER CONVEYANCE）

海运方式下填写船名加航次。例如，FENG NING V. 9103. 如整个运输由两次运输完成时，应分别填写一程船名及二程船名，中间用“/”隔开。此处可参考提单内容填写。例如，提单中一程船名为“Mayer”，二程为“Sinyai”，则填“Mayer/Sinyai”。

铁路运输填写运输方式“by railway”加车号；航空运输为“By air”；邮包运输为“By parcel post”。

起讫地点（FROM... VIA... TO...）

起点指装运港。讫点指目的港。如发生转船，则写为“From...（装运港）To...（目的港）W/T”或“ Via...（转运港）”。例如：From Dalian To New York Via Hong Kong.

承保险别（CONDITIONS）

出口公司在制单时，先在副本上填写这一栏的内容，当全部保险单填好交给保险公司审核确认时，才由保险公司把承保险别的详细内容加注在正本保险单上。

注意以下几点：

（1）应严格按照信用证的险别投保。

（2）如信用证没有具体规定险别，或只规定“Marin Risk”，“Usual Risk”或“Transport Risk”等，则可投保最低险别平安险“FPA”，或投保一切险“All Risks”、水渍险“WA”或“WPA”、平安险“FPA”中的任何一种，另外还可以加保一种或几种附加险。

（3）如来证要求投保的险别超出了合同规定，或成交价格为FOB或CFR，但来证却由卖方保险，遇到这种情况，如果买方同意支付额外保险费，可按信用证办理。

（4）投保的险别险注明险别名称外，还应注明险别适用的文本和日期。

例如：Covering All Risks and War Risks as per Ocean Marin Cargo Clauses & Ocean Marin Cargo War Risks Clauses of The People’s Insurance Company of China dated 1981-01-01.

在实际业务中可采用缩写。例如上述条款可写成“……as per OMCC & OMCWRC of the PICC（CIC）dd 1981-01-01”或“……as per C. I. C. All Risks & War Risks dd 1981-01-01”。

填写时，一般只需填险别的英文缩写，同时注明险别的来源，即颁布这些险别的保险公司。如“PICC”指中国人民保险公司，“C. I. C.”指中国保险条款。并指明险别生效的时间，如PICC或C. I. C. 颁布的险别生效时间是1981年1月1日。

(5) 如来证要求使用伦敦协会条款 (I. C. C), 根据中国人民保险公司的现行做法, 可以按信用证规定承保, 保险单应按要求填制。

注意: 目前的保险业务中不许对同一保险标的物投保自相矛盾的两个不同保险公司的承保险别。如来证要求 "Insurance against All Risks as per Institute Cargo Clause (A)", 既要求投保中国人民保险公司的一切险, 又要按照伦敦保险协会条款承保险种 A。虽然两种险别范围类似, 但却不合规范。

(6) 如信用证要求投保转船险 (Unlimited Transshipment Risk), 即使直达提单也应照做, 以防在运输途中由于特殊原因转船而使货物受损。

(7) 除信用证特别声明外, 保险单内可加注免赔率。

查勘、理赔代理人

是指货物出险时负责检验、理赔的承保人的代理人。通常检验与理赔为同一代理人, 但根据需要也可以分开, 各司其职。此栏无论信用证有否规定, 都应注明查勘代理人。由保险公司填写负责在该地办理理赔的理赔员的名字, 或委托赔付地某保险公司作理赔代理。

(1) 如果信用证规定在目的港以外的地方赔付, 例如目的港在伦敦, 赔付地在巴黎, 应注明伦敦的勘查代理人和巴黎的赔付代理人。

(2) 如果来证规定有两个赔付地, 则两个地点的代理人都应注明。

保单正本

中国人民保险公司出具的保险单 1 套 5 份, 由 1 份正本 Original、1 份副本 Duplicate 和 3 份副本 Copy 构成。来证要求提供保单为 "In duplicate"、"In two folds" 或 "In 2 copies", 则应提供 1 份正本 Original、1 份副本 Duplicate 构成全套保单。

签字

由保险承保人或它们的代理人签字, 也可只盖图章。右下角由保险公司法人签章。

赔款偿付地点 (CLAIM PAYABLE AT)

严格按照信用证规定打制; 如来证未规定, 则应打目的港。如信用证规定不止一个目的港或赔付地, 则应全部照打。

出单日期 (ISSUING DATE)

指填保险单的日期。保险手续要求在货物离开出口仓库前办理。保险单的日期相应填写货物离开仓库的日期，或至少填写早于提单签发日、发运日或接受监管日。

第四节　装船通知

装船通知，是在 FOB、CFR 等由买方负责成交货物的保险工作的贸易术语条件下，在卖方完成装船之后，立即通知买方，使后者能够及时为货物投保，避免出现装船和投保的脱节，致使货物处于无保险的状态之中。

装运通知（Shipping Advice）

（1）Quantity，货物销售数量，必须与商业发票描述一致。

（2）Vessel，填入装运船名与航次，须与 B/L、Invoice、其他单据相同。如“Volendam/DY100-07”。

Messrs

填列进口商名称及地址。

如：ARRCNS FAN COMPANY

NO. 1023，LINDA VALID ST. WALLE 234

TU WONTERLA CITY

CA，U. S. A.

<u>SHIPPING ADVICE</u>

Messrs.　　Invoice No.

Date：

Particulars

1. L/C No.

2. Purchase order No.

3. Vessel：

4. Port of Loading：

5. Port of Discharge：

6. On Board Date：

7. Estimated Time of Arrival:

8. Container:

9. Freight: [ ] [ ]

10. Description of Goods:

11. Quantity: [ ] [ ]

12. Invoice Total Amount: [ ] [ ]

Documents enclosed

1. Commercial Invoice:

2. Packing List:

3. Bill of Lading:

4. Insurance Policy:

Very truly yours,

Manager of Foreign Trade Dept.

打印预览 保存 退出

图表来源于世格软件

Invoice No.

填写此笔交易对应的商业发票号码。

Date

填写装船通知签发日期。

L/C No.

填写此笔交易对应的信用证号码。

Purchase order No.

填写此笔交易对应的销货合同号码。

Vessel

填入装运船名与航次，须与 B/L、Invoice、其他单据相同。如："SALLY OCEAN V-6"。

Port of Loading

起运港，须与 B/L 一致。

Port of Discharge

目的地，须与 B/L 一致。

On Board Date

写明装船日期。

Estimated Time of Arrival

写明预定抵埠日期。

Container

写明集装箱个数及种类。

Freight

写明海运费总金额。

Description of Goods

指所装运的货品内容，按实际情况填写。

Quantity

货物数量。须与商业发票所记载者相同。

Invoice Total Amount

货物总价。须与商业发票所记载者相同。

Documents enclosed

装船通知的作用在方便买方购买保险或准备提货手续，出口商作此项通知时，有时还附上或另行寄上货运单据（押汇单证）之副本，以便进口商明了装货内容，并可于货运单据正本迟到或遗失时，及时办理担保提货。

Commercial Invoice

写明所需商业发票份数。

如 1（Duplicate）2Copies。

Packing List

写明所需包装单份数。

Bill of Lading

写明所需提单份数。

Insurance Policy

写明所需保险单份数。

下方空白栏

如还有其他单据随附，补充于下方空白栏。

右下方空白栏

填写出口商公司名称。

Manager of Foreign Trade Dept.

负责人签字。与商业发票相同，应由出口商签署。

本章操作要求

在世格软件系统中学习并填写相应单据。

本章思考题

1. 你知道装箱单的填制方法吗？
2. 你知道提单的填制方法吗？
3. 你知道货物运输保险单的填制方法吗？
4. 你知道装船通知的填制方法吗？

第六章

托 收

本章要点

1. 理解托收的含义、当事人的相互关系。
2. 掌握跟单托收。
3. 掌握托收的业务流程。
4. 能进行托收业务实践操作。

第一节 托收概述

一、托收的概念

托收（Collection）是出口人在货物装运后，开具以进口方为付款人的汇票（随附或不随附货运单据），委托出口地银行通过它在进口地的分行或代理行，代出口人收取货款的一种结算方式。在国际贸易中，托收是较为常用的支付方式。

国际商会为统一托收业务的做法，减少托收业务各有关当事人可能产生的矛盾和纠纷，曾于 1958 年草拟《商业单据托收统一规则》（The Uniform Rules for Collection，ICC Publication No. 322）。1995 年再次修订，称为《托收统一规则》国际商会第 522 号出版物（简称《URC522》），1996 年 1 月 1 日起实施。《托收统一规则》自公布实施以来，被各国银行采用，已成为托收业务的国际惯例。但该规则本身不是法律，因而对一般当事人没有约束力，只有在有关当事人事先约定的条件下，才受该惯例的约束。

《托收统一规则》（URC522）共 7 部分，共 26 条，包括总则及定义、托收的形式和结构，提示方式，义务与责任，付款，利息、手续费及其他费用，其他规定。根据《托收统一规则》的规定，托收是指银行根据所收到的指示，处理金融单据或商业单据，目的在于取得付款和/或承兑，凭付款和/或承兑交单，或按其他条款及条件交单。上述定义中所涉及的金融单据是指汇票、本票、支票或其他用于付款或款项的类似凭证；商业单据是指发票、运输单据、物权单据或其他类似单据，或除金融单据之外的任何其他单据。

二、托收的当事人

托收涉及四个主要当事人，即委托人、付款人、托收行和代收行。

委托人是委托银行办理托收业务的一方。在国际贸易业务中，委托人往往指出口人。出口人开具汇票，委托银行向国外进口人（债务人）收款。委托人主要负有两方面的责任：一方面是履行与进口商签订国际贸易合同的责任；另一方面是履行与托收银行签订的委托代理合同的责任。

托收行又称寄单行，指接受委托人的委托办理托收的银行，通常为出口人所在地的银行。在实际的跟单托收业务中，托收行应该承担的义务是，严格执行委托人的指示，按照惯例处理单据。

托收行在业务过程中会涉及两份协议：一份是托收申请书，是委托人和托收行之间的委托代理合同；另一份是托收指示，是托收行和代收行之间的委托代理合同。托收行如果在托收过程中发生了没有遵守信用并谨慎从事的原则，需要承担由此造成的损失。

代收行是指接受托收行委托，向付款人收款的银行，通常是托收行在付款人所在地的联行或代理行，一般为进口地银行。在跟单托收中，代收行主要的责任和义务包括：执行托收行的托收指示、处理单据、完成托收情况的通知、处理货物（该项工作须是在代收行同意的情况下，才会产生）。

托收行与代收行之间的委托代理关系是通过托收指示来反映的。如果出于某种原因，某一银行不能执行它所收到的托收指示书的规定时，必须立即通知托收行。代收行的主要责任是保管好单据，在收到托收的单据时，代收行需要确定单据表面是否与托收指示中所规定的相符，对于单据缺少或发现与托收指示中所要求的单据不符时，代收行应毫不延迟地通知托收行。

代收行没有义务处理委托人的货物。即使在托收指示中明确指示由代收行对货物采取行动，包括存仓与办理保险，代收行只有在同意的情况下，才会采取行动，但代收行无义务提货，货物的风险与责任由发货人承担。代收行对货物采取保护行动所产生的手续费和其他费用都由托收委托人承担。

付款人是银行根据托收指示书的指示提示单据的对象。托收业务中的付款人，即是商务合同中的买方或债务人，在贸易业务中，通常为进口人。应该说付款人的基本义务就是付款。虽然付款人与代收行之间不存在契约关系，但是付款人必须向代收行付款。付款人付款不是根据他对代收行应承担的责任，而是根据他与委托人之间订立的贸易合同所承担的债务，但是付款人的付款责任是建立在委托人（出口方）已经履行了合同义务的前提下的（以提交合格单据为证明）。

托收指示中应该注明付款人采取行动的确切期限。如果付款人在规定的期限内不付款，单据仍将由代收行保管，听候委托方的指示和安排。如果委托人已经按照合同规定发货且提交符合合同要求的单据，而付款人不按规定付款或承兑，这就构成付款人违约，违约方需承担违约责任。

第二节　托收的种类与流程

托收主要包括光票托收、跟单托收，在实际业务中，应用最为广泛的是跟单托收。

一、光票托收

光票托收（clean collection），指不附有商业单据的金融单据的托收。在光票托收中，债权人仅向托收行提交汇票、本票、支票等金融单据，委托其代为收款。

光票托收适用的客户：

（1）贸易、非贸易项下的小额支付。

（2）在国内不能兑换的外币现钞（含残币）。

（3）外汇支票、本票，国外债券、存单等有价凭证的托收业务。

（4）不能或不便提供商业单据的交易，如寄送样品、软件等高科技产品交易、时令性商品交易，以及服务、技术转让等无形贸易。

我国出口采用凭外商支票发货时，需要很谨慎。为防止外商签发空头支票，应该坚持外商签发保付支票；如果是一般的支票，为了资金安全，则要先通过中国国内银行通过光票托收，将支票向国外付款行收回货款或查询后，方可发货，以免造成钱货两空的结局。

二、跟单托收

跟单托收（Documentary Collection）是指银行受出口商委托，凭汇票、发票、提单、保险单等商业单据向进口商收取货款的结算方式，卖方以买方为付款人开立汇票，委托银行代其向买方收取货款。跟单托收根据交单条件的不同可分为：付款交单 D/P（即期、远期）（Documents against payment）；承兑交单 D/A（Documents against acceptance）。

（一）付款交单

指出口人交单以进口人的付款为条件。出口人发出货物之后，将货运单据等交给银行，委托其托收，银行只有在进口人付清货款之后，才能将这些单据交给进口人。按付款时间的不同，付款交单又分为即期付款交单和远期付款交单。但某些国际和地区将远期付款交单视同为承兑交单，在实际操作中按照承兑交单来处理，由此造成的损失等银行不负责任，所以需要格外注意各国的具体规定。

1. 即期付款交单（Documents against Payment at sight，D/P at sight）

是指出口方开具即期汇票，通过代收银行向进口方提示，进口方见票后必须立即付清货款才能领取货运单据的付款交单方式。下图为即期付款交单的流程：

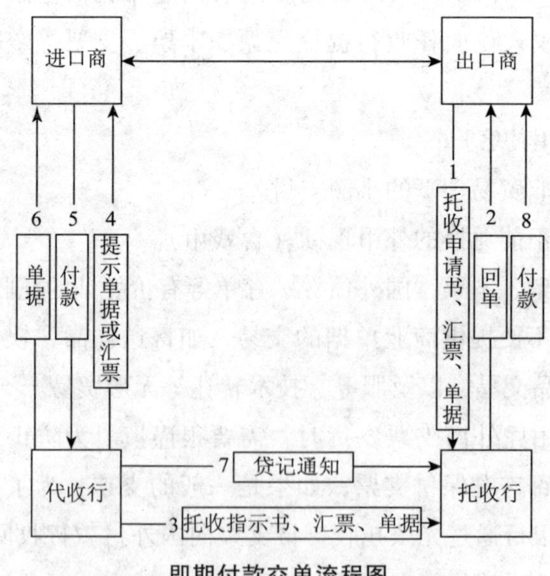

即期付款交单流程图

2. 远期付款交单（D/P after sight）

也叫银行提示远期汇票，远期付款交单指进口商见票并审单无误后，立即承兑汇票，于汇票到期日付款赎单。在汇票到期前，汇票和货运单据由代收行保管。远期付款交单的业务流程与即期付款交单大致相同。不同之处在于，此时出口商出具的是远期汇票，故有承兑这一票据行为的发生。进口商要等票据到期日付款后方能得到单据，并凭单取货。

远期付款交单进口方是要在付款以后才能拿到提货单据，也就是说在远期付款交单的情况下，进口商在收到银行首次通知的时候是拿不到单据的，而是承兑汇票，只有在远期汇票到期付款以后才能拿到单据。下图是远期付款交单的流程图：

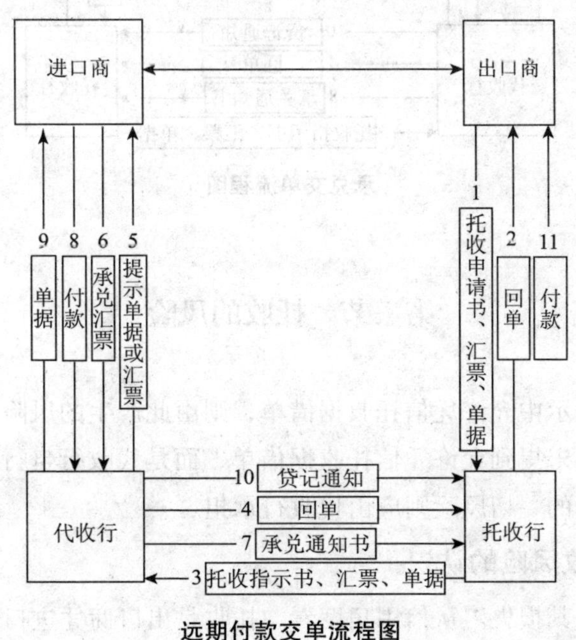

远期付款交单流程图

（二）承兑交单（Documents against Acceptance，简写 D/A）

是指出口人的交单以进口人在汇票上承兑为条件，即出口人在装运货物后开具远期汇票，连同商业单据，通过银行向进口人提示，进口人承兑汇票后，代收银行即将商业单据交给进口人，在汇票到期时，进口人才会履行付款义务。所谓"承兑"就是汇票付款人（进口方）在代收银行提示远期汇票时，对汇票的认可行为，付款人于汇票到期日凭票付款。下图是承兑交单的业务流程图：

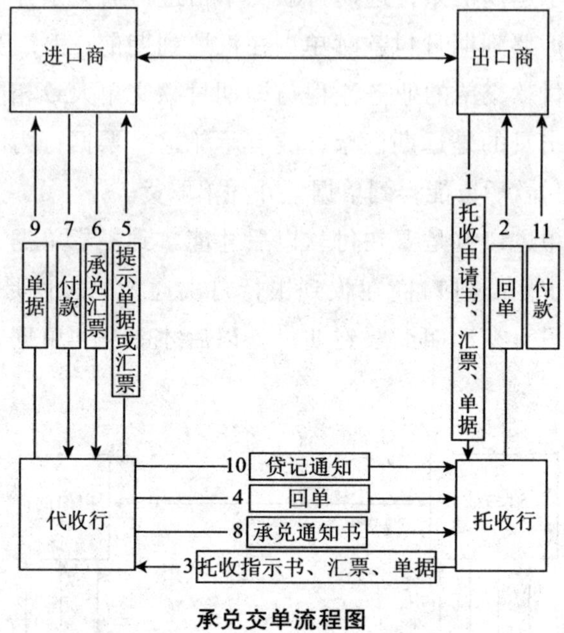

承兑交单流程图

第三节 托收的风险

假如托收指示中允许凭信托收据借单，则由此产生的风险由委托人自负；假如托收指示中未提到允许凭信托收据借单，而是代收行自行决定借出单据，那么由此而产生的一切风险则应由代收行承担。

一、对托收风险的认识

托收风险及其损失。从信用角度看，托收是出口商凭进口商的信用收款，属于商业信用。不同的托收种类其风险和损失的程度是不同的。从跟单托收看，承兑交单风险最大。因为承兑交单对于出口商来说是在收到货款之前已经失去了对货物所有权的控制，完全要依靠进口商的信用来收取货款。承兑交单的风险损失包括：货款的损失、出口商的卖方贷款利息、运输费用、办理各种单证的费用、银行费用，等等。

付款交单风险较小。因为付款交单条件下，只要进口商未付款，物权凭证仍掌握在代收行手中，仍属于出口商所有。但是，这并不等于没有风险损失。如果进口商不来付款赎单，则出口商仍要负担以下这些损失：出口商的卖方贷款利息；将货物运回本国处理的双程运输费用；如果货物寻求当地处理，则有在进口国港口存仓、保险、支付代理人的费用，以及货物临时处理而带来的价格损失、银行费用，等等。假如托收委托书允许远期付款交单凭信托收据借单，则风险损失等同于承兑交单。光票托收的风险损失是托收款和银行费用。

二、托收风险的防范措施

（1）了解进口国有关政策规定。这些政策与托收业务关系密切的主要是进口国家的银行（代收行）是否做远期付款交单业务以及如何处理这类业务的；

（2）进口国海关方面在进口手续、港口管理等方面的有关规定，进口国外汇管制方面的有关规定；

（3）对进口商的调查，包括进口商的资信情况、经营规模，等等。

案例：

我国某外贸企业与某国A商签订一份出口合同，付款条件为付款交单见票后45天付款。当汇票及所附单据通过托收行寄抵进口地代收行后，A商及时在汇票上履行了承兑手续。货物抵达目的港时，由于用货心切，A商向代收行出具信托收据借得单据，先行提货转售。汇票到期时，A商因经营不善，失去偿付能力。代收行以汇票付款人拒付为由通知托收行，并建议由我外贸企业直接向A商索取货款。

问：你认为我外贸企业应如何处理？

答：我方不能接受代收行的建议。

《托收统一规则》第4款规定：“托收指示：（1）a. 所有送往托收的单据必须附有一项托收指示，注明该项托收将遵循《托收统一规则》第522号文件并且列出完整和明确的指示。银行只准允根据该托收指示中的命令和本规则行事；……c. 除非托收指示中另有授权，银行将不理会来自除了其所托收的有关人/银行以外的任何有关人/银行的任何指令。”根据这一规定，代收行在未征得托收申请人同意的情况下擅自借单给进口商，由此给托收申请人造成的损失由托收行承担。所以我外贸企业不必向A商索取货款。我方应通过托收行责成代收行付款。托收行对本案应承担最终的付款责任。

本章实验操作

托收业务试验

1. 进入页面，点击“托收业务”。

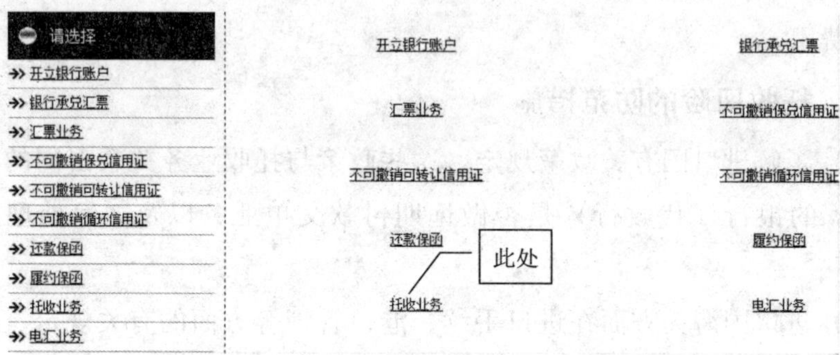

2. 点击“托收业务”，阅读“业务参考资料”，这里有关于托收的基础知识，可以仔细阅读并回顾所学知识点。

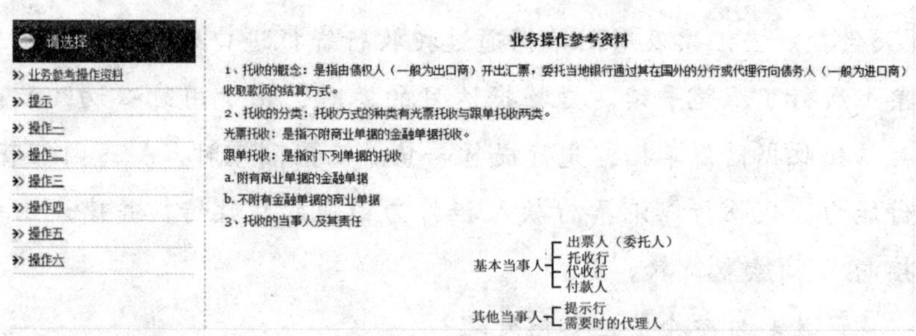

3. 点击“提示”，阅读操作指南，操作指南中的信息会是后续操作的基础，后续的单据填写的基础信息在此处获得。

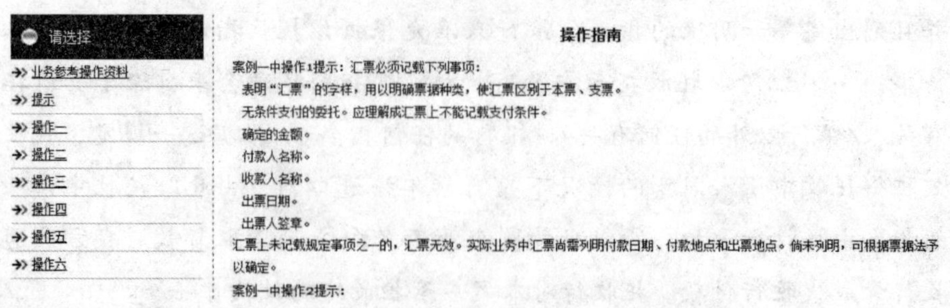

4. 点击“操作一”，阅读销售合同，合同是英文版本，如果阅读中有困难，可以参考本书第四章中关于“销售合同”的相关内容。

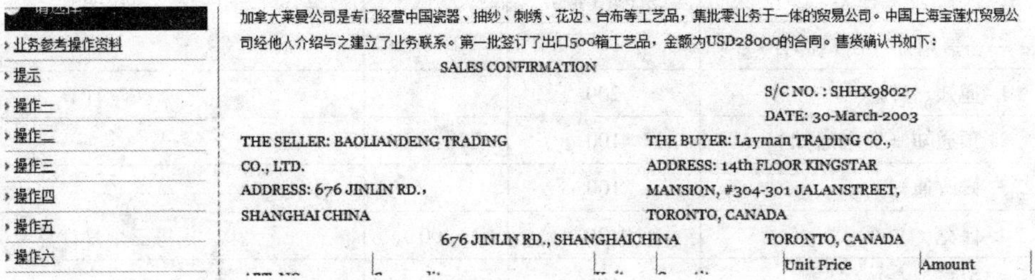

请选择
- 业务参考操作资料
- 提示
- 操作一
- 操作二
- 操作三
- 操作四
- 操作五
- 操作六

加拿大莱曼公司是专门经营中国瓷器、抽纱、刺绣、花边、台布等工艺品，集批零业务于一体的贸易公司。中国上海宝莲灯贸易公司经他人介绍与之建立了业务联系。第一批签订了出口500箱工艺品，金额为USD28000的合同。售货确认书如下：

SALES CONFIRMATION

S/C NO.: SHHX98027
DATE: 30-March-2003

THE SELLER: BAOLIANDENG TRADING CO., LTD.
ADDRESS: 676 JINLIN RD., SHANGHAI CHINA

THE BUYER: Layman TRADING CO.,
ADDRESS: 14th FLOOR KINGSTAR MANSION, #304-301 JALANSTREET, TORONTO, CANADA

676 JINLIN RD., SHANGHAICHINA   TORONTO, CANADA

Unit Price | Amount

5. 点击页面左下角“填具汇票”，打开并填写汇票，汇票的填写可参考本书中第三章中的相关内容。

☐ D/P即期 ☐ D/P远期 ☐ D/A

Bill Of Exchange

NO.__________ DATE:__________

EXCHANGE for__________

__________Pay this first bill of exchange (second of same tenor and

date unpaid) to the order of__________

the sum of__________only

D rawn__________

6. 点击“操作二”，阅读相关要求。

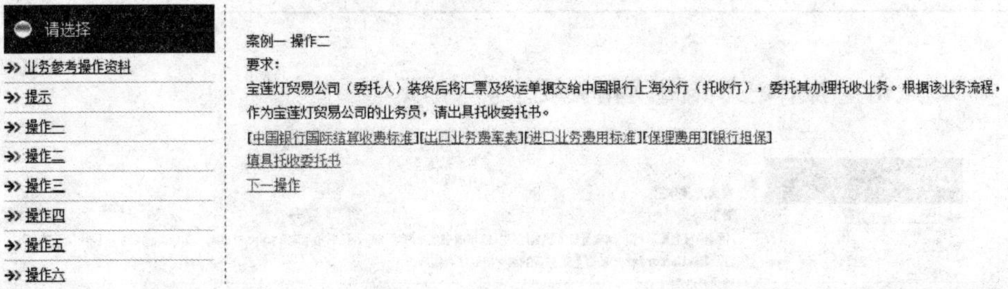

请选择
- 业务参考操作资料
- 提示
- 操作一
- 操作二
- 操作三
- 操作四
- 操作五
- 操作六

案例一 操作二
要求：
宝莲灯贸易公司（委托人）装货后将汇票及货运单据交给中国银行上海分行（托收行），委托其办理托收业务。根据该业务流程，作为宝莲灯贸易公司的业务员，请出具托收委托书。
[中国银行国际结算收费标准][出口业务费率表][进口业务费用标准][保理费用][银行担保]
填具托收委托书
下一操作

7. 点击中国银行国际结算收费标准、出口业务费率表、进口业务费用标准、保理费用、银行担保等表格，了解相关费率和政策。

中国银行国际结算收费标准

国际贸易和非贸易银行结算费率表 （各银行略有不同）				单位：人民币
业务种类	费率（额）	最低	最高	说明
一、信用证（出口部分）				
1. 通知、转递	200			按笔计算
2. 预通知（简电通知）	100			
3. 修改通知	100			
4. 保兑	0.2%	300		每三个月计算
5. 议付（信用证）	0.185%	300		

8. 填具“托收委托书”，可参考“操作指南”中给出的帮助信息来完成。

Office：××××

Address：××××

进口托收单据通知书

INWARD DOCUMENTS FOR COLLECTION

我的行业务编号 日期

Our REF. NO. Date

付款人（drawee）	托收行（remitting bank） Ref no. Date
委托人（drawer） 合同号码（Contract No.）	金额（Amount） 发票号码（Invoice No.） Date
汇票期限（Tenor）	付款期限（Invoice No.） Date

Documents	Draft-(s)	Ocean B/L	N/N Ocean B/L	Airway Bill	Insurance Policy	P/W List	Quality Cert.	Origin Cert.	Benefit-Carry’s	Cable Copy

9. 点击“操作三”，阅读相关要求。

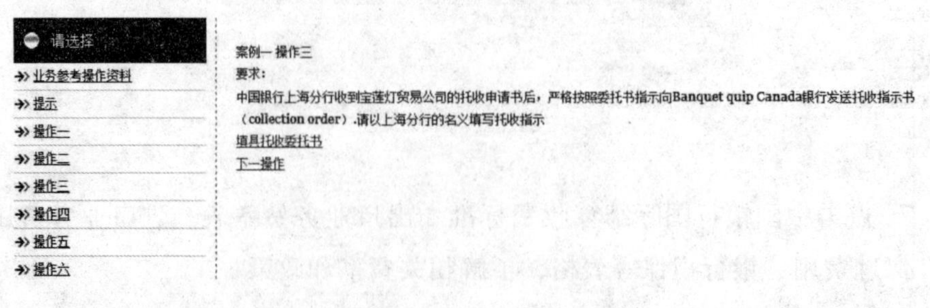

10. 填具“托收委托书”，可参考“操作指南”中给出的帮助信息来完成。

Bank of china

COLLECTION ORDER

Office：××××××
Address：××××××
TLX：×××××××××

Date

Our reference number
For all Communications Please always quote

FAX：××××××
Dear sirs：
We enclose the following documents for collection.

11. 点击“操作四”，阅读相关要求。

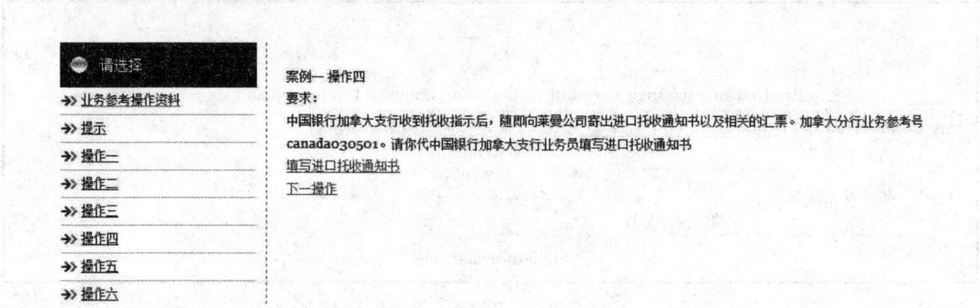

请选择
- 业务参考操作资料
- 提示
- 操作一
- 操作二
- 操作三
- 操作四
- 操作五
- 操作六

案例一 操作四
要求：
中国银行加拿大支行收到托收指示后，随即向莱曼公司寄出进口托收通知书以及相关的汇票。加拿大分行业务参考号canada030501。请你代中国银行加拿大支行业务员填写进口托收通知书
填写进口托收通知书
下一操作

12. 填写进口托收通知书。

Office：××××

Address：××××

进口托收单据通知书

INWARD DOCUMENTS FOR COLLECTION

我的行业务编号　　日期
Our REF. NO.　　Date

付款人（drawee）	托收行（remitting bank） Ref no.　　Date
委托人（drawer） 合同号码（Contract No.）	金额（Amount） 发票号码（Invoice No.）　　Date
汇票期限（Tenor）	付款期限（Invoice No.）　　Date

Documents	Draft -（s）	Ocean B/L	N/N Ocean B/L	Airway Bill	Insurance Policy	P/W List	Quality Cert.	Origin Cert.	Benefit-Carry’s	Cable Copy

13. 点击“操作五”，阅读相关要求。

请选择	
» 业务参考操作资料 » 提示 » 操作一 » 操作二 » 操作三 » 操作四 » 操作五 » 操作六	案例一 操作五 要求： 基于两家公司第一笔交易的顺利完成，宝莲灯贸易公司根据合同规定开始投入第二、三批产品生产，然而货到买方所在地后，莱曼公司因业务发展过快，资金周转困难，要求中国公司改D/P方式为D/A，以解其燃眉之急。中国公司考虑到在加拿大当地没有代理委托人，担心货到港后因无人提取会造成积压损失，遂同意承兑放单，随即开具交易金额为 18600美元，以中国银行上海分行为抬头人的远期承兑汇票（D/A at 30 days after sight）。托收的其他程序同上，只需填写远期汇票，请你代中国方面的公司填写汇票。 填写汇票 下一操作

14. 填写汇票。

NO：____________ DATE：____________

Exchange for __________________

____________ of the first of exchange（second of the same tenor and date unpaid）

Pay to the order of __________________

The sum of __________________ only

Drawn against __________________

To __________________ for __________________

Signature manager

15. 点击“操作六”，阅读相关要求。

请选择	
» 业务参考操作资料 » 提示 » 操作一 » 操作二 » 操作三 » 操作四 » 操作五 » 操作六	案例一 操作六 要求： 假设中国银行上海分行(托收行)与Banquet quip Canada（代收行）之间没有相互开立账户，而是托收行在瑞士银行开立了账户时，出口托收委托书的收款指示写明：“请代收款项并将款汇至瑞士银行贷记我行在该行的账户，并请贵行以电报或航邮通知我行。”当代收行收妥款项，汇交瑞士银行贷记在托收行账户通知托收行后，托收行得知款项已收妥，可立即贷记委托人账户，完成此笔业务。请根据上述描述，将下列业务流程补充完整。 补充业务流程

16. 补充业务流程表。

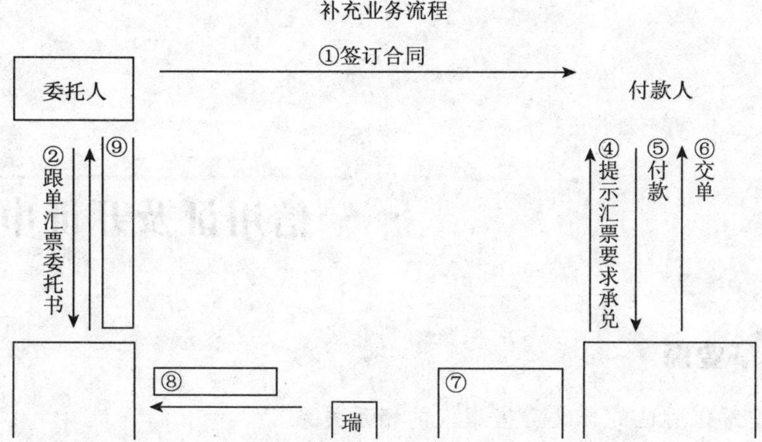

以下为截至2014年10月24日时中国银行托收业务的费用情况：

跟单托收业务

1. 进口跟单托收	
由我行直接向付款人交单	3.0‰，最低500.00元人民币
经付款人的银行交单	1.5‰，最低500.00元人民币
2. 出口跟单托收	3.0‰，最低500.00元人民币
3. 更改托收指示	150.00元人民币

本章思考题

1. 简述托收的定义。
2. 简述托收的当事人。
3. 简述即期付款交单和远期付款交单的流程。
4. 简述承兑交单的流程。
5. 简述托收的风险。

第七章

信用证及开证申请书

本章要点

1. 理解信用证的含义、当事人的相互关系。
2. 掌握信用证的特点。
3. 掌握信用证的业务流程。
4. 能填制和审核信用证开证申请书。

第一节　信用证的概述

在国际贸易活动中，买卖双方可能互不信任，买方担心预付货款后，卖方不按合同要求发货；卖方也担心在发货或提交货运单据后买方不付款。因此需要两家银行作为买卖双方的保证人，代为收款交单，以银行信用代替商业信用。银行在这一活动中所使用的工具就是信用证。

信用证（Letter of Credit，L/C）是银行（即开证行）依照进口商（即开证申请人）的要求和指示，向出口商（即受益人）发出的、授权出口商签发以银行或进口商为付款人的汇票，保证在交来符合信用证条款规定的汇票和单据时，必定承兑和付款的保证文件。信用证是一种银行开立的有条件的承诺付款的书面文件，它是一种银行信用。

信用证以其是否跟随单据，分为光票信用证和跟单信用证两大类。在国际贸易中主要使用的是跟单信用证，我们一般分析跟单信用证。信用证是银行有条件保证付款的证书，是国际贸易活动中常见的结算方式。按照这种结算方式的一般规定，买方先将货款交存银行，由银行开立信用证，通知异地卖方开户银行转告卖方，卖方按合同和信用证规定的条款发货，开证银行承担付款责任。

信用证方式有三个特点：

一是信用证是一项自足文件（self-sufficient instrument）。信用证不依附于买卖合同，银行在审单时强调的是信用证与基础贸易相分离的书面形式上的认证。

二是信用证方式是纯单据业务（pure documentary transaction）。信用证是凭单付款，不以货物为准。只要单据相符，开证行就应无条件付款。

三是开证银行负首要付款责任（primary liabilities for payment）。信用证是一种银行信用，它是银行的一种担保文件，开证银行对支付有首要付款的责任。

信用证当事人：

1. 信用证开证行（Issuing Bank）

开证行是应申请人（进口商）的要求向受益人（出口商）开立信用证的银行。该银行一般是进口商的开户银行。

2. 信用证受益人（Beneficiary）

受益人是开证行在信用证中授权使用和执行信用证并享受信用证所赋予的权益的人，受益人一般为出口商。

3. 信用证保兑行（Confirming Bank）

保兑行是应开证行或信用证受益人的请求，在开证行的付款保证之外对信用证进行保证付款的银行。

4. 信用证申请人（Applicant）

开证申请人是向银行提交申请书申请开立信用证的人，它一般为进出口贸易业务中的进口商。

5. 信用证通知行（Advising Bank）

通知行是受开证行的委托，将信用证通知给受益人的银行，它一般为开证行在出口地的代理行或分行。

6. 信用证付款行（Paying Bank/Drawee Bank）

付款行是开证行在承兑信用证中指定并授权向受益人承担（无追索权）付款责任的银行。付款行的付款不可追索。

7. 信用证承兑行（Accepting Bank）

承兑行是开证行在承兑信用证中指定的并授权承兑信用证项下汇票的银

行。在远期信用证项下，承兑行可以是开证行本身，也可以是开证行指定的另外一家银行。

8. 信用证议付行（Negotiating Bank）

议付行是根据开证行在议付信用证中的授权，买进受益人提交的汇票和单据的银行。议付行为可追索。

9. 信用证偿付行（Reimbursing Bank）

偿付行是受开证行指示或由开证行授权，对信用证的付款行、承兑行、保兑行或议付行进行付款的银行。

10. 信用证转让行（Transferring Bank）

转让行是应第一受益人的要求，将可转让信用证转让给第二受益人的银行。转让行一般为信用证的通知行。

信用证流程图：

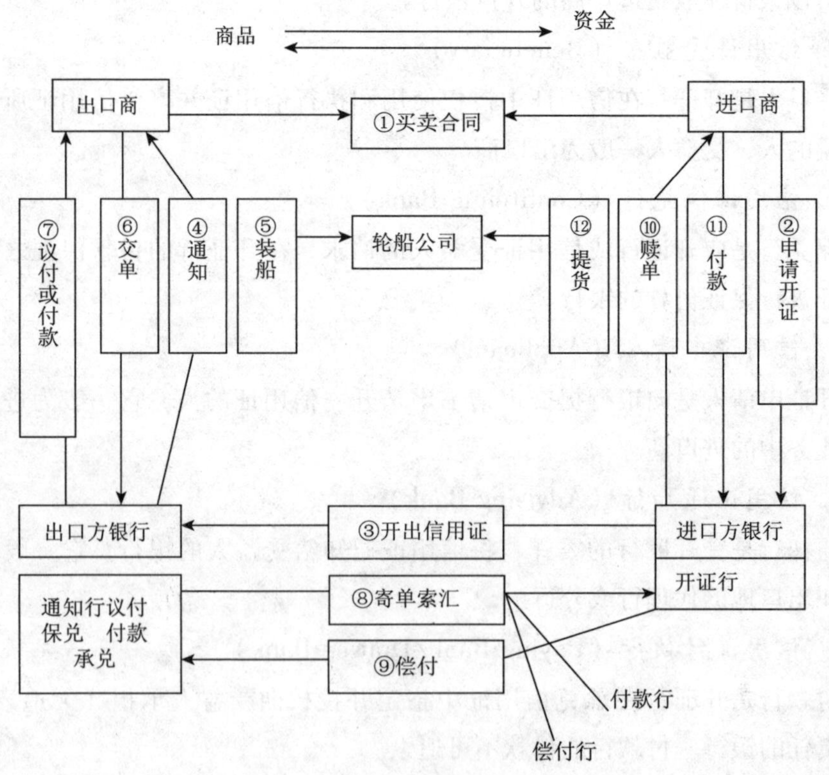

信用证流程图

第二节　信用证种类

信用证的种类在实际操作中有很多，具体包括下述类别：

一、按是否附货运单据分

（1）跟单信用证（Documentary Credit），巴黎国际商会的跟单信用证统一惯例对跟单信用证所下的定义为“任何一项约定，不论如何命名或描述，依照其客户（即开证申请人）的要求和指示或自己主动行事的一家银行（即开证行）根据该约定，在符合信用证条款的条件下，凭规定的单据：①向第三方（即受益人）或其指定人进行付款，或承兑并支付受益人开立的汇票；或②授权另一银行进行该项付款，或承兑并支付该汇票；或③授权另一银行议付。”

简单来说，就是凭跟单汇票或仅凭单据付款的信用证。国际贸易结算中所使用的信用证绝大部分是跟单信用证，我们后续的学习也是围绕跟单信用证展开。

（2）光票信用证（Clean Letter of Credit），是不附单据、受益人可以凭开立收据或汇票分批或一次在通知行领取款项的信用证。贸易结算中的预支信用证和非贸易结算中的旅行信用证都属光票信用证。

对于出口商而言，光票信用证下的开证行仍然承担第一性的付款责任，且无须提供货运单据，因此应当是有利的。因为信用证下提交的单据越少，出现单证不符的可能性也就越小。相对于买卖当事人的风险分配而言，进口商风险越大，作为相对人的出口商风险就越小。因此，光票信用证在国际贸易中的运用比较少，多用于支付货物从属费用、尾款、样品费等，以及其他非贸易性费用的支付。

二、按照是否可撤销分

《UCP500》第六条中规定，信用证可以是可撤销的，也可以是不可撤销的。因此，信用证上应该注明是可撤销的还是不可撤销的。如无此项注明，应视为不可撤销的。而《UCP600》确定了信用证的不可撤销性，可撤销信用证将退出历史舞台，即是说，现在的信用证都是不可撤销的。

（1）可撤销信用证（Revocable Credit），是指开证行对所开信用证不必征得受益人同意有权随时撤销的信用证。

（2）不可撤销信用证（Irrevocable Credit），是指信用证一经开出，在有效期内，非经信用证各有关当事人的同意，开证行不能片面修改或撤销的信用证。

三、按照付款时间的不同分

（1）即期信用证（L/C at sight），是开证行或付款行收到符合信用证条款的汇票和单据后，立即履行付款义务的信用证。即期信用证下，受益人一般不需要开立汇票，开证行或付款行只凭全套合格的货运单据付款。这种信用证使出口方得以迅速收回货款，是国际贸易中最常见的一种信用证。

（2）远期信用证（Forward L/C），是开证行或付款行收到符合信用证的单据时，不立即付款，而是等到汇票到期时再履行付款义务的信用证。它往往是银行（即开证行）依照进口商（即开证申请人）的要求和指示，对出口商（即受益人）发出的、授权出口商签发以银行或进口商为付款人的远期汇票，保证在交来符合信用证条款规定的汇票和单据时，必定承兑，等到汇票到期时履行付款义务的保证文件。

四、其他方式的分类

（1）保兑信用证（Confirmed Credit），是指经开证行以外的另一家银行加具保兑的信用证。保兑信用证主要是受益人（出口商）对开证银行的资信不了解，对开证银行的国家政局、外汇管制过于担心，怕收不回货款而要求加具保兑的要求，从而使货款的回收得到了双重保障。通常加具保兑所产生的费用由受益人（出口商）承担，进出口方另有规定的，按双方规定办理。

（2）红条款信用证（Red Clause L/C），是允许出口商在装货交单前可以支取全部或部分货款的信用证。开证行在信用证上加列上述条款，通常用红字打成，故此种信用证被称为“红条款信用证”。

（3）可转让信用证（Transferable L/C），是指开证行授权通知行在受益人的要求下，可将信用证的全部或一部分转让给第三者，即第二受益人的信用证。可转让信用证只能转让一次，信用证转让后，即由第二受益人办理交货，但原证的受益人，即第一受益人，仍须负责买卖合同上卖方的责任。如果信用证上允许分装，信用证可分别转让给几个第二受益人，这种转让可看成一次转让。不可转让信用证是指受益人不能将信用证的权利转让给他人的信用证。

（4）背对背信用证（Back-to-back L/C），是受益人要求通知行在原有的信用证基础上，开立一个新的信用证，主要为了两国不能直接进行贸易时，通过第三方来进行贸易。背对背信用证和可转让信用证都产生于中间交易，为中间商提供便利。

一个中间商向国外进口商销售某种商品，请该进口商开立以他为受益人的第一信用证，然后向当地或第三国的实际供货人购进同样商品，并以国外进口商开来的第一信用证作为保证，请求通知行或其他银行对当地或第三国实际供货人另开第二信用证，以卖方（ 中间商）作为第二信用证的申请人，此种情况下，不管它根据第一信用证能否获得付款，都要负责偿还银行根据第二信用证支付的款项。

（5）对开信用证（Reciprocal L/C），双方互为进口方和出口方，互为对开信用证的申请人和受益人。为实现双方货款之间的平衡，采用互相开立信用证的办法，把出口和进口联系起来。第一张信用证的受益人就是第二张信用证（也称回头证）的开证申请人；第一张信用证的开证申请人就是回头证的受益人。第一张信用证的通知行，常常就是回头证的开证行，两证的金额大约相等。

（6）循环信用证（Revolving L/C），循环信用证即可多次循环使用的信用证，当信用证金额被全部或部分使用完后，仍又恢复到原金额。买卖双方订立长期合同，分批交货，进口方为了节省开证手续和费用，即可开立循环信用证。循环信用证又可分为按时间循环的信用证和按金额循环的信用证两种。

第三节　信用证开证申请书

进口方与出口方签订国际贸易货物进出口合同并确认以信用证为结算方式后，即由进口方向有关银行申请开立信用证。开证申请是整个进口信用证处理实务的第一个环节，进口方应在合同规定的时间内或在规定的装船前一定时间内申请开证，并填制开证申请书，开证行根据有关规定收取开证押金和开证费用后开出信用证。

开证申请人（进口方）在向开证行申请开证时必须填制开证申请书。开证申请书是开证申请人对开证行的付款指示，也是开证申请人与开证行之间的一种书面契约，它规定了开证申请人与开证行的责任。在这一契约中，开证行只是开证申请人的付款代理人。

开证申请书主要依据贸易合同中的有关主要条款填制，申请人填制后附合同副本一并提交银行，供银行参考、核对。但信用证一经开立则独立于合同，因而在填写开证申请时应审慎查核合同的主要条款，并将其列入申请书中。

一般情况下，开证申请书都由开证银行事先印就，以便申请人直接填制。开证申请书通常为一式两联，申请人除填写正面内容外，还须签具背面的“开证申请人承诺书”。下页图是一份不可撤销信用证开证申请书。

TO

致________________________行。填写开证行名称。

Date

申请开证日期。如050428。

Issue by airmail

以信开形式开立的信用证。如果选择此种方式，开证行以航邮将信用证寄给通知行。

With brief advice by teletransmission

以简电开形式开立的信用证。如果选择此种方式，开证行将信用证主要内容发电报预先通知受益人，银行承担必须使其生效的责任，但简电本身并非信用证的有效文本，不能凭以议付或付款，银行随后寄出的“证实书”才是正式的信用证。

Issue by express delivery

以信开形式开立的信用证。如果选择此种方式，开证行以快递（如DHL）将信用证寄给通知行。

Issue by teletransmission（which shall be the operative instrument）

以全电开形式开立的信用证。如果选择此种方式，开证行将信用证的全部内容加注密押后发出，该电讯文本为有效的信用证正本。如今大多用“全电开证”的方式开立信用证。

Credit No.

信用证号码，由银行填写。

Date and place of expiry

信用证有效期及地点，地点填受益人所在国家。如050815 IN THE BENEFICIARY'S COUNTRY。

IRREVOCABLE DOCUMENTARY CREDIT APPLICATION

TO：THE CHARTERED BANK　　　　DATE：100407

<table>
<tr><td colspan="2">☐Issue by airmail ☐With brief advice by teletransmission
☐Issue by express delivery
☑Issue by teletransmission（which shall be the operative instrument）</td><td>Credit NO. STLCA000002

Date and place of expiry 100615 in the beneficiary's country</td></tr>
<tr><td colspan="2">Applicant
Carters Trading Company，LLC
P. O. Box8935，New Terminal，Lata. Vista，Ottawa，Canada</td><td>Beneficiary（Full name and address）
GRAND WESTERN TRADING CORP.
Room2501，Jiafa Mansion，Beijing West road，Nanjing 210005，P. R. China</td></tr>
<tr><td colspan="2">Advising Bank
Nanjing Commercial Bank
No. 19 Lane 32 I Sen Rd，Nanjing 210014，P. R. China</td><td>Amount
[USD] [450000]
U. S. DOLLARS FOUR HUNDRED AND FIFTY THOUSAND ONLY</td></tr>
<tr><td>Partial shipments
☐allowed
☑not allowed</td><td>Transhipment
☐allowed
☑not allowed</td><td rowspan="3">Credit available with
Nanjing Commercial Bank
By
☐sight payment ☐acceptance ☑negotiation
☐deferred payment at ____________
against the documents detailed herein
☑and beneficiary's draft（s）for 100 % of invoice value at ＊＊＊＊ sight
drawn on ISSUE BANK</td></tr>
<tr><td colspan="2">Loading on board/dispatch/taking in charge at/from
Nanjing
not later than 100520
For transportation to：TORONTO</td></tr>
<tr><td colspan="2">☐FOB ☐CFR ☑CIF
☐or other terms ____________</td></tr>
</table>

续表

Documents required: (marked with X)
1. (X) Signed commercial invoice in 6 copies indicating L/C No. ____ and Contract No. Contract001
2. (X) Full set of clean on board Bills of Lading made out to order and blank endorsed, marked "freight [ ] to collect/ [X] prepaid [ ] showing freight amount" notifying THE APPLICANT.
( ) Airway bills/cargo receipt/copy of railway bills issued by ____ showing "freight [ ] to collect/ [ ] prepaid [ ] indicating freight amount" and consigned to ____.
3. (X) Insurance Policy/Certificate in 3 copies for 110 % of the invoice value showing claims payable in CANADA in currency of the draft, blank endorsed, covering All Risks and War Risks.
4. (X) Packing List/Weight Memo in 3 copies indicating quantity, gross and weights of each package.
5. ( ) Certificate of Quantity/Weight in ____ copies issued by ____.
6. ( ) Certificate of Quality in ____ copies issued by [ ] manufacturer/ [ ] public recognized surveyor ____.
7. (X) Certificate of Origin in 3 copies issued by MANUFACTURER.
8. ( ) Beneficiary's certified copy of fax/telex dispatched to the applicant within ____ hours after shipment advising L/C No., name of vessel, date of shipment, name, quantity, weight and value of goods.
Other documents, if any SHIPPING ADVICE IN 3 COPIES INDICATING L/C NO. AND CONTRACT NO.
Description of goods: 02009 WOMEN'S T-SHIRT 20PCS PER CARTON, COLOR: BLACK, FABRIC CONTENT: 100% COTTON QUANTITY: 15000 PC PRICE: USD30/PC
Additional instructions:
1. (X) All banking charger outside the opening bank are for beneficiary's account.
2. (X) Documents must be presented within 21 days after date of insurance of the transport documents but within the validity of this credit.
3. (X) Third party as shipper is not acceptable, Short Form/Blank B/L is not acceptable.
4. ( ) Both quantity and credit amount ____ % more or less are allowed.
5. ( ) All documents must be forwarded in ____.
( ) Other terms, if any

[打印预览] [保存] [退出]

图表来源于世格软件。

Applicant

填写开证申请人名称及地址。开证申请人（applicant）又称开证人（opener），是指向银行提出申请开立信用证的人，一般为进口人，就是买卖合同的买方。开证申请人为信用证交易的发起人。

Beneficiary（Full name and address）

填写受益人全称和详细地址。受益人指信用证上所指定的有权使用该信用证的人。一般为出口人，是买卖合同中的卖方。

Advising Bank

填写通知行名称和地址。如果该信用证需要通过收报行以外的另一家银行转递、通知或加具保兑后给受益人，该项目内填写该银行。

Amount

填写信用证金额，分别用数字小写和文字大写。以小写输入时须包括币种与金额。如：USD89600；U. S. DOLLARS EIGHTY NINE THOUSAND SIX HUNDRED ONLY。

Parital shipments

分批装运条款。填写跟单信用证项下是否允许分批装运。

Transhipment

转运条款。填写跟单信用证项下是否允许货物转运。

Loading on board/dispatch/taking in charge at/from

填写装运港。

Not later than

填写最后装运期。如050610。

For transportation to

填写目的港。

Credit available with

填写此信用证可由________银行即期付款、承兑、议付、延期付款，即押汇银行（出口地银行）名称。如果信用证为自由议付信用证，银行可用"ANY BANK IN…（地名/国名）"表示。如果该信用证为自由议付信用证，而且对议付地点也无限制时，可用"ANY BANK"表示。

Sight payment

勾选此项，表示开具即期付款信用证。

Acceptancc

勾选此项，表示开具承兑信用证。承兑信用证是指信用证规定开证行对于受益人开立以开证行为付款人或以其他银行为付款人的远期汇票，在审单无误后，应承担承兑汇票并于到期日付款。

Negotiation

勾选此项，表示开具议付信用证。议付信用证是指开证行承诺延伸至第三当事人，即议付行，其拥有议付或购买受益人提交信用证规定的汇票/单据权利行为的信用证。如果信用证不限制某银行议付，可由受益人（出口商）选择任何愿意议付的银行，提交汇票、单据给所选银行请求议付的信用证称为自由议付信用证，反之为限制性议付信用证。

deferred payment at

勾选此项，表示开具延期付款信用证。如果开具这类信用证，需要写明延期多少天付款，例如："at 60 days from payment confirmation"（60 天承兑付款）、"at 60 days from B/L date"（提单日期后 60 天付款）等。

延期付款信用证不需汇票，仅凭受益人交来单据，审核相符，指定银行承担延期付款责任起，延长直至到期日付款。该信用证能够为欧洲地区进口商避免向政府交纳印花税而免开具汇票，其他都类似于远期信用证。

against the documents detailed herein and beneficiary' s draft（s）for % of invoice value at sight drawn on

连同下列单据：受益人按发票金额________%，作成限制为________天，付款人为________的汇票。注意延期付款信用证不需要选择连同此单据。

"at sight" 为付款期限。如果是即期，需要在 "at sight" 之间填 "＊＊＊＊" 或 "——"，不能留空。远期有几种情况：at ×× days after date（出票后××天），at ×× days after sight（见票后××天）或 at ×× days after date of B/L（提单日后××天）等。如果是远期，要注意两种表达方式的不同：一种是见票后××天（at ×× days after sight），一种是提单日后××天（at ×× days after B/L date）。这两种表达方式在付款时间上是不同的，"见单后××天" 是指银行见到申请人提示的单据时间算起，而 "提单日后××天" 是指从提单上的出具日开始计算的××天，所以如果能尽量争取到以 "见单后××天" 的条件成交，等于又争取了几天迟付款的时间。

"drawn on" 为指定付款人。注意汇票的付款人应为开证行或指定的付款行。如：against the documents detailed herein and beneficiary' s draft（s）for

100% of invoice value at ＊＊＊＊ sight drawn on THE CHARTERED BANK.

Documents required：(**marked with** ×)

信用证需要提交的单据（用“×”标明）。根据国际商会UCP500《跟单信用证统一惯例》，信用证业务是纯单据业务，与实际货物无关，所以信用证申请书上应按合同要求明确写出所应出具的单据，包括单据的种类，每种单据所表示的内容，正、副本的份数，出单人等。一般要求提示的单据有提单（或空运单、收货单）、发票、箱单、重量证明、保险单、数量证明、质量证明、产地证、装船通知、商检证明等以及其他申请人要求的证明等。

注意：如果是以CFR或CIF成交，就要要求对方出具的提单为“运费已付”（Freight Prepaid），如果是以FOB成交，就要要求对方出具的提单为“运费到付”（Freight Collect）。如果按CIF成交，申请人应要求受益人提供保险单，且注意保险险别，赔付地应要求在到货港，以便一旦出现问题，方便解决。汇票的付款人应为开证行或指定的付款行，不可规定为开证申请人，否则会被视作额外单据。

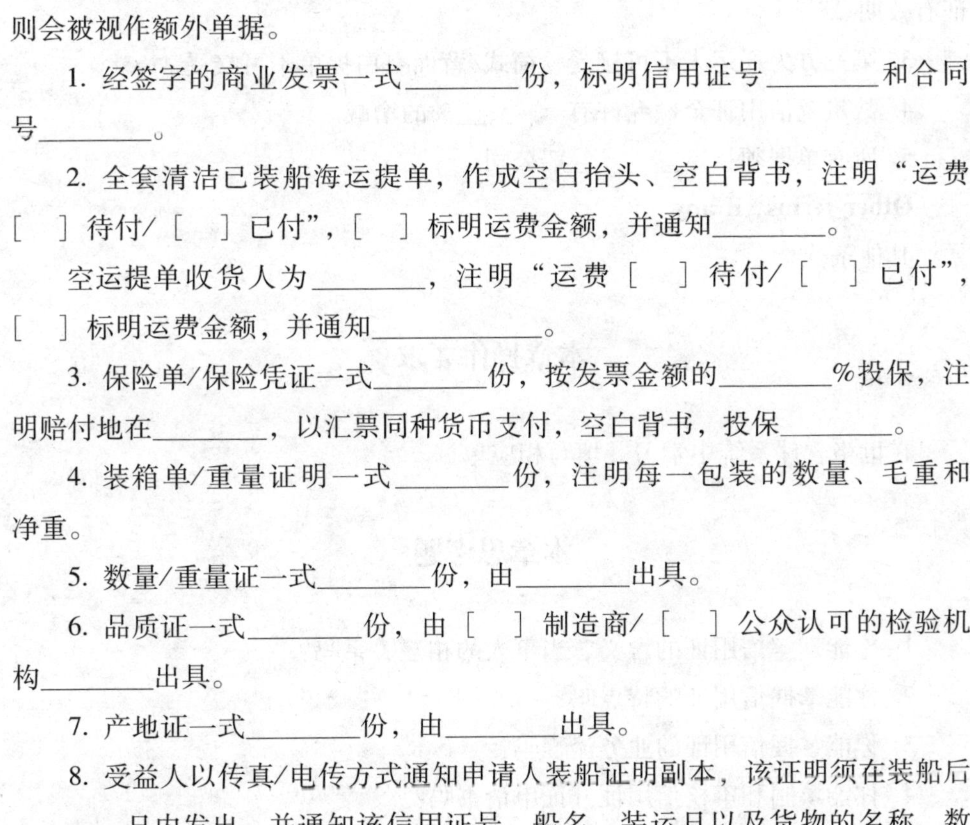

1. 经签字的商业发票一式________份，标明信用证号________和合同号________。

2. 全套清洁已装船海运提单，作成空白抬头、空白背书，注明“运费[　]待付/[　]已付”，[　]标明运费金额，并通知________。

空运提单收货人为________，注明“运费[　]待付/[　]已付”，[　]标明运费金额，并通知____________。

3. 保险单/保险凭证一式________份，按发票金额的________%投保，注明赔付地在________，以汇票同种货币支付，空白背书，投保________。

4. 装箱单/重量证明一式________份，注明每一包装的数量、毛重和净重。

5. 数量/重量证一式________份，由________出具。

6. 品质证一式________份，由[　]制造商/[　]公众认可的检验机构________出具。

7. 产地证一式________份，由________出具。

8. 受益人以传真/电传方式通知申请人装船证明副本，该证明须在装船后________日内发出，并通知该信用证号、船名、装运日以及货物的名称、数量、重量和金额。

Other documents, if any

其他单据。

Description of goods

货物描述。

如：01005 CANNED SWEET CORN，3060Gx6TINS/CTN

QUANTITY：800 CARTON

PRICE：USD14/CTN

Additional instructions

附加条款，是对以上各条款未述之情况的补充和说明，且包括对银行的要求等。

1. 开证行以外的所有银行费用由受益人担保。

2. 所需单据须在运输单据出具日后________天内提交，但不得超过信用证有效期。

3. 第三方为托运人不可接受，简式/背面空白提单不可接受。

4. 数量及信用证金额允许有________%的增减。

5. 所有单据须指定________船公司。

Other terms, if any

其他条款。

本章操作要求

在世格软件系统中学习并填写相应单据。

本章思考题

1. 你能理解信用证的含义、当事人的相互关系吗？

2. 你能掌握信用证的特点吗？

3. 你能掌握信用证的业务流程吗？

4. 你能填制和审核信用证开证申请书吗？

第八章

信用证的操作

本章要点

1. 掌握信用证的填制及审核方法。

2. 能操作不可撤销保兑信用证业务。

3. 能操作不可撤销可转让信用证业务。

第一节　电开本信用证

信用证（Letter of Credit，简称 L/C）

又称信用状，是银行（开证行）根据申请人（一般是进口商）的要求，向受益人（一般是出口商）开立的一种有条件的书面付款保证，即开证行保证在收到受益人交付全部符合信用证规定的单据的条件下，向受益人或其指定人履行付款的责任。因此，信用证结算是依据银行开立的信用证进行的，信用证项下的所有单据是根据信用证的约定制定的。

信用证的开立可以用信函的方式，也可以用电文方式，因此信用证可以分为信开本和电开本两种形式。

信开本是指以信函格式开立并用航空挂号等方式寄出给受益人或通知行的信用证。信开信用证是早期信用证的主要形式。

电开本是指采用电文格式开立并以电讯方式传递的信用证。通常采用的电信方式主要有电报、电传和 SWIFT。电开信用证按照电文内容的详细与否，又可以分为简电本和详电本。简电本是指电文内容较简单扼要的信用证；详电本是指电文内容详细完整的信用证。

目前，详电本信用证大多采取 Telex、SWIFT 两种形式开具。Telex（电传）开具的信用证因费用较高，手续烦琐，条款文句缺乏统一性、容易造成误解等原因，在实务中已为方便、迅速、安全、格式统一、条款明确的SWIFT信用证取代。

信用证的SWIFT开证格式代号为MT700和MT707，MT是Message Type的缩写。对已开出的SWIFT信用证进行修改，则需要采用MT707标准格式。

MT700代码注释

代码（Tag）	栏位名称（Field Name）
27	合计次序（Sequence of Total）
20	信用证编号（Documentary Credit Number）
45B	货物描述与交易条件（Description Goods and/or Services）
46B	应具备单据（Documents Required）
47B	附加条件（Additional Conditions）
50	申请人（Application）
59	受益人（Beneficiary）
32B	币别代号、金额（Currency Code，Amount）
39A	信用证金额加减百分率（Percentage Credit Amount）
39B	最高信用证金额（Maximum Credit Amount）
39C	可附加金额（Additional Amount Covered）
41a	向…银行押汇，押汇方式为…（Available With…By…）
42C	汇票期限（Drafts at…）
42a	付款人（Drawee）
42M	混合付款指示（Mixed Payment Details）
42P	延期付款指示（Deferred Payment Details）
43P	分运（Partial Shipments）
43T	转运（Transhipment）
44A	由…装船/发送/接管（Loading on Board/Dispatch/Taking in Charge at /from…）
44B	装运至…（For Transportation to…）
44C	最后装船日（Latest Date of Shipment）
44D	装运期（Shipment Period）
45A	货物描述与交易条件（Description Goods and/or Services）
46A	应具备单据（Documents Required）
47A	附加条件（Additional Conditions）
71B	费用（Charges）

续表

48	提示期间（Period for Presentation）
49	保兑指示（Confirmation Instructions）
53a	清算银行（Reimbursement Bank）
78	对付款/承兑/让购银行之指示（Instructions to the Paying/Accepting/Negotiation bank）
57a	收讯银行以外的通知银行（“Advise Through”Bank）
72	银行间的备注（Sender to Receiver Information）

注：M/O 为 Mandatory 与 Optional 的缩写，前者是指必要项目，后者为任意项目。合计次序是本证的页次，共两个数字，前后各一。例如“1/2”，其中“2”指本证共 2 页，“1”指本页为第 1 页。

MT707 格式

代号（Tag）	栏位名称（Field Name）
20	送讯银行的编号（Sender’s Reference）
21	收讯银行的编号（Receiver’s Reference）
23	开证银行的编号（Issuing Bank’s Reference）
52a	开证银行（Issuing Bank）
31c	开证日期（Date of Issue）
30	修改日期（Date of Amendment）
26E	修改序号（Number of Amendment）
59	受益人（修改以前的）Beneficiary（before this amendment）
31E	新的到期日（New Date of Expiry）
32B	信用证金额的增加（Increase of Documentary Credit Amount）
33B	信用证金额的减少（Decrease of Documentary Credit Amount）
34B	修改后新的信用证金额（New Documentary Credit Amount After）
39A	信用证金额加减百分率（Percentage Credit Amount Tolerance）
39B	最高信用证金额（Maximum Credit Amount）
39C	可附加金额（Additional Amount Covered）
44A	由…装船/发送/接管（Loading on Board/Dispatch/Taking in Charge at /from…）
44B	装运至…（For Transportation to…）
44C	最后装船日（Latest Date of Shipment）
44D	装船期间（Shipment Period）
79	叙述（Narrative）
72	银行间备注（Sender to Receiver Information）

第二节 信用证样本及注释

LETTER OF CREDIT

---MESSAGE TEXT---

: *27*: *SEQUENCE OF TOTAL*

1/1

: *40A*: *FORM OF DOCUMENTARY CREDIT*

IRREVOCABLE

: *20*: *DOCUMENTARY CREDIT NUMBER*

S TLCN000002

: *31C*: *DATE OF ISSUE*

100407

: *31D*: *DATE AND PLACE OF EXPIRY*

100615 IN THE BENEFICIARY' S COUNTRY

: *51A*: *APPLICANT BANK*

THE CHARTERED BANK

: *50*: *APPLICANT*

CARTERS TRADING COMPANY, LLC

P. O. BOXX8935, NEW TERMINAL, LATA. VISTA, OTTAWA, CANADA

: *59*: *BENEFICIARY*

GRAND WESTERN TRADING CORP.

ROOM2501, JIAFA MANSION, BEIJING WEST ROAD, NANJING 210005, P. R. CHINA

: *32B*: *CURRENCY CODE, AMOUNT*

[USD] [450000]

: *41D*: *AVAILABLE WITH BY*

NANJING COMMERCIAL BANK BY NEGO TIA TION

: *42C*: *DRAFTS AT*

SIGHT

: *42A*: *DRAWEE*

ISSUE BANK

: *43P*: *PARTIAL SHIPMENTS*

NOT ALLOWED

: *43T*: *TRANSHIPMENT*

NOT ALLOWED

: *44A*: *ON BOARD/DISP/TAKING CHARGE*

NANJING

: *44B*: *FOR TRANSPORTATION TO*

TORONTO

: *44C*: *LATEST DATE OF SHIPMENT*

100520

: *45A*: *DESCRIPTION OF GOODS AND/OR SERVICES*

02009 WOMEN' S T-SHIRT, 20PCS PER CARTON. COLOR: BLACK, FABRIC CONTENT: 100%

COTTON QUANTITY：15000PC，PRICE：USD30/PC，CIF CANADA

:*46A*：*DOCUMENTS REQUIRED*

+SINGED COMMERCIAL INVOICE IN 6 COPIES INDICA TING L/C NO. STLCN000002 AND CONTRACT NO. CONTRACT001.

+FULL SET OF CLEAN ON BOARD BILLS OF LADING MADE OUT TO ORDER AND BLANK ENDORSED，MARKED "FREIGHT PREPAID" NOTIFYING THE APPLICANT.

+INSURANCE POLICY/CERTIFICATE IN 3 COPIES FOR 110.00% OF THE INVOICE VALUE SHOWING CLAIMS PAYABLE IN CANADA IN CURRENCY OF THE DRAFT，BLANK ENDORSED，COVERING ALL RISKS AND WAR RISKS.

+PACKING LIST/WEIGHT MEMO IN 3 COPIES INDICATING QUANTITY，GROSS AND WEIGHTS OF EACH PACKAGE.

+CERTIFICATE OF ORIGIN IN 3 COPIES ISSUED BY MANUFACTURER.

+SHIPPING ADVICE IN 3 COPIES INDICA TING L/C NO. AND CONTRACT NO.

:*47A*：*ADDITIONAL CONDITIONS*

THIRD PARTY AS SHIPPER IS NOT ACCEP TABLE，SHORT FORM/BLANK B/L IS NOT ACCEPTABLE.

:*71B*：*CHARGES*

ALL BANKING CHARGES OUTSIDE THE OPENING BANK ARE FOR BENEFICIARY' S ACCOUNT.

:*48*：*PERIOD FOR PRESENTATION*

DOCUMENTS MUST BE PRESENTED WITHIN 21 DAYS AFTER DATE OF ISSUANCE OF THE TRANSPORT DOCUMENTS BUT WITHIN THE VALIDITY OF THIS CREDIT.

:*49*：*CONFIRMATION INSTRUCTIONS*

WITHOUT

:*57D*：*ADVISE THROUGH BANK*

NANJING COMMERCIAL BANK

[打印预览] [保存] [退出]

图表来源于世格软件

:27：SEQUENCE OF TOTAL（合计次序）

如果该跟单信用证条款能够全部容纳在该MT700报文中，那么该项目内就填入“1/1”。如果该证由一份MT700报文和一份MT701报文组成，那么在MT700报文的项目“27”中填入“1/2”，在MT701报文的项目“27”中填入“2/2”……以此类推。

:20：DOCUMENTARY CREDIT NUMBER（信用证号码）

该项目列明开证行开立跟单信用证的号码。

:31C：DATE OF ISSUE（开证日期）

该项目列明开证行开立跟单信用证的日期。如050428。

如果报文无此项目，那么开证日期就是该报文的发送日期。

:31D：DATE AND PLACE OF EXPIRY（到期日及地点）

该项目列明跟单信用证最迟交单日期和交单地点，根据开证申请书填写。

如 050815 IN THE BENEFICIARY'S COUNTRY.

:51A：APPLICANT BANK（申请人的银行）

该项目列明开证行即进口地银行。

:50：APPLICANT（申请人）

列明申请人名称及地址，又称开证人（opener），系指向银行提出申请开立信用证的人，一般为进口人，就是买卖合同的买方。开证申请人为信用证交易的发起人。

:59：BENEFICIARY（受益人）

列明受益人名称及地址，系指信用证上所指定的有权使用该信用证的人，一般为出口人，也就是买卖合同的卖方。受益人通常也是信用证的收件人（addressee），他有按信用证规定签发汇票向指定的付款银行索取价款的权利，但也在法律上以汇票出票人的地位，对其后的持票人负有担保该汇票必获承兑和付款的责任。

:32B：CURRENCY CODE，AMOUNT（币别代号、金额）

根据交易金额填写，如 USD15000。

:41D：AVAILABLE WITH BY（向…银行押汇，押汇方式为…）

根据申请书的相关内容，指定有关银行及信用证兑付方式。如 ANY BANK IN CHINA BY NEGOTIATION（可在中国任何银行押汇）。

该项目列明被授权对该证付款、承兑或议付的银行及该信用证的兑付方式。

（1）银行表示方法。

当该项目代号为"41A"时，银行用 SWIFT 名址码表示。

当该项目代号为"41D"时，银行用行名地址表示。

如果信用证为自由议付信用证时，该项目代号应为"41D"，银行用"ANY BANK IN…（地名/国名）"表示。

如果该信用证为自由议付信用证，而且对议付地点也无限制时，该项目代号应为"41D"，银行用"ANY BANK"表示。

（2）兑付方式表示方法。

分别用下列词句表示：

BY PAYMENT，即期付款。

BY ACCEPTANCE，远期承兑。

BY NEGOTIATION，议付。

BY DEP PAYMENT，迟期付款。

BY MIXED PYMT，混合付款。

如果该证系迟期付款信用证，有关付款的详细条款将在项目“42P”中列明；如果该证系混合付款信用证，有关付款的详细条款将在项目“42M”中列明。

:42C: DRAFTS AT（汇票期限）

该项目列明跟单信用证项下汇票付款期限。如果是即期，填“AT SIGHT”或“SIGHT”；如果是远期，照申请书填写，如 AT 180 DAYS AFTER SIGHT。

:42A: DRAWEE（付款人）

该项目列明跟单信用证项下汇票的付款人。汇票付款人通常是开证银行、信用证申请人或开证银行指定的第三者。

:43P: PARTIAL SHIPMENTS（分批装运）

该项目列明跟单信用证项下分批装运是否允许。填“ALLOWED”或“NOT ALLOWED”。

:43T: TRANSHIPMENT（转运）

该项目列明跟单信用证项下货物转运是否允许。填“ALLOWED”或“NOT ALLOWED”。

:44A: ON BOARD/DISP/TAKING CHARGE（由…装船/发运/接管）

该项目列明跟单信用证项下装船、发运和接受监管的地点，即装运港。

:44B: FOR TRANSPORTATION TO（装运至…）

该项目列明跟单信用证项下货物最终目的地。

:44C: LATEST DATE OF SHIPMENT（最迟装运日）

该项目列明最迟装船、发运和接受监管的日期，照申请书填写。

:45A: DESCRIPTION OF GOODS AND/OR SERVICES（货物描述及/或交易条件）

货物描述与价格条款，如 FOB、CIF 等，列在该项目中，照申请书内容填写。

如：CANNED WHOLE MUSHROOMS，425Gx24TINS/CTN，CIF BOMBAY。

:46A：DOCUMENTS REQUIRED（应具备单据）

根据信用证申请书填写，如果信用证规定运输单据的最迟出单日期，该条款应和有关单据的要求一起在该项目中列明。

如：+SIGNED COMMERCIAL INVOICE IN 5 COPIES INDICATING CONTRACT NO. 1101

+FULL SET OF CLEAN ON BOARD BILLS OF LADING MADE OUT TO ORDER AND BLANK ENDORSED，MARKED " FREIGHT TO PREPAID HOWING FREIGHT AMOUNT"

+INSURANCE POLICY/CERTIFICATE IN 3 COPIES FOR 110 % OF THE INVOIECE VALUE SHOWING CLAIMS PAYABLE IN CANADA CURRENCY OF THE DRAFT，BLANK ENDORSED，COVERING ALL RISKS，WAR RISKS

+PACKING LIST/WEIGHT MEMO IN 6 COPIES INDICATING QUANTITY，GROSS AND WEIGHTS OF EACH PACKAGE

:47A：ADDITIONAL CONDITIONS（附加条件）

该项目列明信用证的附加条款。注意：在 MT700 报文中，“45A”、“46A”、“47A”三个项目的代号应分别为：“45A”、“46A”和“47A”，在 MT701 报文中，这三项目的代号应分别为“45B”、“46B”、“47B”。

:71B：CHARGES（费用）

根据申请书填写。该项目的出现只表示费用由受益人负担。若报文无此项目，则表示除议付费、转让费外，其他费用均由开证申请人负担。如：ALL BANKING CHARGES OUTSIDE THE OPENING BANK ARE FOR BENEFICIARY' S ACCOUNT。

:48：PERIOD FOR PRESENTATION（提示期间）

规定受益人应于……日前（或……天内）向银行提示汇票的指示，根据申请书要求填写。如：DOCUMENTS MUST BE PRESENTED WITHIN 21 DAYS AFTER DATE OF ISSUANCE OF THE TRANSPORT DOCUMENTS BUT WITHIN THE VALIDITY OF THIS CREDIT。

:49：CONFIRMATION INSTRUCTIONS（保兑指示）

该项目列明给收报行的保兑指示。

该项目内容可能为下列某一代码：

CONFIRM，要求收报行保兑该信用证。

MAY ADD，收报行可以对该信用证加具保兑。

WITHOUT，不要求收报行保兑该信用证。

: 57D：ADVISE THROUGH BANK（收讯银行以外的通知银行）

如有收讯银行以外的通知银行，请填其名称。

第三节　信用证业务操作

不可撤销保兑信用证业务

1. 打开页面，点击“不可撤销保兑信用证”。

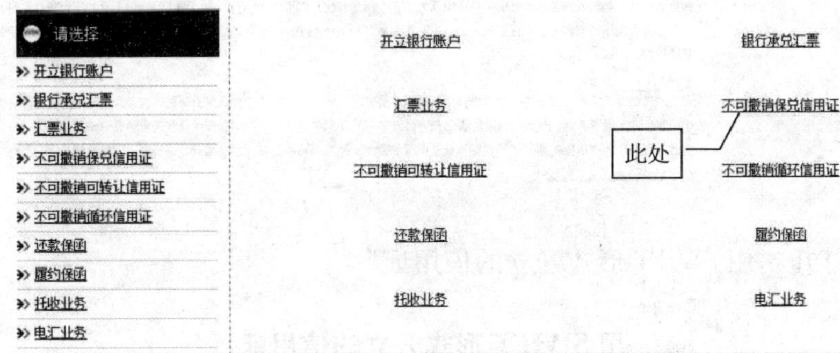

2. 点击并阅读“业务操作参考资料”。

请选择
- 业务参考操作资料
- 提示
- 操作一
- 操作二
- 操作三
- 操作四
- 操作五
- 操作六
- 操作七
- 操作八
- 操作九
- 操作十
- 操作十一

业务操作参考资料

一、交易双方

1.卖方：上海体育用品进出口公司

SHANGHAI SPORTING GOODS

IMP. &EXP.CORP

Address: 215 HUQIU ROAD SHANGHAI CHINA

TEL NO: (86)–021 88596458

FAX NO: (86)–021 88546154

公司在中国银行的开户账号：5519439598625987456

2.买方：PETRRCO 国际贸易公司

PETRRCO INTERNATIONAL TRADING CO.

Address: 1100 SHEPPARD AVENUE EAST SUITE406

WILLOWDALE ONTARIO, CANADA M2K 2W2

TEL NO:（+01）8869

FAX NO:（+01）8867

公司在加拿大皇家银行的开户账号：366548962558966585558

3. 点击“提示”，阅读操作指南。

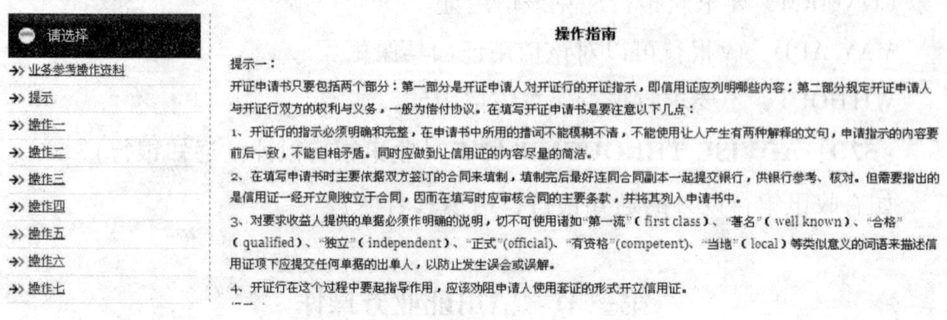

请选择

→> 业务参考操作资料
→> 提示
→> 操作一
→> 操作二
→> 操作三
→> 操作四
→> 操作五
→> 操作六
→> 操作七

操作指南

提示一：

开证申请书只要包括两个部分：第一部分是开证申请人对开证行的开证指示，即信用证应列明哪些内容；第二部分规定开证申请人与开证行双方的权利与义务，一般为偿付协议。在填写开证申请书是要注意以下几点：

1、开证行的指示必须明确和完整，在申请书中所用的措词不能模糊不清，不能使用让人产生有两种解释的文句，申请指示的内容要前后一致，不能自相矛盾。同时应做到让信用证的内容尽量的简洁。

2、在填写申请书时主要依据双方签订的合同来填制，填制完后最好连同合同副本一起提交银行，供银行参考、核对。但需要指出的是信用证一经开立则独立于合同，因而在填写时应审核合同的主要条款，并将其列入申请书中。

3、对要求收益人提供的单据必须作明确的说明，切不可使用诸如“第一流”（first class）、“著名”（well known）、“合格”（qualified）、“独立”（independent）、“正式”(official)、“有资格”(competent)、“当地”（local）等类似意义的词语来描述信用证项下应提交任何单据的出单人，以防止发生误会或误解。

4、开证行在这个过程中要起指导作用，应该劝阻申请人使用套证的形式开立信用证。

4. 点击“操作一”，阅读买卖合同信息。

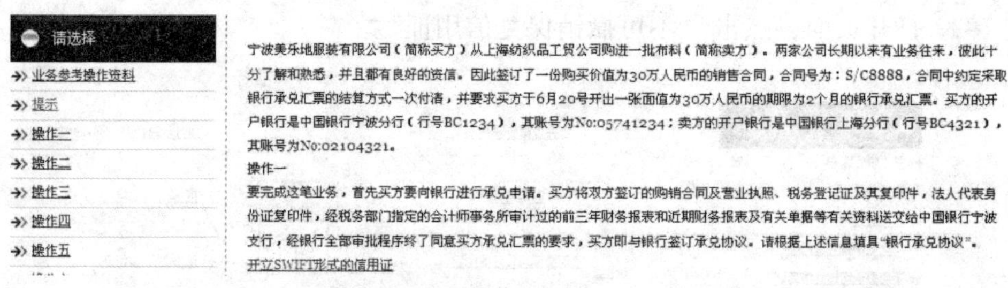

请选择

→> 业务参考操作资料
→> 提示
→> 操作一
→> 操作二
→> 操作三
→> 操作四
→> 操作五

宁波美乐地服装有限公司（简称买方）从上海纺织品工贸公司购进一批布料（简称卖方）。两家公司长期以来有业务往来，彼此十分了解和熟悉，并且都有良好的资信。因此签订了一份购买价值为30万人民币的销售合同，合同号为：S/C8888，合同中约定采取银行承兑汇票的结算方式一次付清，并要求买方于6月20号开出一张面值为30万人民币的期限为2个月的银行承兑汇票。买方的开户银行是中国银行宁波分行（行号BC1234），其账号为No:05741234；卖方的开户银行是中国银行上海分行（行号BC4321），其账号为No:02104321。

操作一

要完成这笔业务，首先买方要向银行进行承兑申请。买方将双方签订的购销合同及营业执照、税务登记证及其复印件，法人代表身份证复印件，经税务部门指定的会计师事务所审计过的前三年财务报表和近期财务报表及有关单据等有关资料送交给中国银行宁波支行，经银行全部审批程序终了同意买方承兑汇票的要求，买方即与银行签订承兑协议。请根据上述信息填具“银行承兑协议”。

开立SWIFT形式的信用证

5. 打开“用 SWIFT 形式开立的信用证”。

用 SWIFT 形式开立的信用证

RCVD *
RCVD *
RCVD *
RCVD *
RCVD *

6. 点击“操作二”，查看相关要求。

请选择

→> 业务参考操作资料
→> 提示
→> 操作一
→> 操作二

操作二

加拿大皇家银行收到PETRRCO 国际贸易公司的信用证申请书[查看]后，审核其是否符合要求。如果符合要求，银行国际业务部的职员就要根据申请书开立SWIFT形式的信用证[查看]。请你代银行业务员完成下列操作：

1、根据申请书开立SWIFT形式的信用证，在开立时要注明要求通知行（中国银行上海分行）保兑。

2、将开立的信用证传给通知行----中国银行上海分行。

填写信用证申请书

7. 点击“查看”按钮，仔细审查信用证申请书，并模仿填写一份信用证申请书。

IRREVOCABLE CONFIRMED DOCUMENTARY CREDIT APPLICATION

TO：THE ROYAL BANK OF CANADA

Date：JANUARY 25，2002

<table>
<tr><td colspan="2" rowspan="2">Beneficiary（full name and address）
SHANGHAI SPORTING GOODS IMP & EXP CORP.
215 HUQIU ROAD SHANGHAI CHINA</td><td>L/C NO：PIT310</td></tr>
<tr><td>Date and place of expiry of the credit
APRIL 15，2002 IN CHINA</td></tr>
<tr><td>Partial shipments
X allowed
□not allowed</td><td>Transshipment
X allowed
□ not allowed</td><td>□Issue by airmail □With brief by teletransmission
□Issue by express delivery
X Issue by teletransmission（which shall be the operative instrument）</td></tr>
</table>

8. 点击“操作三”，查看要求。

请选择

→ 业务参考操作资料

→ 提示

→ 操作一

→ 操作二

→ 操作三

操作三

PETRRCO公司通过加拿大皇家银行开立的编号为PIT310的信用证传到中国银行上海分行国际业务部后，中国银行上海分行要审核信用证是否属实。如果属实，就要把SWIFT形式的信用证翻译成一般形式的信用证，并填写信用证通知书，然后连同翻译好的信用证发给上海体育用品进出口公司。

查看SWIFT形式的信用证

填写SWIFT形式的信用证

填写信用证通知书

9. 查看并模仿填写 SWIFT 形式的信用证。

翻译后的 SWIFT 形式的信用证（答题模板）

RCVD * 40/
RCVD * IRREVOCABLE
RCVD * 20/
RCVD * PIT310
RCVD * 31C
RCVD * 020131
RCVD * 2002-01-31
RCVD * 31D/

10. 打开并填写信用证通知书。

中国银行的信用证通知书

<table><tr><td>

中 国 银 行
BANK OF CHINA

Office:
Address:

信用证通知书
ADVICE OF A DOCUMENTARY CREDIT

日 期
DATE: ____________
我行编号:
OUR REF: ____________

</td></tr></table>

11. 点击“操作四”，准备审核信用证。

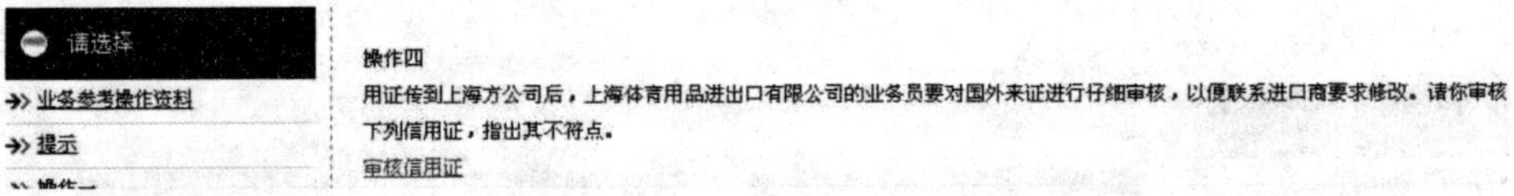

请选择

» 业务参考操作资料

» 提示

操作四

用证传到上海方公司后，上海体育用品进出口有限公司的业务员要对国外来证进行仔细审核，以便联系进口商要求修改。请你审核下列信用证，指出其不符点。

审核信用证

12. 点击“审核信用证”，并审核。

审核下列信用证

<table><tr><td>
RCVD * 27/SEQUENCE OF TOTAL
RCVD * 1/1
RCVD * 40/FORM OF DOCUMENTARY CREDIT
RCVD * IRREVOCABLE
RCVD * 20/DOCUMENTARY CREDIT NUMBER
RCVD * PIT310
RCVD * 31C/DATE OF ISSUE
RCVD * 020130
RCVD * 2002-01-30
RCVD * 31D/DATE AND PLACE OF EXPIRY
RCVD * 020415 IN CANADA
RCVD * 2002-04-15
RCVD * 50/APPLICATION
RCVD * PETRRCO INIERNATIONAL TRADING CO.
RCVD * WILLOWDALE ONTARIO, CANADA M2K 2W2
</td></tr></table>

13. 点击“操作六”，并查看要求。

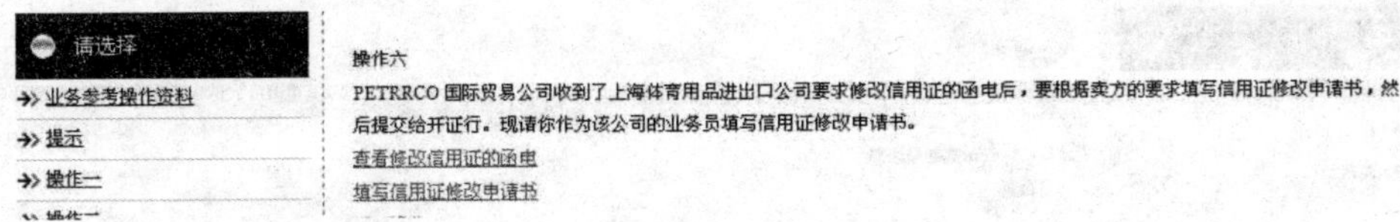

14. 点击“查看修改信用证的函电”，并查看。

上海体育用品进出口公司

SHANGHAI SPORTING GOODS IMP. & EXP. CORP.
ADD：215 HUQIU ROAD
SHANGHAI CHINA
TO：PEIRRCO INTERNATIONAL TRADING CO. DATE：FEB. 10，2002
Dear Sirs：
We are very glad to receive your L/C No. PIT310，but we are quite sorry to find that it contains Some discrepancies with the S/C. please instruct your bank to amend the L/C as quickly as possible.

The L/C is to be amended as follows：
* The address of beneficiary is “215HUQIU ROAD”，instead of “215 HUQIU ROAD”
* The place of expiry shall be “In China”，instead of “at our country”
* Draft at sight “instead of” draft at 30 day’s sight
* Full set of clean on broad ocean bills of lading.... marked ‘freight collect’ should be “full set of clean on broad bills of lading.... marked ‘freight prepaid’”.

15. 点击“信用证修改申请书”，并根据已知内容填写。

Application for Amendment to Credit

To Issuing Bank：THE ROYAL BANK OF CANADA
Address：1055 WEST GEORGIA STREET，VANCOUVER，B C V6E 3P30

Original stipulated in the credit	
Credit number	Date of amendment
Name of advising bank & number	Place of amendment
Beneficiary： Address：	Amendment No.

16. 点击“操作七”，并查看要求。

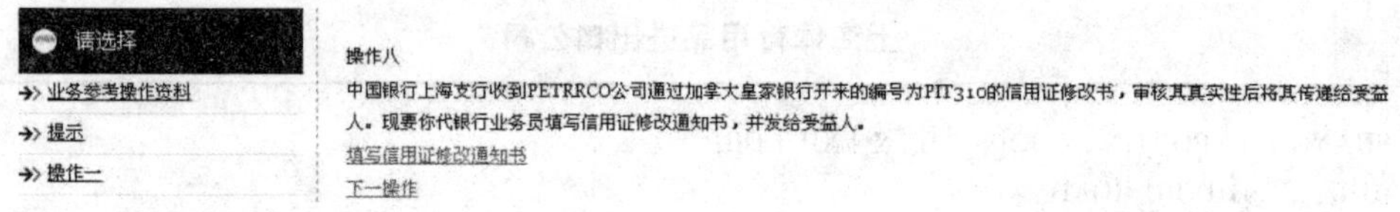

17. 点击“操作八”，并查看要求。

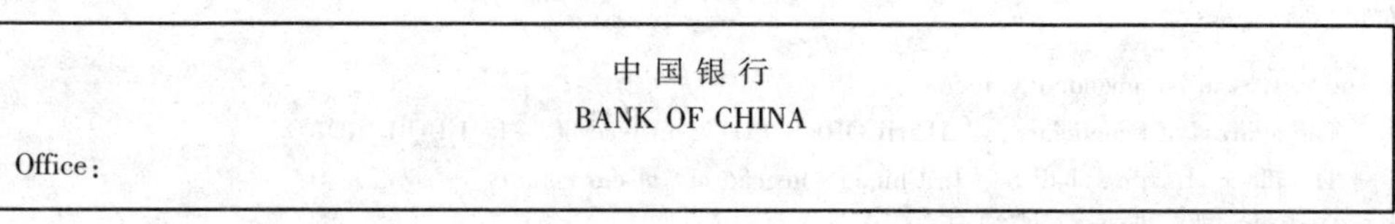

18. 打开并填写“信用证修改通知书”。

中国银行的信用证通知书

中 国 银 行 BANK OF CHINA
Office：

19. 点击“操作九”，查看要求。

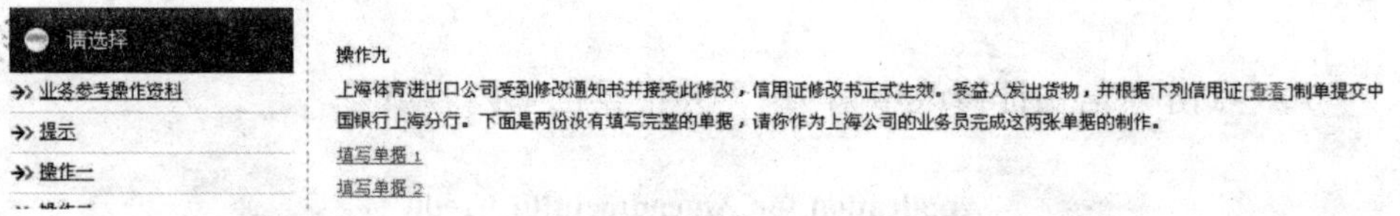

20. 打开并填写“单据一”提单。

BILL OF EXCHANGE							
No.	Fim-up350						
For						MARCH 27. 2002	

21. 打开并填写“单据二”商业发票。

COMMERCIALINVOICE					
1）SELLER				3）INVOICE NO.	4）INVOICE DATE
Address：				5）L/C NO.	6）DATE
				7）ISSUED BY	

22. 点击“操作十”，查看全套单据。

请选择
>> 业务参考操作资料
>> 提示
>> 操作

操作十

上海体育进出口有限公司装货后准备了全套单据[海运提单 汇票 商业发票 装箱单 保险单 商检证书]。现在你作为该公司的业务员填写《出口议付申请书》，然后到银行交单要求付款。

填写《出口议付申请书》

23. 打开并填写“出口议付申请书”。

中国银行

BANK OF CHINA

致：中国银行

请贵行依照国际商会《跟单托收统一规则》第500号（1993年修订版）的有关规定和我公司的下列要求处理所付单据：

国外开证银行（Issuing Bank）：	申请人（Applicant）：	
付款人	议付金额	
	汇票日期	期限

信用证号：	开证日期：

单据	汇票	发票	海运提单	空运邮据货运单据	保险单	装箱单重量单	质量证数量证	检验证分析证	产地证	G.S.P.格式A	受益人证明	电抄		

24. 点击“操作十一”，并阅读操作要求。

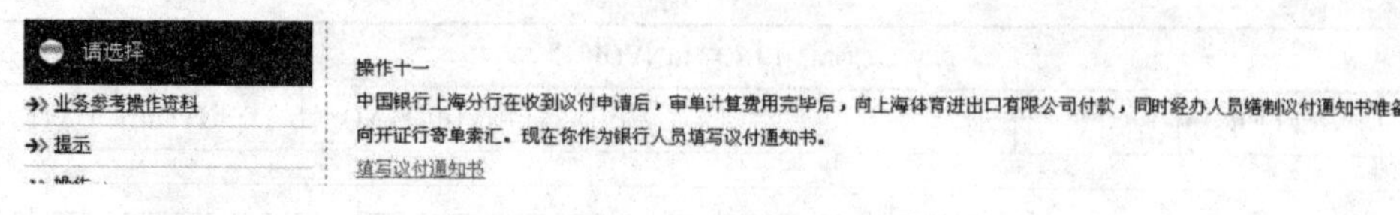

25. 打开并填写“议付通知书”。

中国银行

BANK OF CHINA

致：中国银行

请贵行依照国际商会《跟单托收统一规则》第500号（1993年修订版）的有关规定和我公司的下列要求处理所付单据：

<table>
<tr><td>国外开证银行（Issuing Bank）：</td><td colspan="2">申请人（Applicant）：</td></tr>
<tr><td rowspan="2">付款人</td><td colspan="2">议付金额</td></tr>
<tr><td>汇票日期</td><td>期限</td></tr>
</table>

信用证号：	开证日期：

单据	汇票	发票	海运提单	空运邮据货运单据	保险单	装箱单重量单	质量证数量证	检验证分析证	产地证	G. S. P. 格式 A	受益人证明	电抄		
正本														
副本														

不可撤销可转让信用证业务

1. 进入页面，点击“不可撤销可转让信用证业务”。

请选择
开立银行账户
银行承兑汇票
汇票业务
不可撤销保兑信用证
不可撤销可转让信用证
不可撤销循环信用证
还款保函
履约保函
托收业务
电汇业务

开立银行账户　银行承兑汇票
汇票业务　不可撤销保兑信用证
不可撤销可转让信用证　不可撤销循环信用证
还款保函　履约保函
托收业务　电汇业务

2. 点击“业务参考操作资料”，并仔细阅读相关操作要求。

3. 点击“提示”，阅读操作指南。

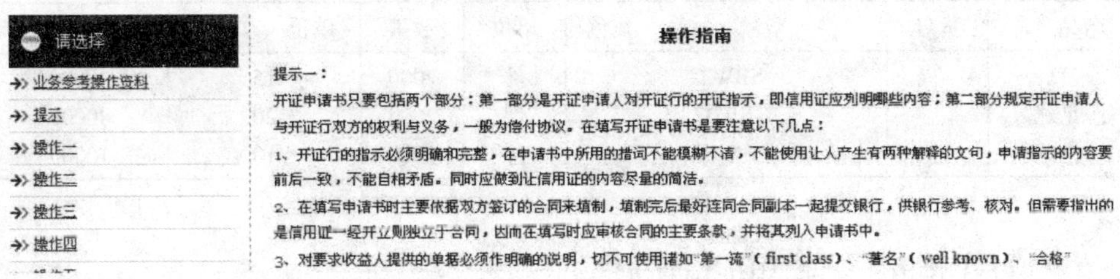

4. 点击“操作一”，阅读本次练习的基础信息。

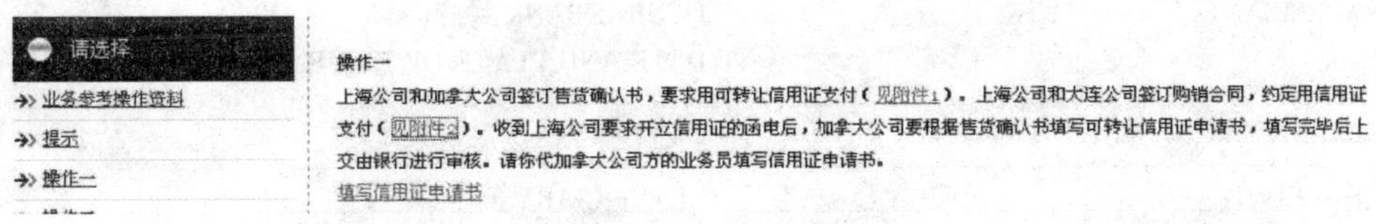

5. 打开并查看“附件 1”的货物销售确认书。

货物销售确认书

SALES CONFIRMATION

The Seller：SHANGHAI SPORTING GOODS　The Buyer：PETRRCO INTERNATIONAL TRADING IMP. & EXP. CORP.

Address：215 HUQIU ROAD　　Address：1100 SHEPPARD AVENUE EAST

SHANGHAI CHINA　　WILLOWDALE ONTARIO，CANADA M2K 2W2

Commodity & Specification	Unit	Quantity	TERMS and Unit Price (US S)	Amount (US S)

6. 打开并查看“附件二”的购销合同。

LN / GY

蒙莱实业有限公司

购销合同

供方：蒙莱实业有限公司　　　　合同编号

需方：上海金环进出口公司

签订日期：2002 年 1 月 20 日

根据《中华人民共和国经济合同法》及有关法规，经双方协商签订本合同，并共同遵守。条款如下：

一、产品名称、数量和价格：

产品名称	货号	规格、型号、材质、花色	单位	数量	单价（美元）	金额（美元）
篮球		SBW32	件	2000	15	30000
足球		GBW322	件	2000	20	40000
排球		ERVO	件	1000	10	10000

7. 打开并填写“信用证申请书”。

DOCUMENTARY CREDIT APPLICATION

APPLICANT:	ISSUING BANK: DATE AND PLACE OF EXPIRY OF THE CREDIT
ISSUED BY TRANSFERABLE CREDIT	BENEFICIARY:
IRREVOCABLE CREDIT TO BENEFICIRY	AMOUNT:

8. 点击“操作二”，并阅读“附件 3”的信用证申请书。

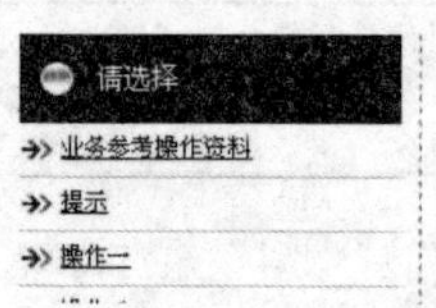

操作二

收到PETRRCO 国际贸易公司的信用证申请书（附件3）后，加拿大皇家银行审核其是否符合要求。如果符合要求，银行就要根据信用证申请书开立信用证，并把开立的信用证传给通知行（中国银行上海分行）。现要你作为皇家银行国际业务部根据申请书开立信开形式的信用证。

开立信开形式的信用证

9. 打开并填写“开立信开形式的信用证”。

TRSFERABLE IRREVOCABLE LETTER OF CREDIT

To:	
FM:	
TEST NO. 3330 FOR ________ DATED ________ TO EXPIRE ________ IN IN ACCORDANCE WITH INSTRUCTION RECEIVED FROM ACCREDITORS WE OPEN OUR IRREVOCABLE TRANSFERABLE LETTER OF CREDIT ________ IN FAVOR OF ________ FOR THE AMOUNT OF ________ (SAY ________) AVAILABLE BY YOUR DRAFT ACCOMPANIED BY THE FOLLOWING	

10. 点击“操作三”，并阅读“附件4”中开好的信用证申请书。

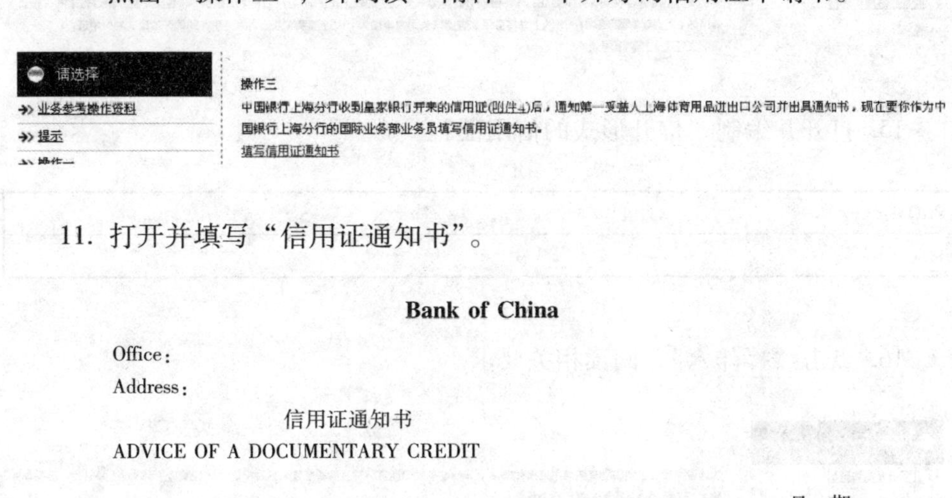

11. 打开并填写“信用证通知书”。

Bank of China

Office:

Address:

信用证通知书

ADVICE OF A DOCUMENTARY CREDIT

日 期

12. 点击“操作四”，阅读相关要求。

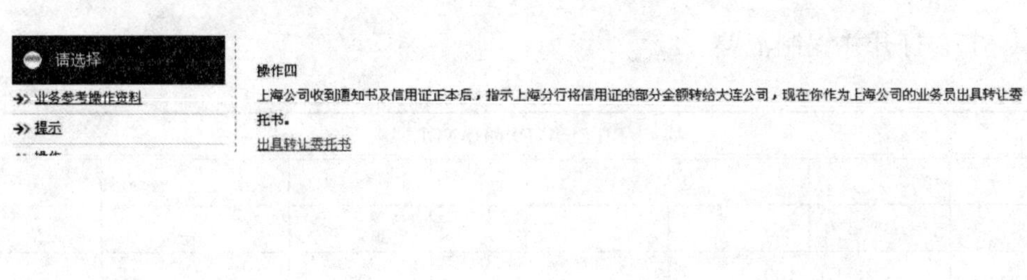

13. 打开并填写“转让委托书”。

转让委托书

Bank of China：Shanghai branch 325Renming Road，Shanghai tel：（0086）02188765439 fax：（0086）02188765321 Documentary credit No. ________，opened by ________，by order of ____________________

14. 点击“操作五”，并阅读“附件 4”、“附件 5”。

请选择

→> 业务参考操作资料

→> 提示

操作五

中国银行上海分行收到有关信用证的转让通知书以及第一受益人的转让委托书(附件5)后，现在要你根据原来皇家银行寄来的可转让信用证（附件4）重新编制一份以上海体育用品进出口公司为申请人，大连蒙莱实业公司为受益人的信开本形式的信用证。

编制信开本形式的信用证

15. 打开并编制“信开形式的信用证”。

FROM：
TO：

16. 点击“操作六”，阅读相关要求。

请选择

→> 业务参考操作资料

→> 提示

→> 操作一

操作六

大连蒙莱实业公司收到有关信用证通知书后，开始准备装船运货，并且准备各种单据且将这些单据提交中国银行上海分行。现在你作为该公司的业务员编制好汇票与投保单

编制汇票

编制投保单

17. 打开并编制汇票。

BILL OF EXCHANGE							
No.	TEX-100						
For					DALIAN	MARCH 25. 2002	
(amount in figure)					(place and date of issue)		

18. 打开并编制投保单。

海运出口货物投保单

1）保险人：	2）被保险人：
中国人民保险公司	

19. 点击“操作七”，检查之前填写的各项单据。

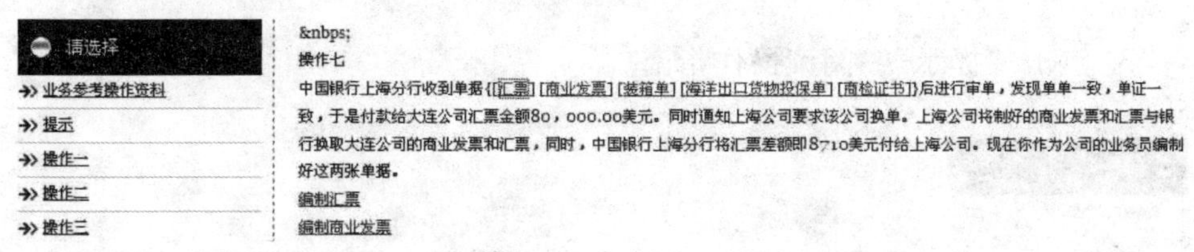

20. 点击“操作八”，讨论问题。

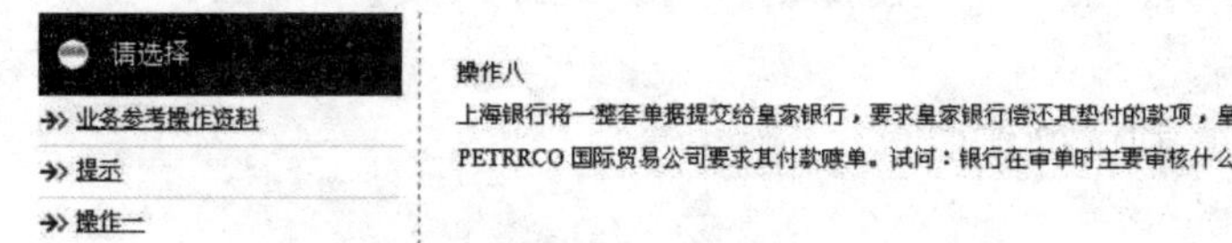

不可撤销循环信用证业务

1. 进入页面，点击“不可撤销循环信用证业务”。

请选择
开立银行账户
银行承兑汇票
汇票业务
不可撤销保兑信用证
不可撤销可转让信用证
不可撤销循环信用证
还款保函
履约保函
托收业务
电汇业务

开立银行账户　银行承兑汇票
汇票业务　不可撤销保兑信用证
不可撤销可转让信用证　不可撤销循环信用证
还款保函　履约保函
托收业务　电汇业务

2. 点击“业务参考操作资料”，并仔细阅读相关操作要求。

3. 点击“提示”，阅读操作指南。

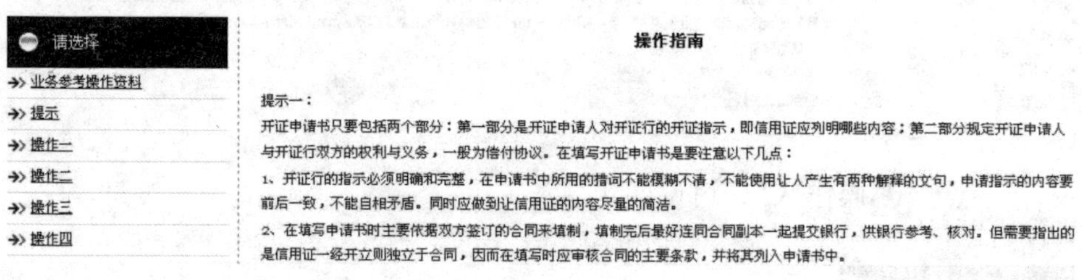

4. 点击“操作一”，阅读操作要求。

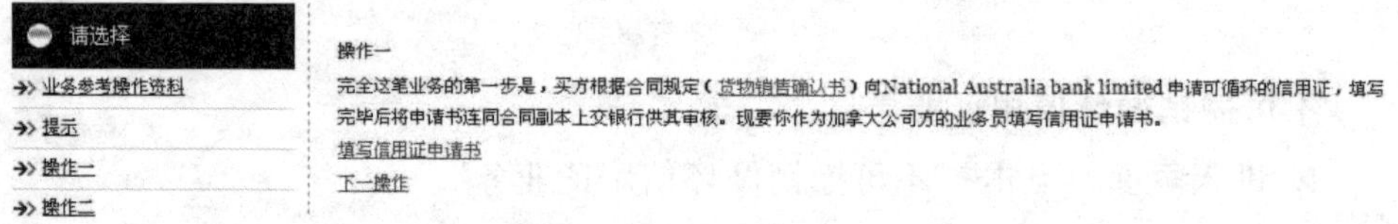

5. 打开并填写“信用证申请书”。

DOCUMENTARY CREDIT APPLICATION

<table>
<tr><td colspan="2">Applicant (full name and address):</td><td>Issuing bank:
Date and place of expiry of the credit:</td></tr>
<tr><td colspan="2">□Issue by airmail □With brief by teletransmission
□Issue by express delivery
□Issue by teletransmission (which shall be the operative instrument)</td><td>Beneficiary (full name and address):</td></tr>
<tr><td>Partial shipments
□allowed</td><td>Transshipment
□allowed</td><td>AMOUNT: (both in figures and words)</td></tr>
</table>

6. 点击“操作二”，并打开查看开立好的信用证申请书。

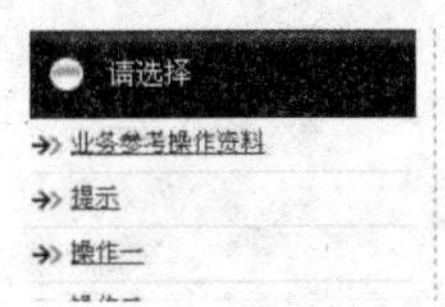

操作二

澳大利亚国民银行收到PETRRCO 国际贸易公司的信用证申请书（附件2）后，审核其是否符合要求。如果符合要求，银行国际业务部的职员就要根据申请书开立SWIFT形式的信用证，并将开立的信用证传给通知行——中国银行宁波分行。请你代银行业务员完成下列操作：根据申请书开立SWIFT形式的信用证。

开立SWIFT形式的信用证

7. 打开并查看开立 SWIFT 形式信用证的模板。

开立 SWIFT 形式信用证的模板

ISSUE OF A DOCUMENTARY CREDIT

LOGICAL TERMINAL H191
PAGE 00001
FUNC NBCXRECQ
UMR 20232376

DW57651 AUTH OK B1020207394CB618，BKCHCNBJ NATA ＊＊＊＊RECORD
APPLICATION HEADER O700 1633 021113 NATAAU33A30M1451 067136 021113 1346N

8. 点击“附件三”，阅读相关操作要求，并打开附件三。

操作三

中国银行宁波分行国际业务部收到PETRRCO公司通过澳大利亚国民银行开来的编号为AI8003559989的信用证（附件3）后，要审核证实信用证是否属实。如果属实，就要填写信用证通知书并发给宁波体育进出口有限公司，并将填写的通知书连同翻译过的信用证发给受益人。请你代银行业务员完成下列要求：

1．把SWIFT形式的信用证翻译成一般形式

2．填写信用证通知书

SWIFT形式的信用证翻译成一般形式

填写信用证通知书

9. 阅读 SWIFT 形式的信用证，翻译成一般形式和写信用证通知书。

将 SWIFT 形式翻译成一般形式

＊40A：IRREVOCABLE
＊20：AI3002553389
＊31C：011113
＊31D：DATE OCTOBER 31，2002 PLACE IN COUNTRY OF BENEFICIARY
＊50：PETRRCO INTERNATIONAL TRADING CO.

本章思考题

1. 你掌握了信用证的填制及审核方法了吗？
2. 你能操作不可撤销保兑信用证业务吗？
3. 你能操作不可撤销可转让信用证业务吗？

第九章

跟单信用证下的单据审核

本章要点

1. 掌握 UCP600 的单据审核标准。
2. 熟悉审单的基本原则。
3. 了解指定银行拒付单据的做法。
4. 了解常见的单据不符点。

第一节　UCP500 与 UCP600 的区别

一、UCP600 与 UCP500 的区别

信用证结算工具有悠久的历史。特别是从 19 世纪中叶开始，随着国际贸易的大发展，信用证结算工具迅速得到普及，已被公认为是国际结算三大方式之一。跟单信用证统一惯例（Uniform Customs and Practice for Documentary Credits，简称 UCP)，是国际银行界、律师界、学术界自觉遵守的“法律”，是全世界公认的、到目前为止最为成功的一套非官方规定。80 多年来，有 160 多个国家和地区的国际商会 ICC 和不断扩充的 ICC 委员会一直在不断完善 UCP 的规则。UCP600 是 UCP 自 1933 年问世后的第六次修订版，取代了使用了 13 年的 UCP500，这是顺应时代变迁、顺应科技发展的趋势做出的修订。

UCP500 与 UCP600 的区别：

UCP600 共有 39 个条款，比 UCP500 减少了 10 条，但却比 500 更准确、清晰，容易操作。UCP600 将一个环节涉及的问题归集在一个条款中；将 L/C 业务涉及的关系方及其重要行为进行了定义，如第二条的 14 个定义和第三条对具体行为的解释。UCP500 与 UCP600 的主要区别如下：

第一，UCP600 把 UCP500 难懂的词语改变为简洁明了的语言，取消了易

造成误解的条款，如“合理关注”、“合理时间”及“在其表面”等短语。这一改变可能会减少昂贵的庭审费用，因为法律界人士丧失了为论证或反驳“合理”、“表面上”等所收取的高额费用。

第二，UCP600 取消了无实际意义的许多条款。如“可撤信用证”、“风帆动力批注”、“货运代理提单”及 UCP500 第五条“信用证完整明确要求”及第十二条有关“不完整不清楚指示”的内容。

第三，UCP600 的新概念描述极其清楚准确。如兑付（Honor）定义了开证行、保兑行、指定行在信用证项下，除议付以外的一切与支付相关的行为；议付（Negotiation），强调是对单据（汇票）的买入行为，明确可以垫付或同意垫付给受益人，按照这个定义，远期议付信用证就是合理的。另外关于“相符交单”、“申请人”、“银行日”等的规定也极其清楚。

第四，更换了一些定义。如对审单做出单证是否相符决定的天数，由“合理时间”变为“最多为收单翌日起第 5 个工作日”。又如，信用证 UCP600 仅强调其本质是“开证行一项不可撤销的明确承诺，即兑付相符的交单”。再如开证行和保兑行对于指定行的偿付责任，强调是独立于其对受益人的承诺。

第五，方便贸易和操作。UCP600 有些特别重要的改动。如拒付后的单据处理，增加了“拒付后，如果开证行收到申请人放弃不符点的通知，则可以释放单据”；增加了拒付后单据处理的选择项，包括持单候示、已退单、按预先指示行事。这样便利了受益人和申请人及相关银行操作。又如，转让信用证方面，UCP600 强调第二受益人的交单必须经转让行。但当第二受益人提交的单据与转让后的信用证一致，而第一受益人换单导致单据与原证出现不符时，又在第一次要求时不能做出修改的，转让行有权直接将第二受益人提交的单据寄开证行。这项规定保护了正当发货制单的第二受益人的利益。再如单据在途中遗失，UCP600 强调只要单证相符，即只要指定行确定单证相符并已向开证行或保兑行寄单，不管指定行是兑付还是议付，开证行及保兑行均对丢失的单据负责。这些条款的规定，都有助于国际贸易及结算的顺利运行。

二、UCP600 单据审核标准的规则

（1）按指定行事的指定银行、保兑行（如果有的话）及开证行须审核交单，并仅基于单据本身确定其是否在表面上构成相符交单。

（2）按指定行事的指定银行、保兑行（如果有的话）及开证行各有从交单次日起至多5个银行工作日用以确定交单是否相符。这一期限不因在交单日当天或之后信用证截止日或最迟交单日届至而受到缩减或影响。

（3）如果单据中包含一份或多份受相关条款规制的正本运输单据，则须由受益人或其代理人在不迟于本惯例所指的发运日之后的21个日历日内交单，但是在任何情况下都不得迟于信用证的截止日。

（4）单据中的数据，在与信用证、单据本身以及国际标准银行实务参照解读时，无须与该单据本身中的数据、其他要求的单据或信用证中的数据等同一致，但不得相矛盾。

（5）除商业发票外，其他单据中的货物、服务或履约行为的描述（如果有的话），可使用与信用证中的描述不矛盾的概括性用语。

（6）如果信用证要求提交运输单据、保险单据或者商业发票之外的单据，却未规定出单人或其数据内容，则只要提交的单据内容看似满足所要求单据的功能，且其他方面符合相关条款，银行将接受该单据。

（7）提交的非信用证所要求的单据将被不予理会，并可被退还给交单人。

（8）如果信用证含有一项条件，但未规定用以表明该条件得到满足的单据，银行将视为未作规定并不予理会。

（9）单据日期可以早于信用证的开立日期，但不得晚于交单日期。

（10）当受益人和申请人的地址出现在任何规定的单据中时，无须与信用证或其他规定单据中所载相同，但必须与信用证中规定的相应地址同在一国。联络细节（传真、电话、电子邮件及类似细节）作为受益人和申请人地址的一部分时将被不予理会。然而，如果申请人的地址和联络细节为相关规定的运输单据上的收货人或通知方细节的一部分时，应与信用证规定的相同。

（11）在任何单据中注明的托运人或发货人无须为信用证的受益人。

（12）运输单据可以由任何人出具，无须为承运人、船东、船长或租船人。

第二节 UCP600关于审核单据的标准

一、审单的基本原则与方法

在信用证业务的整个过程中，出口地指定银行需要审核单据，进口地开证行需要审核单据。如果有保兑行，若指定银行或受益人向其交单，也要审核单据。

（一）审单的基本原则

审单的第一个，也是最基本的原则就是：信用证的任何规定和条款都必须得到执行，当然，非单据条件除外。

第二，审单与可能作为信用证依据的销售合同或者其他合同无关，也与单据涉及的货物、服务或其他行为无关。

第三，银行审核单据，主要看单据的表面是否与信用证的规定或者要求相符，是否能够达到单证一致、单单一致。至于单据的形式、内容是否充分，是否虚假伪造，银行对此无法掌握，也不能承担责任。

（二）审单的方法

审单的方法可以概括为纵审和横审。横审就是以信用证为核心，是为了使信用证上有关规定和要求在货运单据上得到反映和落实，是为了达到“单证一致”。纵审是以商业发票为中心，将其他单据一一与之对照，为了达到“单单一致”。下图为单据审核方法图：

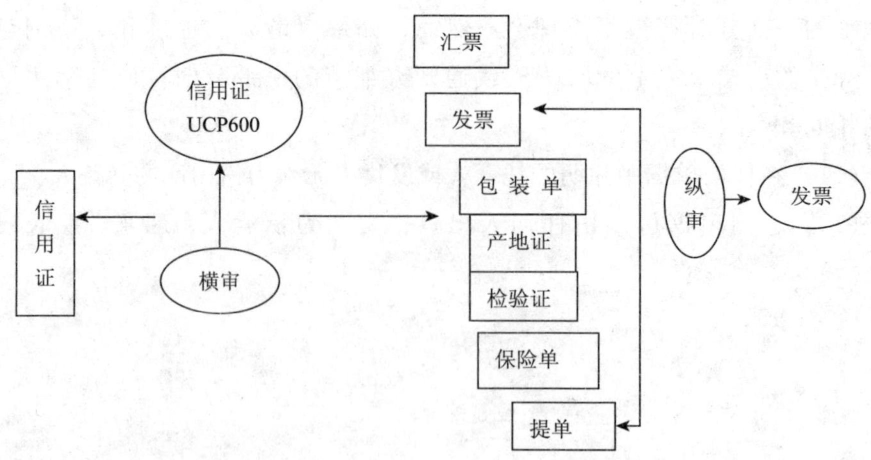

因此，当相关银行收到交单人交来的单据后，审单工作人员必须首先阅读信用证，看信用证上都要求有哪些单据，是否全部如数收到。再逐字阅读信用证，每涉及一种单据，就立即与那种单据相核对，以达到单证一致。如果有信用证未规定的单据，应退回交单人。

然后，审单工作人员要以发票为中心，与其他单据逐个核对，先将被核对的单据全部阅读一遍，将涉及发票的相同资料核对是否一致。纵审的目的是要达到单单一致。

经过横审和纵审没有发现不符点，即可确定单据全部相符。

如果经过审核发现有的单据未交，或有的单据份数不足，或信用证上有些要求没有达到的，或单单之间有不一致的地方，就是不符点，银行可以拒绝接受不符单据。不符点分为可改不符点和不可改不符点两种。比如缺一份发票、受益人没有在单据上签字等差错，都属于可以修改的不符点。在日常处理中，只要在信用证规定的有效期内，银行一般都是退还给交单方，请其改正。像迟于信用证有效期交单、逾期装运这类情况，都属于不可更改的不符点。有这类不符点的单据，指定银行可以拒付。但是，在有些情况下，也可以进行保留议付或保留付款，有时凭受益人出具赔偿保证书或保函给予议付或付款。

二、商业发票的审核要点

商业发票是全套单据的中心，其他单据如运输单据、保险单据、包装单等都是为支持商业发票的货物而开立的。因此，对商业发票的审核要特别详尽。

（1）发票的头部必须印有“invoice”或者“commercial invoice”字样。

（2）发票签发人名称、地址要与信用证规定一字不差。即使信用证规定的是错误的，在没有改正的情况下，只能将错就错，严格按照信用证规定缮制单据，仍需用括号说明正确的内容。按照 UCP600 的规定：除了可转让信用证外，商业发票必须从表面上看来是由受益人出具的。

（3）注意审查发票的抬头人。在信用证项下，必须做成申请人抬头。

（4）发票合同号要与信用证一致，唛头要符合信用证要求，并注意与其他单据号保持一致。

（5）货物描述是发票的主要内容，发票中对货物的描述必须与信用证完全一致，包括：品名、规格、款号、颜色等。一般可按信用证原文照抄，切忌标新立异。如果发票上的货物描述与信用证不一致，则银行可以拒付。

（6）数量、单价、金额必须符合信用证的规定。UCP600 规定商业发票必须与信用证的货币相同。银行可以接受金额大于信用证允许金额的商业发票，其决定对有关各方均有约束力，只要该银行对超过信用证允许金额的部分未做承付或议付。发票中的数量、单价和金额必须是准确的数字，而不得冠以“大约”或类似的文字。此外在审核数量、金额时，还要注意信用证是否允许分批装运，分批装运是否有具体的要求和规定。

按照 UCP600 的规定，发票上表示的货物数量、重量、尺码、装运、包装、运费或其他有关的运输费用资料等应与其他单据所载明的相符。但 UCP600 也规定：只需要商业发票上的这些数据与其他数据之间不矛盾即可，无须等同。

（7）佣金、折扣的扣除。如果信用证和合同中规定的单价含有“佣金”，发票上应照样填写，不应该以“折扣”字样代替。如果信用证与合同规定“现金折扣”字样，在发票上也应该全名照打，不能只写“折扣”或“贸易折扣”等字样。

如果合同中有支付佣金或折扣的规定，而信用证金额为全额且未在价格条款中显示含有佣金或折扣的问题时，在发票中也不应显示佣金或折扣的内容，以避免造成单证不符而影响收款，其应得佣金和折扣可以在货款收妥后另行汇付。

（8）包装、重量、尺码等必须准确无误。

（9）注意是否按照信用证的规定在发票中注明了特殊的文字，该文字本身是否符合信用证及其他单据的要求。

（10）要注意发票是否需要签章，如有手签要求，是否手签。

（11）最后要核对发票份数是否与信用证要求一致。确保提交符合信用证要求的发票张数及正本和副本。

三、汇票的审核要点

汇票的审核要点如下：

（1）信用证规定应记载“drawing clause”时，其开证行名称、信用证号码及开证日期等均应与信用证规定相符。

（2）签字以及（或者）出票人的名称应该与信用证受益人的名称完全一致。

（3）开致（to）正确的付款人。按照 UCP600 的规定：不得开立包含以申请人为汇票付款人的信用证。因此不能以申请人作为付款人。付款人同时应符合信用证规定，即期付款信用证要求汇票时，则汇票付款人是指定付款行。承兑信用证的汇票付款人是指定承兑行。来证中规定“以我行为付款人”，即开证行为付款人。

（4）汇票金额应与商业发票所载金额相同，信用证规定为发票金额的百分之几的（如“draft for 90% invoice value”）除外。

（5）汇票金额应不超过信用证金额或信用证项下允许的金额。

（6）汇票金额大小写必须一致，货币必须与信用证所规定的相符。

（7）汇票期限必须与信用证中的规定相符。

（8）汇票的出票日不能早于提单日和迟于信用证的有效期。另外，如果信用证上对汇票的出具日期做了特别的规定，则出票日应当按照规定日期填写，否则不能通过银行审核。

（9）如果汇票要背书，它应该被正确地背书。

（10）有无“汇票”字样。《日内瓦统一票据法》规定，汇票中必须有“汇票”字样，而英国《票据法》却没有这样的要求。所以在实际操作中，为了避免争议，受益人提交的单据最好包含“汇票”字样。

四、运输单据的审核要点

运输单据的审核要点如下：

（1）确保运输单据种类与信用证规定的相符。随着国际贸易方式的发展及运输工具的革新，海运、空运、汽车、铁路以及联合运输均被广泛应用，对于信用证上明确规定了运输方式的情况，只有受益人提交的运输单据类别符合信用证要求，才能够被银行接受。例如：如果信用证要求提交已装船提单，则海运方式必须作为货物运输方式，受益人也就只能提交海运提单；如果信用证要求提交至少包含两种运输方式的提单，则多式运输单据将被采用。

（2）收货人名称应符合信用证要求。对于不具有物权凭证性质的运输单据，应在信用证中指定开证行为收货人；对具有物权凭证性质的运输单据，可在信用证中要求将收货人做成空白抬头、空白背书或开证行指示抬头等。

（3）除信用证另有规定者外，必须为全套的正本运输单据。

（4）运输单据上的货名描述可采用信用证所规定的货物描述的统称，其货名、唛头、数量、重量、船名、路线、收货人、通知人等应该与信用证相符。如果有关于货物描述的话，要与其他单据上面的表示相同。UCP600 规定：任何单据中述及的货物托运人或发货人不必是信用证的受益人。

（5）运输单据上的价格条款或有关运费的记载应与信用证和发票一致。如 CIF 或 CFR，应注明“freight prepaid or paid”，如注明“freight payable or to be paid”，则不能接受。

（6）如果运输单据需要背书，确保它被适当地背书。如提单抬头被做成“to order of shipper”或“to order”，应作空白背书或作指示性背书。

（7）确保运输单据上没有能够使其“有瑕疵”或“不清洁”的条款。不清洁的提单通常意味着包装或者货物破损，这必将最终影响到开证人（进口商）的利益，因此根据 UCP600，银行是不接受不清洁提单的。

（8）装船批注是否符合要求。信用证如要求提交已装船提单，则只有提交的海运提单上有“on board”相关字样才能符合信用证要求。同时，为了保证银行和开证人的利益，银行一般不接受标有“货装舱面”的提单，除非信用证有规定。

五、保险单据的审核要点

保险单据的审核要点如下：

（1）保险单据的种类应符合信用证的规定。如果信用证要求的是保险单，则保险凭证或预保单项下的保险证明或保险声明不能接受；如果信用证明确要求预保单项下保险证明或保险声明，则保险单可作为替代；如果信用证没有明确种类，笼统地要求保险单据，则只要与信用证其他条件及统一惯例各项规定相符的单据即可受理。

（2）应具备法定要件，并由保险公司或保险商或其代理人签发。UCP600 规定：暂保单将不被接受。

（3）确保提交全套保险单据。保险单据如出具一份以上正本，则全部正本均应该交银行。也就是说，不管信用证规定或未规定“全套”保险单据，只要保险单上注明了正本的份数，受益人就应该向银行如数提交正本保单；如果信用证并未规定全套，保单上也没有注明全套份数，受益人可只交一张正本，其余为副本。

（4）保险单据日期或保险责任生效日期不迟于货物发运日期。

（5）承保商品承保范围从指定装货港口或接受监管地点到卸货港口或交货地点。

（6）投保信用证规定的险别，且已经被明确表示出来。UCP600 规定：信用证中的相关条款必须对所需投保的险别种类以及必要的附加险别加以规定。对于信用证规定“承保一切险”时，银行将接受任何含有包含“一切险”批注或条文的保险单据，不论其有无“一切险”标题，甚至该保险单据注明不包括某些险别。

（7）保险单据上所记载的唛头、号码、船名、航程、装运地、卸货地、起运日期等，必须与运输单据所记载的不相矛盾，但无须严格等同。

（8）保险单上填写的发票号码应与承保货物的商业发票号码一致，以体现不同单据间的关联性。

（9）如果被保险人的名称不是保兑行、开证行或买方，应带有适当的背书。

（10）确保货物投保金额符合信用证要求。如果信用证规定了最低保险金额，应按其规定投保；如果信用证没有规定，则其最低投保金额应是货物的 CIF 或 CIP 价格的 110%；如果从单据中不能确定 CIF 或 CIP 价格，保险金额就按信用证要求承付或议付金额的 110%，或发票毛值（如尚未扣除折扣或佣金时的总金额）的 110%，两者之中取金额较大者作为最低投保金额。保险金额的大小写应该一致。

（11）除非信用证另有规定，否则保险单据的货币应与信用证的货币相同。

（12）保险单据上注明的赔款偿付地点，应该按照信用证的规定填写。如果信用证未作规定，应该以货物抵运目的地或其相邻地点作为赔付地点。如信用证要求赔付给某一指定公司，应该在指定赔付地点之后加注。

（13）保险单据涉及的其他资料，应该与信用证规定的其他单据一致。

六、产地证审核要点

产地证审核要点如下：

（1）产地证应该由信用证指定的机构签署。如果信用证规定由主管当局出具产地证，应当由出入境检验检疫局、贸促会或国际商会签发正式的产地证明书。如果信用证没有规定，则由受益人出具的单据也是可以接受的。

（2）按照信用证要求，确保它已经被签字、公证人证实、合法化、签证等。

（3）确保产地证上面的进口商名称、唛头、货名、件数等资料与信用证条款相符，并与发票和其他单据一致。

（4）确保产地证上记载的产地国家符合信用证的要求。如果信用证规定产地国家，则产地证上应当予以证明；如果信用证规定产地为中国某地（如成都），则产地证上应当填写“成都，中国”，而不应当只写“中国”。

（5）除非信用证规定，否则应当提供独立的产地证明，不要与其他单据联合使用。如果信用证只要求证明商品的产地时，可以在商业发票上加注“兹证明装运货物原产地是中国”，这就是产地证明与商业发票的联合格式。但是，当信用证要求提供产地证明书时就不能用在商业发票上加注证明货物产地的格式，而要出具单独的产地证，注明其名称，并应当签字，加注日期。

（6）产地证的签发日不得迟于提单日期，但是可以迟于发票日期。

七、检验证书的审核要点

检验证书的审核要点如下：

（1）检验证书应当由信用证规定的检验机构检验、出具并签字，其名称应当与信用证规定相符。

（2）检验证书的出证日期应当略早于提单日期，表示是在货物装船之前检验的结果。由于检验单位对于各种商品都规定了检验的有效期限，如果出证日期太早，交单时就可能超过有效期限，将遭到收货人的异议甚至要求重新检验。有的信用证甚至会明确规定“This certificate should indicate that inspection had been carried out just before loading”，就要求检验证书略早于货物装运的日期。同时，检验日期不得迟于提单日期，因为迟于提单日期意味着货物装运后检验，这与事实不符。

（3）检验证书的内容必须与发票或者其他单据的记载不相矛盾，并符合信用证的规定。检验结果只要符合信用证的要求就算合格。

（4）除非信用证准许，否则应当确保它没有包含关于货物、规格、品质包装等的不利声明。

八、包装单的审核要点

包装单的审核要点如下：

（1）它们应当是独立的单据，不要与其他单据联合使用，除非信用证准许。

（2）单据名称与份数应当与信用证要求的一致。

（3）确保该单据上记载的货物名称、规格、数量及唛头等资料与其他单据所记载的不互相矛盾。

（4）数量、重量及尺码的小计与合计须加以核对，并须与信用证、提单及发票所记载的内容不相互矛盾。

（5）如信用证要求有经签字的包装单，则应当由制单人签字。否则包装单据无须签字。

九、各类函抄及附属单据的审核要点

UCP600 规定：如果信用证要求提交运输单据、保险单据或者商业发票以外的单据，却未规定出单人或其内容时，则只要提交的单据内容看似满足所要求单据的功能，且与其他单据的数据不矛盾，银行将接受该单据。如果信用证要求该单据是作为“证明书”之用时，应当确保该单据被签字。

十、寄单面函的审核要点

寄单面函是指定银行寄送给开证行凭以索偿的通知单，开证行收到面函后应该审核：

（1）寄单面函的确是交给本银行的。

（2）面函上有当前的日期。

（3）面函及所附单据属于相关的信用证号码项下。

（4）列举的单据均包含在内。

（5）单据中的金额与面函中提及的金额是一致的。

（6）寄送单据的银行（如有）是作为信用证项下的付款行、承兑行、议付行或寄单行。

（7）付款指示清楚易懂。

（8）是否提及有任何不符点，是否凭担保函进行有保留的付款、承兑或议付。

第三节　信用证中单据常见的不符点

了解常见的不符点对于在审证、制单、审单过程中发现问题，有很大帮助。同时需要指出的是，UCP600及信用证本身均对提交单据做出了非常详尽的约束，所以本小节的内容仅仅是部分审单过程中可能遇到的问题，并不全面。只有熟悉国际商会在信用证结算方式中的仲裁案例、国际标准银行实务、《跟单信用证统一惯例》，才能杜绝在制单、审单过程中的错误，避免给相关银行或进出口企业带去不必要的损失。

信用证审核的常见不符点：

（一）在时间方面

1. 信用证尚未生效

一般情况下，开出的信用证在出具后即生效，但是在有些情况下，开证行会在信用证中附加一些条件，规定只有在具备了这些条件后才能生效。例如，信用证出现以下叙述："This L/C will be operative only upon receipt by you of our amendment stating the import regulations have been fully complied with."（该信用证只有在你方收到我方关于所有进口法规均被遵守的证明时才生效。）

2. 信用证未过期

一般情况下，显然只有信用证处于有效期内，银行才能对信用证进行议付或付款。当然UCP600对此作出了规定："银行因不可抗力以外的原因停止营业，则到期日或最迟交单日，将根据具体情况顺延至该银行开业的第一个营业日。"同时该条规定在交单日顺延的情况下，装运日不能顺延。

3. 延迟装运或提早装货

按照相关的规定，已装船提单的签发日就是装运日。对于提单上标注了"shipped on board"的情况，除非批注中特别加注了相关货物的装运日期，否则应把提单的出具日作为装运日。在信用证上明确规定了货物的装运期限的情况下，提单的装船日期不得迟于信用证的有效期。

另外需要指出的是，有些信用证还规定了最早装船期，受益人在出具单据时必须加以遵守，货物不能早于该期限装船，否则可能遭到银行拒付。

4. 未在最迟交单期内提交单据

确保单据是在信用证规定的最迟交单期内交单，如信用证未规定，装运日后21天内应当交单，但应当确保仍然在信用证的有效期内。

（二）汇票方面

汇票方面常见的不符点如下：

（1）出具的汇票无“汇票”字样。

（2）汇票上的出票日不明。

（3）汇票的付款人不正确。

（4）汇票的付款日期不确定。

（三）装运方面

装运方面常见的不符点如下：

（1）做成了转运（transshipment effected）。

（2）短装（short shipment）。

（3）超装（over shipment）。

（4）做成了分批装运（partial shipments effected）。

（5）货物装卸港与信用证规定不符。

（四）金额方面

金额方面常见的不符点如下：

（1）超支（over drawing）。

（2）超过信用证金额（credit amount exceeded）。

（3）少开支付金额（short drawing）。

（4）发票金额与汇票金额不相符合（the amounts shown on the invoice and draft differ）。

（五）运输单据

运输单据方面常见的不符点如下：

（1）运输单据不清洁。

（2）运输单据的类别与信用证要求不符。

（3）没有“货物已装船”批注或注明“货装舱面”。

（4）提单没有表明运费是否已经支付。

（六）发票方面

发票方面常见的不符点如下：

（1）发票上的货物描述与信用证不符。

（2）发票上的贸易术语不正确。

（3）发票的参考号码与信用证上的不一致。

（4）发票没有做成信用证申请人名称的抬头。

（七）保险方面

保险方面常见的不符点如下：

（1）提交的保险单据的类型与信用证的要求不符。

（2）保险金额不足，保险比例与信用证不符。

（3）投保的险种与信用证不符。

（4）保险日期迟于装运日期。

（5）保险单/凭证没有正确的背书。

（6）保险单投保货币与信用证规定的不符。

（7）保险赔付地点与信用证规定不符。

（八）单据与单据之间

单据与单据之间常见的不符点如下：

（1）单据之间的唛头和号码互不一致。

（2）汇票、保险单或提单的背书不正确。

（3）缺少信用证需要的单据。

（4）单据之间的重量不同。

（5）各项单据之间内容矛盾。

（6）需要签字的单据没有签字。

本章习题

1. 你掌握了 UCP600 的单据审核标准吗？
2. 审单的基本原则有哪些？
3. 指定银行拒付单据的做法有哪些？
4. 常见的单据不符点有哪些？

第十章

跟单信用证下单证不符时的应对

本章要点

1. UCP600 中关于信用证的相关规定及其理解。

2. UCP600 的单据审核标准。

3. 进口商对于不符点造成拒付的应对措施。

第一节　UCP600 的相关规定

一、条件的单据化与非单据条件

开证行履行付款的条件是受益人提交与信用证规定相符的单据。UCP600 规定：银行仅仅处理单据，而不是单据所涉及的货物、服务或其他行为。因此，信用证必须要明确受益人提交的单据种类、份数及其具体要求。同时信用证的开证申请人必须在申请中将所有的合同条件单据化。

非单据化的条件，就是指信用证上对货物本身或在出口运输中做了限定，但是仅仅是限定，只要到时候提交的单据和信用证上做的限定相符就可以了，不需要非得出具其他的单据去证明这个限定，这就是非单据条件。在日常信用证操作实践中，我们经常会碰到一些“非单据条件”。诸如在“additional conditions”（附加条款）有如下条款：“Factory's Inspection to be Final”（以工厂检验为准）；“The Goods should be Made in China ”（货物应为中国制造），等等。UCP600 规定：如果信用证中包含某项条件而未规定与之相符的提示单据，银行将认为信用证中未列明此条件，并将对此不予置理。

同时 UCP600 还规定：对提交的单据中不是信用证中要求的，银行将不予置理，并且可以退还提示人。这表明，银行仅仅与信用证中规定的单据有关系，而没有责任去审核受益人交来的额外单据。

二、关于单据的签发人与签字的规定

提单的签发是承运人的一项强制性义务。若托运人提出，则承运人必须签发提单，而且托运人对提单记载事项有异议的可请求承运人修改。承运人签发提单可分为两种情况，即承运人接收货物但未装船时签发的收货备运提单和承运人将货物装船后签发的已装船提单。收货备运提单在一定条件下可转化为已装船提单，具体的方式是货物装船完毕后，托运人将收货备运提单退还承运人，用以换取已装船提单；或者由承运人在收货备运提单上加注承运船舶的船名和日期，视为已装船提单。

提单的签发人可以是承运人或承运人授权的人，若是船长签发的，则视为代表承运人签发。在班轮运输中，船长是当然的承运人的代理人。在航次租船合同中，船长签发提单代表的是出租人还是承租人，取决于承运人是出租人还是承租人，一般将船长签发提单视为代表承运人签发。

单据上的签字主要有两个作用：一是作为区别真伪的手段；二是明确出单人的责任。UCP600 规定：当使用诸如"第一流"、"著名"、"合格"、"独立"、"正式"、"有资格"、"当地"等词语描述单据出单人时，单据的出单人可以是除受益人以外的任何人，所以这类词语其实没有任何实际意义。

UCP600 还规定：单据可以手签，也可以用签样印制、穿孔签字、盖章、符号表示方式签署或者其他任何机械或电子证实的方式签署，也即是说，单据的签署不受形式的限制。当信用证含有要求使单据合法、签证单据、证明单据或对单据有类似要求的条件时，只要单据表面已经满足上述条件，即可通过单据上签字、标注、盖章或标签来满足。

三、关于单据出单日的规定

一般说来，所有单据都应该有出单日期。在一套完整的单据中，除了保单日期是开船日期外，其他单据日期必须早于提单日期，一般一整套的单据有发票、装箱单、原产地证 CO（部分国家需要 CERTIFICATE OF ORIGIN）、产地证 Form A（部分国家需要）、船公司提单 M/BL（Master Bill Of Loading 相对于 HBL 货代提单 House B/L）等，保单、发票和装箱单的日期可同合同日期一致，或当天做单日期，CO、FORM A 的日期有一栏必须注明发票号和发票日期，但商检局开具的日期也可以晚于发票日期，但必须早于提单日期。

在一般情况下，受益人所提交单据的签发日期要比信用证的开证日期晚。

但是，国际贸易的方式很多，在转售、三角贸易等情况下，往往会出现信用证开立之前，运输单据、产地证、检验证等有关单据已经签发的情况。

为此，关于单据的出单日，UCP600 规定：单据的出单日期可以早于信用证开立日期，但不得迟于信用证规定的提示日期。根据这一规定，接受出单日早于信用证开立日期的单据的条件是单据必须在信用证的有效期内提交，并且不得晚于信用证规定的装运期后必须交单的特定期限。如果信用证未规定交单的特定期限，则单据的提交不得超过装运日后 21 天。

四、关于单据正本和副本的规定

对于正本单据的含义，信用证规定：除非单据本身表明其不是正本，银行将视任何表面上具有单据出具人正本签字、标志、图章或标签的单据为正本单据。同时规定，除非单据另有陈述，如果单据符合以下条件，银行将接受该单据作为正本单据：①表面上显示由单据出具人手写、打字、穿孔签字或盖章；或②表面上显示使用的是单据出具人的正本信签；或③申明单据为正本，除非该项声明表面显示出与所提示的单据不符。

副本单据（Duplicate Document），又称复本单据、第二联，指完全按照正本复制或加复写纸复写的第二份单据。有的单据，其副本经签字或盖章后，与正本具有同样效力，如商业汇票。如复制的份数超过一份，就应称为抄本。抄本通常不签字或盖章，也不具有正本的效力。

UCP600 规定：信用证中规定的每种单据必须提交至少一份正本。同时还规定：如果信用证要求提交副本单据，则提交正本单据和副本单据均可。

五、关于交单时间和地点的规定

任何信用证都必须规定一个交单的有效日期和有效地点，这是一个“时空组合”，即在什么时候将单据交到什么地点是有效的交单。UCP600 规定：信用证必须要规定提示单据的有效日期，信用证适用的银行所在地就是提示单据的地点。对任何银行均适用的信用证项下单据所提示的地点就是任何银行所在地。除了规定的交单地点外，开证行所在地也是信用证的交单地点。

信用证的到期日在业务中常被称为有效期（Expiry Date，国际商会中国国家委员会组织翻译的《UCP600》中文本中翻译为“截止日”）。《UCP600》规定：信用证必须规定一个交单的截止日。规定的承付或议付的截止日将被视为交单的截止日。据此，如信用证未规定到期日，则该证无效，不能使用。

信用证的到期日是银行承担兑付责任的最迟期限，同时也是约束受益人提交单据的最晚期限，如受益人交单晚于到期日，此信用证就失效了，银行有权拒付。L/C 的到期日应与装运期有一定的时间间隔，以便在装运货物后有足够的时间办理制单结汇工作，通常到期日规定为装运日后的第 15 天。有时有些 L/C 的到期日规定得不够明确，如规定 L/C 有效期为“1 个月”、“3 个月”等，此时需注明起算日期。

信用证的“交单期”（Period for presentation of document）就是出口商在货物装运后必须向银行交单要求兑付的日期。一般来说，L/C 对交单期都有明确的规定，合理的交单期的长短取决于许多因素，如到商会或领事馆办理认证或出具有关证明所需的时间；申领检验证明书如 SGS（SGS 是全球领先的检验、鉴定、测试和认证机构，是全球公认的质量和诚信基准）验货报告等所需的时间；缮制、整理、审核 L/C 规定的文件所需的时间；单据送交银行所需的时间，包括单据送银行后经审核发现有误退回更正的时间等。通常交单期规定为运输单据出具后的 7~15 天。

L/C 对交单期的规定是为了约束受益人，促使其在货物出运后及时交单，避免由于受益人迟交单据而使得单据“过期”，如晚于货物抵达目的地，从而会给进口商带来不必要的费用支出和风险（如滞港费等），也会影响进口商及时提货转售，贻误商机。当然受益人尽早交单对其自身也有好处，如果单证相符，则受益人可早日收款，加速资金流转；如果单证不符，在不符点是被议付行发现的情况下，受益人可以有较充裕的时间更正单据；即使单据已经寄到了开证行，开证行发现不符点并提出拒付的情况下，若时间允许，受益人也会有可能补交更正后的单据，以确保收款安全。

当然，L/C 也可以不规定交单期，《UCP600》规定：如果单据中包含一份或多份受相关规定的正本运输单据，则须由受益人或代表在不迟于装运日之后的 21 个日历日内交单，但是在任何情况下都不能迟于信用证的截止日。对此，《UCP500》有类似规定，只是《UCP600》把过去的“21 天”明确规定为“21 个日历日”（21 calendar days）。也就是说，如果 L/C 中没有规定交单期，那么最迟交单期就是装运日后的 21 个日历日之内，此时受益人的交单要受到 L/C 的到期日与交单期这两个日期的约束。不过 21 个日历日的规定仅适用于要求提交的单据中包括一份或多份正本运输单据的情况。在 L/C 没有要求提交正本运输单据时，受益人只需在L/C的有效期内交单即可。

按照UCP600的规定，如果单据中包含一份或多份正本运输单据，则须由受益人或其代表在不迟于发运日后的第21个日历日内提交，但是在任何情况下，都不得迟于信用证的到期日。下图是信用证下单据开立的时间顺序图：

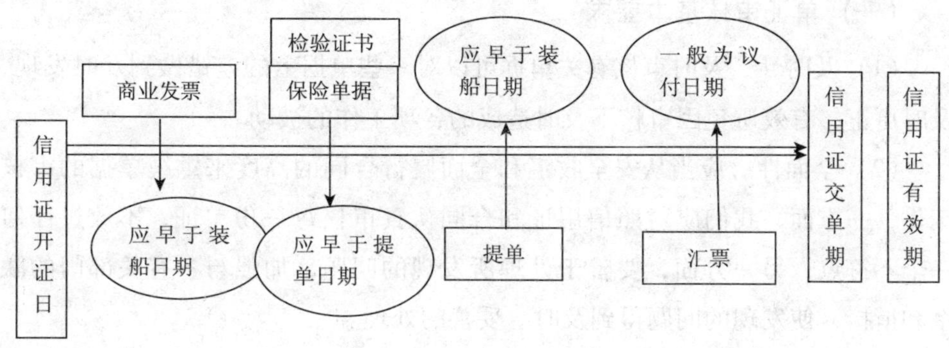

第二节 UCP600关于单据的审核

银行审单是指银行对信用证受益人或单证合法持有人所提交的货运单据、汇票、商业发票、保险单据、装箱单、原产地证、检验证书等单据进行审核，确定单据与信用证的规定和要求是否相符的法律行为。由于信用证独立于国际货物买卖合同之外，是一种单纯的单据业务，银行在处理信用证业务时，会将信用证的规定作为唯一的依据，并不过问合同项下的货物状况，因而对单据的审查标准决定了信用证的正常运作，与开证申请人、受益人及银行自身的利益密切相关。

一、单证一致审核

单证审核是对已经缮制、备妥的单据对照信用证（在信用证付款情况下）或合同（非信用证付款方式）的有关内容进行单单、单证的及时检查和核对，发现问题，及时更正，达到安全收汇的目的。

UCP600规定：按指定行事的被指定银行、保兑行（如有）以及开证行，必须仅以单据为基础，对提示的单据进行审核，并且以此决定单据是否在表面上与信用证条款构成相符提示。

审单的目的就是为了确定交单是否相符，而交单相符包括两方面内容：

单证一致和单单一致。单证一致就是指出口方所提供的所有单据要严格符合进口方开证银行所开信用证的要求，或者说出口方制作和提供的所有与本项货物买卖有关的单据，与进口方申请开立的信用证对单据的要求完全吻合，或没有矛盾。

(一) 单证审核基本要求

(1) 及时性。及时审核有关单据可以对一些单据上的差错做到及时发现、及时更正，有效避免因审核不及时造成的各项工作的被动。

(2) 全面性。应当从安全收汇和全面履行合同的高度来重视单据的审核工作，一方面，我们应对照信用证和合同认真审核每一份单证，不放过任何一个不符点；另一方面，要善于处理所发现的问题，加强与各有关部门的联系和衔接，使发现的问题得到及时、妥善的处理。

(3) 按照严格符合的原则，做到“单单相符，单证相符”。单单相符、单证相符是安全收汇的前提和基础，所提交的单据中存在的任何不符，哪怕是细小的差错，都会造成一些难以挽回的损失。

(二) 单证审核的基本方法

(1) 纵向审核法。是指以信用证或合同（在非信用证付款条件下）为基础，对规定的各项单据进行一一审核，要求有关单据的内容严格符合信用证的规定，做到“单证相符”。

(2) 横向审核法。在纵向审核的基础上，以商业发票为中心审核其他规定的单据，使有关的内容相互一致，做到“单单相符”，主要是时间和内容一致。

上述审核一般由制单员或审单员进行，为第一道审核。为安全起见，应当对有关单据进行复审。

二、单单一致审核

单单一致是指受益人提交的信用证中要求的各种单据之间必须在表面上相符。单单一致的具体含义是：除了符合信用证条款外，其提交的各种单据必须与同一业务有关，相互一致、互相补充，并且与商业发票和货运单据的内容、文字相一致，不能彼此矛盾，否则就被认为是单证不符，开证行就有理由拒付，同时开证申请人也有可能据此拒绝付款赎单。

单单一致的内容：

（一）各种单据签发日期应保持合理，符合逻辑性及国际惯例

（1）汇票是根据发票开立的，所以汇票日期应等同于或晚于发票日期，且不能先于提单日期，以符合先发货后收款的一般交易原则。

（2）商业发票的日期一般可早于、等同于或晚于提单日期，但必须在交单日期内。海关发票的签发日期不应迟于提单日期；形式发票日期应先于装运日期；领事发票的日期不得迟于汇票和提单日期，以满足其提出办理进口手续或出口报价的需要。

（3）提单日期不得迟于信用证装运期，也不得早于规定的最早装运期。

（4）保险单日期一般应早于或等同于提单日期。

（5）装箱单、重量单日期应等同于或略迟于发票日期，但不得早于发票日期。

（6）一般产地证日期不应迟于提单日期，普惠制产地证书号码和日期须按正式商业发票填写，签证当局签署日期和出口商签署日期不得早于发票日期。

（7）为确定货物经检验合格后才装船，商检证书日期不应晚于提单日期，但也不能过分早于提单日期。

（8）出口许可证日期应早于或等同于提单日期。

（9）受益人证明或受益人声明往往在装船后出具。因此，其日期应等同于或晚于提单日期。

（10）船运公司开具的证实船籍、船龄、航程的日期应早于或等同于提单日期；运费收据日期也应早于或等同于提单日期。

（二）出口单据的缮制一般以发票为基础展开

海关发票、产地证、投保单及相关需要的托运单、报关单等单证一般是按发票内容缮制的。各单据的填制内容除提单用概括性的商品统称外，须在措词和用语方面保持一致。

UCP600 规定：单据中的内容不必与信用证、该项单据本身以及国际标准银行实务完全一致。但该项单据中的内容之间或单据中内容与其他规定的单据或信用证之间不得冲突，否则会被拒付。

三、审单时间

审单时间是指开证行、保兑行（如有的话）或代表它们的指定银行应各

有一段合理时间审核单据，即不超过收到单据次日起的5个银行工作日，审核和决定接受或拒绝接受单据，并相应地通知交单方。

UCP600规定：按照指定行事的被指定银行、保兑银行（若有）以及开证银行均有自提示日次日起最多5个银行营业日，用以决定提示的单证是否相符。而在UCP500中，这个时间是7个银行营业日，时间的缩短，对于受益人而言是有益的。

国际商会规定银行审单有一个时间限制，其目的在于，若超过5个银行营业日仍未作出是否接受单据的决定，银行将失去拒收单据的权利，即使单据存在不符点，银行只能接受单据；但在5个银行营业日内，银行也不能被迫承付或议付。

UCP600的上述规定表明，5个银行营业日是审单的最长时间限制，若超过该时间限制，银行只能接受单据。但这并不意味着5个营业日全部用完才作出是否接受单据的决定就是合理的，若3个或4个营业日就作出了是否接受单据的决定也同样是合理的，而且时间越短，对各当事人都越有利。因此，5个营业日对银行而言，既是一种权利，也是一种义务。

第三节　进口商对于不符点造成拒付的应对措施

对于出口企业而言，在国际贸易信用证结算中，难免会遇到由于单证不符而被银行拒付的情况。遇到这样的情况，出口企业如果能够事先就制定好一定的方案，而且又比较熟悉国际惯例和规定，就可以通过一定的办法将损失最小化。应对信用证下的单证不符点，通常可以采取下述的步骤：

一、争取事先避免拒付问题的发生，掌握主动权

首先，在接到来证后，一定要加强信用证的审核工作，需要清楚对方提出的要求是否能够得到满足，如果不能，则要协商修改信用证，避免日后单证不符的麻烦。同时，争取信用证的有效地点在国内，以便能及时进行沟通和修补。

发货时应当尽量在信用证规定的期限内提前进行，不要等到信用证规定的最后装船期才交货，以保证在开证行提出不符点后，有足够的时间在信用证有效期内改单。一经装船，应当立即制单交单，以保证拒付后，能在议付

期内重新制单。

在制单过程中，要仔细阅读信用证的相关条款，及时就信用证上不明确的字句向开证行提出质疑，严格按照信用证的要求制单。

制单完成后，可以先请相关的专业人员审阅，尽最大可能排查出单据上所有的不符点，及早更改，争取向议付行或开证行提交符合信用证要求的单据。

有时候在向银行提交单据之前，出口企业就已经知道单据的不符点，但由于种种原因，出口企业来不及修改信用证或无法更改、更换单据，只能提供有不符点的单据。此时如果贸然提交不符点的单据，遭到拒付的可能性非常大。出口企业可考虑用电提的方式寻求问题的解决，即要求议付银行在寄单之前，用电提方式向开证行列明不符点，征求开证行意见。如果开证行接受不符单据，议付则可正常进行，议付行按照正常程序向开证行提交单据，开证行接受单据，在扣除不符点费用后，支付单据款项。即使被开证行拒付，单据仍在国内，解决问题的主动权会多一些。

二、拒单后采取必要的措施保全货物

交单后，如果单据被开证银行拒付，也不要惊慌失措，因为单据被拒付后，信用证受益人即出口商拥有对单据的处置权，即货物的物权并未丧失，受益人可以根据实际情况处置货物。不过这要有一个前提，就是信用证要求的必须是全套提单并且提单仅限于海运提单或是联运提单中最后一程为海运的提单，因为空运提单等不能代表物权；或者如果有一份提单正本已经提交给开证人（进口商），则出口商很可能会丧失物权，在争端的解决过程中就容易陷入被动，货物已被取走，但要求开证行付款的权利丧失，只能凭合同要求进口商付款。在这样的情况下，出口商必须和承运企业、货运代理等保持密切联系，确保自己随时掌握货物的动向，避免钱货两空。如果在进口地有代理机构的话，处理这个问题会更加主动一些。

三、判断不符点是否成立

如果在程序上找到开证行的漏洞，就能避免拒付的发生。银行拒付单据时，必须满足六个方面的要求，只要这六个条件中有一项没有得到满足，即使开证行提出的不符点符合国际惯例，开证行也不可以因此拒付。比如说，某开证行提出不符点的条件均已满足，单据也确实存在不符点，但开证行由于自身素质或英语水平的限制，提出的不符点与实际存在的不符点存在很大的差异，两者在本质上并不相同，这时从程序上来看开证行所提出的不符点并不存在，即使开证行后来对不符点所做的解释可能是正确的，但由于这是开证行第二次提出不符点，这就可以被认定为无效的拒付行为，这时开证行就不可以拒付。

UCP600 的审单新标准最大限度地杜绝了信用证当事人因为基础交易的纠纷转而以所谓单据存在不符点为由拒绝承兑或付款的情况随意发生，如果是这样，会对国际贸易结算产生巨大的影响。但是由于信用证业务的复杂性，UCP600 不可能解决目前信用证实务中遇到的所有问题，而且 UCP600 的审单标准只是指导性原则。实务中经常出现一些单据不符点是否成立的争议，就需要借鉴国际上典型的司法判例及国际商会 ICC 的咨询意见来判定。

有关拼写错误是否构成不符点的判断。在实际业务中，经常会出现这样或那样的拼写错误及打字错误。这些错误哪些可以视为不符点加以拒付，往往很难掌握，从而引起争议。与 UCP600 相配套的国际标准银行实务（ISBP）给出了因拼写或打字错误导致不符点产生的判定标准："如果拼写及/或打印错误并不影响单词或其所在句子的含义，则不构成单据不符。例如，在货物描述中用'mashine'表示'machine'（机器），用'fountan pen'表示'fountain pen'（钢笔），或用'modle'表示'model'（型号）都不会导致不符。但是，将'model 321'（型号 321）写成'model 123'（样品 123）则不应视为打印错误，而应是不符点。"也就是说，因拼写或打字错误不构成另一个单词，且没有引起歧义或争议时，一般不被视为不符点，而由于拼写或打字错误导致了歧义的产生或对业务的实质性产生影响时，则需要结合语境或联系其他单据才可以作出综合判断。其中的难点就是如何判断该错误是否产生歧义或对业务带来实质性影响，要靠常识、经验和权威先例的支持。不过在缮制单据时，要尽量避免拼写的错误。

审单中的另一个热点问题是发票或其他单据中的货物描述与信用证中的货物描述出现不一致时是否能作为不符点拒付。UCP600 的规定为："除商业发票外，其他单据中的货物、服务或履约行为的描述，如果有的话，可使用与信用证中的描述不矛盾的概括性用语。"即发票上的货物描述要严格依据信用证；其他单据包括提单中可以不显示货物描述，但是要通过发票号或数量或款式编号等显示其关联性；如果其他单据上有货物描述，可以不用照搬发票上的文字，只要和信用证的描述不矛盾即可，总之整套单据关于货物的描述必须一致，且必须与信用证的要求一致。

四、据理反驳

开证行拒付单据的决定不是终局性的，议付行和受益人有权对开证行拒付单据的理由进行反驳。如果反驳成功，开证行就不能拒付单据。

（一）明确拒付的真正原因

根据以往的结算经验，虽然国际结算中的银行大多数遵循国际惯例，重视自己的信用，但也会有一些国家或地区的银行出于某种目的，故意曲解国际惯例的相关规定，甚至为了迎合开证申请人而在信用证条款中设下一些圈套以损害受益人的利益。因此出口商需要明确开证行拒付的真实原因，才能知己知彼。当明确了开证行拒付的真正原因，并掌握了一定的证据后，就可以据此进行反驳。

（二）反驳

在开证行拒付以后，受益人应当根据信用证上的条款、相关的国际惯例等仔细确认不符点，看开证行所提的不符点是否成立。如果开证行提出的拒付单据的不符点不成立，那么出口商就可以据理力争，进行反驳。而且在实际的工作中，的确有的开证行对单据非常挑剔，为了推卸付款责任，故意提出单据存在不符点。在这样的情况下，受益人可以根据 UCP600 规则反驳开证行的拒付理由，只要单据在表面上符合信用证，同时单据与单据之间并无不一致，受益人就可以向开证行提出异议，甚至可以向国际商会提出仲裁请求，要求开证行承担付款责任。

（三）反击

即使开证行提出的不符点的确存在，但如果开证行提出不符点的方式方法或拒付理由不符合 UCP600 的要求，受益人也可以通过检查开证行的拒付方式及拒付理由，寻找漏洞，进行反击。通常开证行拒付单据时的漏洞包括：开证行提出单据存在不符点不是以单据作为唯一的依据，而是牵涉了货物，比如提出货物的实际品质、数量、包装等与单据不符；应当使用电讯通知的，却用邮件通知，该用快递通知的，却使用普通邮件通知；在收到单据的 5 个营业日后才提出拒付单据；没有在拒付通知书上明确表明是把单据退还还是代为保管；等等。这些开证行在拒付单据时的漏洞，都是受益人可以反击的依据。同时，开证行的拒付依据只能一次提出，除了第一次提出的有效外，以后提出的都属无效，即是说，开证行的拒付理由必须一击中的，且毫无把柄，否则拒付无效。

五、更换不符点单据

如果对开证行提出的拒付单据的不符点无法反驳时，出口商可以考虑在信用证的有效期内有无更换单据的可能。一般情况下，单据的提示期是在装船后的15~21天，由于现代交通和通信的便利，开证行用电讯通知拒付单据时，出口方立刻就可以收到，出口方新制的单据如果通过快邮2~3天就能送达开证行。所以当开证行拒付单据时，如果时间来得及的话，就可以考虑更换单据。

根据国际惯例，如果单据确实存在不符点，开证行已就此提出拒付，只要受益人改正的单据在信用证规定的有效期和议付期内提交到指定银行，且新提交的单据没有新的不符点，则视为单据不存在不符点，开证行必须付款。为此，一旦获知开证行提出不符点，公司的反应一定要快，看是否可以以及是否来得及改单，如有可能，应迅速改单并及时将单据交到指定银行手中。为了达到有不符点改单的目的，事先事后应做到几点：

（1）在审核信用证时，一定要注意信用证的有效地点须在国内。

（2）发货时尽量提前，但时间得在信用证规定的交货期以内，尽量不要在信用证即将到有效期时才发货，以保证在开证行提出不符点后，受益人有时间改单。

（3）货物一经装船，立即交单，以保证拒付后，能在议付期内重新制单。

（4）重新补制单据时，一定要认真仔细，确保没有新的不符点。

如果不符点单据涉及提单、商检证等由其他机构出具的单据时，更换单据所需的时间比较长，因为出证机构要在收回原单据的前提下，才会重新出单，并且也不可能完全按照受益人的指示更改。因此这类单据的更换更需要非常的谨慎，首先要考虑出证机构是否会按照需求更改，其次要看有无充足时间完成收回单据、交还出证机构、重新出证、重新寄单等一系列工作，所以在交单前一定要细致的审查单据。

六、寻求对方接受不符点

开证行拒付并不意味着开证申请人拒付，如果开证申请人最终放弃不符点，尽管开证行并不受开证申请人决定的约束，但一般会配合开证申请人付款。所以开证行拒付后，如果不符点确实成立，应分析与开证申请人之间的关系以及此笔交易的实际情况，以决定怎样与其交涉，说服开证申请人接受不符点并付款。只要货物质量过关，商品市场价格较好，开证申请人一般不会以此为借口拒绝接受单据。

七、协商降价销售或另寻买主

如果不符点确实是成立的，且货物质量有缺陷，因市场不佳或客户信誉不好，申请人有时会拒绝付款，或为转嫁市场价格波动的风险，而提出降价的要求。遇到这种情况，一般可采取三个步骤：一是从合作角度考虑，尽量争取开证申请人的让步，并在日后的贸易往来中给以其他优惠，避免当笔业务的经济损失；二是在交涉不力的前提下，可答应客户降价的请求；三是可权衡利弊，根据市场情况，积极联系新的买主，如市场情况较好的话，也可以将此作为与客户交涉的策略，就一般情形而言，客户关心的是自身的利润，如果商品市场价格趋升，此时开证申请人也不会冒利润和客户同时损失的风险而坚持拒付。

八、退单退货

在开证行提出实质性不符点、拒付行为又很规范、与客户交涉不力、寻找新买主而不得的情况下，就只有退单退货唯一的出路了，不过在做出此决定之前，一定要仔细核算运回货物所需的费用和货值之间，是否有账可算，有利益即迅速安排退运，因为时间拖得愈久，费用（港杂、仓储等）就越高；若运回货物得不偿失，则不如将货物放在目的港，任由对方海关去处理。海关通常会在一定期限之后，对于无人认领的货物进行拍卖处理。

以下为截止到 2014 年 10 月 24 日时中国银行信用证业务的费用情况：

（一）出口信用证业务

（1）预通知	125. 00 元人民币
（2）信用证通知	1. 0 ‰，最低 500. 00 元人民币，最高 1500. 00 元人民币

信用证修改通知	375.00 元人民币
(3) 信用证保兑	
保兑期至 3 个月	2.0 ‰，最低 750.00 元人民币
保兑期至 6 个月	3.0 ‰，最低 1500.00 元人民币
从第 7 月起	每一个月 1.5 ‰最低 750.00 元人民币
(4) 保兑信用证下的承兑费	每一个月 1.5 ‰最低 750.00 元人民币
(5) 审单费	3.0 ‰，最低 750.00 元人民币
(6) 中国银行作为付款信用证下的付款行	500.00 元人民币

(二) 进口信用证业务

(1) 开证	
信用证有效期至 3 个月	3.0 ‰，最低 750.00 元人民币
信用证有效期至 6 个月	6.0 ‰，最低 1500.00 元人民币
从第 7 月起	每一个月 1.5 ‰最低 750.00 元人民币
(2) 审单费	3.0 ‰，最低 750.00 元人民币
(3) 承兑费	每一个月 1.5 ‰最低 750.00 元人民币
(4) 信用证修改	375.00 元人民币

本章习题

1. 详述 UCP600 中关于信用证的相关规定。
2. UCP600 的单据审核标准有哪些?
3. 进口商对于不符点造成拒付的应对措施有哪些?

第十一章

国际保理业务

本章要点

1. 保理的定义。
2. 保理的业务功能。
3. 保理的业务流程。
4. 国际保理业务的种类。
5. 了解我国保理业务发展的现状。

课前小知识

2012 年，被称为“商业保理元年”，因为 2012 年 6 月，商务部发文，同意在天津滨海新区、上海浦东新区开展商业保理试点；同年，商务部发出通知，允许我国港澳企业在深圳、广州设立商业保理企业。2014 年 11 月，由中国银行业协会保理专业委员会发布的《中国保理产业发展报告（2013）》显示，2013 年，中国大陆保理业务量同比增长 15%，达 5219 亿美元，保持较高增长速度，其中国内保理 4078 亿美元，占比 78%；国际保理 1141 亿美元，占比 22%。

另有统计数据显示，从 2005 年到 2011 年，全球保理业务量翻了一番，平均年增长 12%。在主要经济体中，中国保理业的增速排名第一，平均年增长达到惊人的 96%。而前瞻产业研究院的一份报告表示，预计 2018 年我国保理行业交易量将达到 5.39 万亿元。

第一节 保理的定义

一、国际保理业务定义

国际保理业务（international factoring），是指出口商以商业信用形式出售商品，在货物装船后立即将发票、汇票、提单等有关单据卖断给承购应收账款的财务公司或专门组织，收进全部或一部分货款，从而取得资金融通的业务。它是一种可供选择的国际结算方式，又是一种短期的贸易融资方式。

国际保理业务是集会计结算、财务管理、信用担保和贸易融资为一体的综合性售后服务业务，包括应收账款催收、销售分户账管理、信用风险担保以及保理预付款等服务内容，这些服务由出口保理商和进口保理商（即出口地银行和进口地银行）共同提供。

财务公司或专门组织买进出口商的票据、承购出口商的负债后，通过一定的渠道向进口商催还欠款；如果遭到拒付，也不能向出口商行使追索权。财务公司或专门组织与出口商的关系在形式上是票据买卖、债权承购与转让的关系，而不是一种借款关系。

根据风险等级及客户需求的不同，保理服务可分为有追索权或无追索权的应收账款融资或信用担保。融资或信用担保期限通常不超过 180 天，适合于消费商品如服装、零配件、电器等的销售和购买，但并不涉及房地产及资本货物。

二、保理业务的功能

概括起来，保理服务具备如下功能：

（1）信用风险保障。如果企业选择了保理服务中的风险保障选项，买家的信用风险将会由银行来承担。在核准的信用额度内，保理可以为企业提供最高达 100%的买家信用风险担保，帮助企业拓展国际、国内贸易业务。

（2）应收账款融资。针对被保理的应收账款，可以按预先约定的比率（通常为发票金额的 80%，也可以是 100%）为企业提供即时的贸易融资。

（3）应收账款管理。帮助企业进行专业的销售账户管理和应收账款催收，为企业即时提供经营管理所需的有关应收账款信息并对买方付款情况进行分析。

（一）国际保理业务的适用范围

在下列情况下出口商宜办理国际保理业务：

（1）因部分海外进口商不能或不愿开出信用证，致使出口交易不能达成，限制了出口量的提高。

（2）部分进口商因出口商不愿提供信用付款方式而转往其他供应商。

（3）准备采用信用付款方式，但对海外进口商的财务信用存有疑虑。

（4）为了更有效地拓展市场，决定在有关的海外市场聘任销售代理，因此必须提供信用付款方式。

（5）希望解除账务管理和应收账款追收的烦恼，避免坏账损失。

（二）银行或财务公司经营保理业务的主要工作

（1）信用调查。银行或财务公司对有关的买方客户进行全面详细的资信调查，并结合市场调查，拟定对每个客户的信用限额，作为放款的重要参考。同时对卖方的资信及其经营和生产能力也进行调查了解，以便决定是否接受其申请。

（2）风险承担。银行或财务公司一旦接受卖方对客户的账款保理，如果到规定时间收不到款，只要是正常业务并且在承担限额之内，银行或财务公司将承担这笔呆账损失。但是保理业务不负责买卖双方因货物有问题而发生的争执，例如因未按合同规定发货而买方拒绝付款时，卖方应自己负责。

（3）催收账款。出口商的账款到期时，银行或财务公司通过国外的合作金融机构提醒进口商支付货款；银行或财务公司负责收取应收账款，将款交给卖方，并向卖方提送报告。对未收账款继续催收。

（4）资金融通。有别于出口商在银行取得的融资额度（可能需要担保、抵押），国际保理业务为出口商开辟了另外一条取得流动资金的渠道。在许多国家，按照有关规定和习惯做法，银行放款一般不接受应收账款、存货等流动资产作抵押。而经营保理业务的银行或公司则可以以“应收账款”为抵押，使卖方获得资金融通的便利。

（5）会计结算。银行或财务公司对承办的账款负责结算，定期公布已收、未收款的情况，并提供电脑账务报告，分析账户动态。卖方可以不必自己记账，简化了会计工作。

三、保理业务的分类

国际保理业务的运作有单保理和双保理两种方式：仅涉及进出口商一方保理商的叫做单保理方式；涉及双方保理商的则叫做双保理方式。单保理是只有出口银行与出口商签订保理协议，并对出口商的应收账款作保理业务。双保理是进出口银行都与进出口商签订保理协议。

（一）单保理方式

单保理方式适用于出口商所在国有保理商的国家和地区背景下。当进出口双方经过协商谈判决定采用保付代理结算方式后，出口商即向进口商所在国的保理商提出申请，签订保付代理协议，并将需确定信用额度的进口商名单提交给保理商；进口保理商对进口商进行资信调查评估；将确定的进口商信用额度通知出口商，并承担进口商信用额度内100%的收取货款风险担保；出口商依据由进口保理商确定的进口商信用额度决定签约；在信用额度内签约发货后，将发票和货运单据直接寄交进口商；将发票副本送进口保理商，进口保理商负责催收账款；如果出口商在发货后、收款前有融资要求，进口保理商将在收到发票副本后以预付款方式提供不超过发票金额80%的无追索权短期贷款融资；进口商在付款到期时将全部货款付给进口保理商，进口保理商再将全部货款扣除相关费用及预付货款后转入出口商的银行账户。（这种保理业务应称为“直接保理”，直接保理由于只涉及进口或出口保理商，缺少另一方保理商的配合，因此保理商的风险大得多。）

（二）双保理方式

双保理方式适用于进出口商双方所在国都有保理商的国家和地区。出口商与本国的出口保理商签订保付代理合同；然后与进口商协商谈判买卖合同并约定采用保付代理结算方式；在签约前，出口商向出口保理商提出确定进口商信用额度申请；出口保理商再从进口国的保理商中挑出进口保理商，同时将需要核定信用额度的进口商名单提交给进口保理商；进口保理商对进口商进行信用调查评估，将确定的进口商信用额度通知出口保理商，出口保理商将进口商信用额度通知出口商，并承担进口商信用额度内100%的收取货款风险担保；出口商依据由保理商确定的进口商信用额度决定是否签约；在信用额度内签约发货后，将发票和货运单据直接寄交进口商；将发票副本送出口保理商，出口保理商负责催收账款管理；如果出口商在发货后、收到货款前有融资要求，出口保理商将在收到发票副本后以预付款方式提供不超过发票金额80%的无追索权短期贷款融资；出口保理商同时将应收账款清单提交给进口保理商，委托其协助催收货款；进口商在付款到期时将全部货款付给进口保理商，如果进口商在发票到期日90天后仍未付款，进口保理商做担保付款；进口保理商收款后，立即将全部款项转给出口保理商；出口保理商在扣除相关费用及预付货款后转入出口商的银行账户。只要进口商按原定合同及时付清了货款，这单保理业务就告完成。进口商的信用额度在保理合同规定的期限内可循环使用。

第二节 国际保理业务的基本流程

一、国际保理业务的运作

国际保理业务有两种运作方式，即单保理和双保理。前者仅涉及一方保理商，后者涉及进出口双方保理商。双保理方式主要涉及四方当事人，即出口商、进口商、出口保理商及进口保理商。目前在国际贸易中，保理商所提供的国际保理业务一般都是双保理的做法。现将国际上通行的双保理业务程序简介如下：

进出口商签订货物买卖合同，规定使用D/P、D/A或O/A等非信用证结算方式，所谓O/A（Open Account）就是以记账（赊账）方式来交易，亦即卖方跟买方签订合约，同意先出货给买方，买方再于一定的期限内，偿付货款。双方没有信用状或银行的制约，唯有合约为证，风险非常大，欧盟以及某些外汇短缺的国家喜欢采用这种方式贸易。

出口商与出口保理商签订保理协议，提交进口商的有关情况和交易资料，并书面提出要求对进口商进行审查，确定信用额度。

出口保理商将出口商提交的资料和信用额度申请整理后转交给与之有业务往来的进口保理商。

进口保理商对进口商的资信进行调查和评估，确定进口商的信用额度，告知出口保理商。

出口保理商将资信调查结果告诉出口商。

出口商按照合同规定备货并发运，将发票及各项货运单据送交进口商。

出口商同时将发票副本交出口保理商。

出口保理商先向出口商支付80%的发票金额货款，或者买断票据，按照票面金额扣除利息等各项费用后，无追索权地支付给出口商。

出口保理商随即将发票副本送交进口保理商，进口保理商将发票入账，并负责定期向进口商催收账款。

进口商在付款到期日后向进口保理商支付发票全部金额，并支付保理费。

进口保理商将发票金额拨交给出口保理商。

出口保理商在扣除预付货款、保理服务费用及其他费用后，将货款余额交出口商。

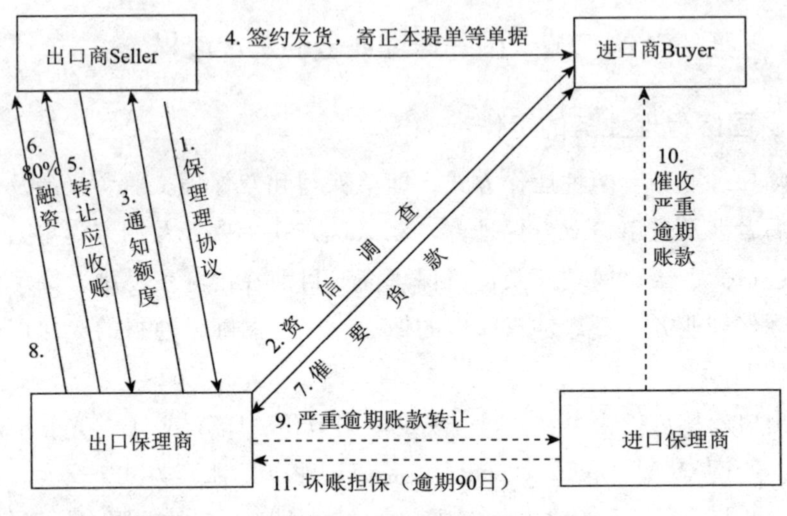

国际保理业务流程图

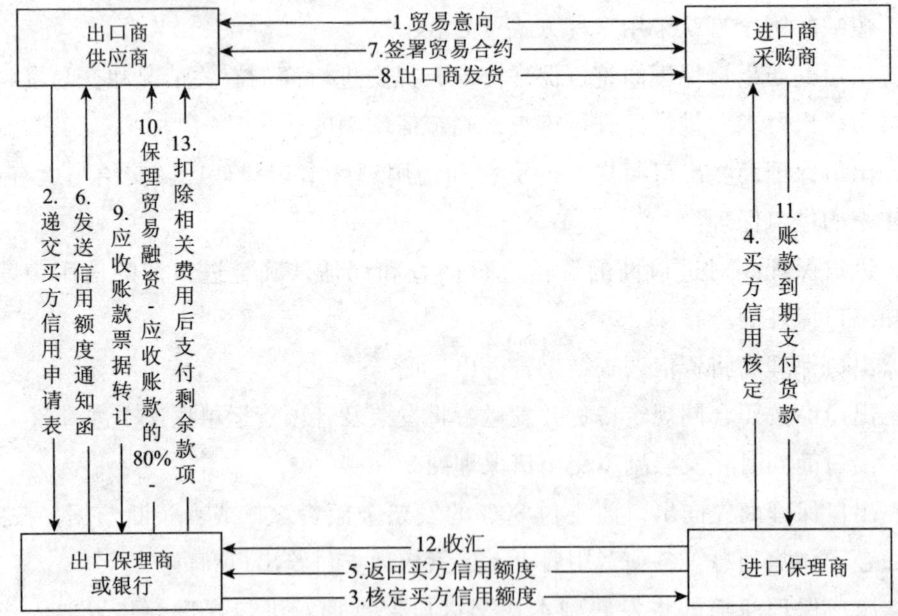

双保理方式流程图

二、国际保理业务的利弊分析

1. 国际保理业务为出口商和进口商带来的收益

（1）风险保障。对出口商来说，进口商的财务风险转由保理商承担，出口商可以得到100%的收汇保障；对进口商来说，单纯凭借公司的信誉和良好的财务表现而获得信贷，无须抵押。

（2）增加营业额。对出口商来说，为新的或现有的客户提供更有竞争力的O/A、D/A或D/P付款条件，以拓展海外市场，增加营业额；对进口商来说，利用O/A、D/A或D/P优惠付款条件，以有限的资本购进更多货物，加快资金流动，扩大营业额。

（3）简化手续。对出口商来说，免除了一般单项交易的繁琐手续；对进口商来说，在批准信用额度后，购买手续简化，进货快捷。

（4）节约成本。对出口商来说，资信调查、账务管理和追收账款都由保理商处理，减轻了业务负担，节约了管理成本；对进口商来说，省却了开信用证和处理繁杂文件的费用。

2. 国际保理业务的弊端

（1）国际保理商的风险较大。虽然在国际保理业务中，国际保理商事先已经对进口商的资信进行了调查和评估，并规定了信用额度，但是国际保理商所承担的风险远远大于在信用证业务中开证行的风险。所以，国际保理商批准的信用额度一般都不大。

（2）出口商承担的保理费用较高。国际保理的佣金手续费一般是货款的1%~3%，如有融资服务，则费用更高一些。这些费用一般由出口商承担，当然也可事先将其估算在出口成本之内转嫁给进口商，但因此提高的货物价格，对交易的达成或多或少有一定影响。

（3）对于商品质量、运输等方面的原因造成买卖双方的纠纷，引起拒付，保理商只能等待进出口双方自行解决或通过仲裁机构解决。

三、国际保理业务中的法律关系

国际保理是一种由保理商为出口商提供的集贸易融资、应收账款的管理和追收及买方信用风险担保于一体的综合性国际结算与融资方式。当前，在国际买方市场逐渐形成、贸易竞争日益激烈、国际贸易结算形式呈现出多元化发展的趋势下，国际保理业务由于其特有的优势，迎合了当前国际贸易的发展，从而在世界范围内得到了广泛的认可和应用。国际保理业务的开展带来的是与之相关的法律问题。国际保理业务包含着各方当事人之间错综复杂的权利义务关系，并围绕应收账款转让这一国际保理的核心内容和其他服务项目，产生出许多具体的法律问题。

不同的国际保理其参与的当事人是不同的。在国际双保理的情况下，会形成出口商与进口商、出口商与出口保理商、出口保理商与进口保理商、进口商与进口保理商之间的四层关系：

（1）在出口商与进口商之间是货物买卖合同关系。

（2）在出口商与出口保理商之间是根据出口保理协议建立的一种合同关系。出口保理协议是国际保理交易中的主合同。依该协议，出口商应将出口保理商协议范围内的所有合格应收账款转让给出口保理商，使出口保理商对这些应收账款获得真实有效而且完整的权利，以便从实质上保证应收账款是有效的和具有相应价值的并且不存在也不会产生任何障碍。

（3）出口保理商与进口保理商之间是相互保理合同关系。进出口保理商之间应签订的相互保理协议，双方的关系具有债权转让人与受让人间的法律关系，即出口保理商将从供应商手中购买的应收账款再转让给进口保理商即再保理而形成法律关系。

（4）在进口商与进口保理商之间是一种事实上的债权债务关系。从法律意义上说，进口商与进口保理商之间没有合同上的法律关系，但由于进口保理商最终收购了出口商对进口商的应收账款，只要出口商与进口商之间的买卖合同或其他类似契约未明确规定该合同或契约项下所产生的应收账款禁止转让，保理商就可以合法有效地获得应收账款，而无须事先得到进口商的同意，与进口商之间事实上形成债权债务关系。

国际保理业务在我国是一门比较新的结算融资业务。随着我国加入 WTO，银行业的竞争必将更加激烈。国有商业银行开展这项业务，一方面有利于自我完善，丰富业务品种，扩大服务对象，增加盈利，提高竞争力；另一方面也可加强与世界各大银行的业务联系，提高自身在国际上的地位和作用。

在银行界加大宣传力度的前提下，我国外贸企业如果能对这一新型结算方式加以充分认识，积极采纳和推广，使保理业务的作用充分发挥出来，就能进一步推动我国对外贸易的发展。中国银行业协会发布的《中国保理产业发展报告（2013）》显示，2013 年中国大陆保理业务量已达 5219 亿美元，同比增长 15%。其中国内保理 4078 亿美元，占比 78%；国际保理 1141 亿美元，占比 22%。目前我国已成为全球第二大经济体，随着对外贸易中赊销业务量的扩大，国际保理在支持企业“走出去”、服务实体经济特别是中小企业发展等方面将发挥越来越重要的作用。

第三节　我国保理业务发展的现状

目前我国有多家银行推出了国内保理业务，民生银行曾在 1 个月内拿到了 20 亿元的大单。加入 WTO 后，一方面，国内商业银行面临着跨国金融集团进入国门所带来的巨大挑战，中间业务将成为双方竞争的主要阵地。作为中间业务的重要组成部分，国际保理业务更是外资银行凭借其技术实力优势而志在必得的业务领域。在“入世”双边谈判所达成的协议中，保理业务被明确列入开放项目。和国外同行们相比，无论是在保理业务的专业技术人员方面还是在运作管理方面，中国都明显处于劣势。另一方面，随着商业银行传统资产负债业务的盈利空间的不断缩小和同业竞争的进一步加剧，银行迫切需要发展中间业务，寻求新的利润增长点，外向型经济的快速发展也给商业银行拓展国际保理业务带来了巨大的市场。作为一项盈利能力较强的中间业务，发展保理业务对商业银行来说无疑具有十分重要的现实意义。但保理业务在我国起步晚，规模小。

1987 年 10 月，中国银行与德国贴现和贷款公司签署了国际保理总协议，这标志着国际保理业务在我国正式登录。中国银行在 1992 年首开国际保理业务先河，于 1993 年加入国际保理商联合会 FCI。2000 年 3 月，中国银行首家推出了两项国内代理融通业务：发票贴现业务和综合保理业务。同年 4 月，中国工商银行购买了摩托罗拉（中国）电子有限公司 10 亿元人民币应收账款，这是国内最大一笔保理业务。在 2002 年 3 月南京爱立信“倒戈”之前，中国能做国内保理的银行只有中行和光大两家，“爱立信事件”之后，相继在全球整个保理业务量中，使用欧元结算占世界国际保理业务的 52%，美国占 21.1%，意大利占 17.2%，英国占 14.2%，法国为 10.5%，而中国的保理业务总额在世界上所占的比例还不到 1%。1996 年中国国际保理业务营业额只有

1200万欧元，1998年我国国际保理业务结算额仅为2000万美元，只占我国出口额的0.01%，1999年我国进出口额为3607亿美元，而国际保理业务量仅3100万美元，并且中国银行一家就占了2/3强，而同年全球保理业务量为5500亿美元，到2002年中国国际保理业务营业额仅为12亿欧元，这和我国作为一个贸易大国的地位是很不相称的。保理业务量与国内潜在的需求相比，可以说是微不足道的。

2002年，中国的进出口额突破了6200亿美元，2003年中国货物贸易达7000亿美元，而且这一数字还在不断增长。这一看似简单的数据的背后，隐藏着刚刚起步的中国出口信用担保市场的巨大潜力。仅以每年6000亿美元为例，若全部通过信用担保出口的话，即便只享有0.3%的代理佣金，这也将是一块18亿美元（约144亿人民币）的诱人大蛋糕。目前保理业务金额仅占进出口额的万分之一左右，而买方市场正凸现，非信用证结算方式将大行其道，这足以说明我国的保理业务发展前景看好。

我国的外汇管理实行的是“结售汇”制，较严的外汇管理，束缚了进出口商开展保理业务的积极性，人民银行的有关限制贷款的政策约束了商业银行大力开展保理业务的范围。2002年3月，就因为“应收账款的保理业务”，使南京爱立信倒戈去了花旗。“倒戈”事件给我国政府、银行界和监管层带来了很大的震动。“倒戈”事件发生两周后，人民银行前任行长戴相龙在海南博鳌亚洲论坛上首次对爱立信事件做出评论：“我想这个业务如果外资银行能做，我们中资银行以后也能做。这样它就会与外资银行具有同等的竞争能力。”“爱立信事件”之后，中国几十年来中央集权体系下铁板一块的银行监管思路悄悄出现了裂缝，透进了亮光。同时我国已经加入国际保理联合会，接受了国际保理惯例规则。

2008年国际金融危机对保理业发展产生了负面影响，2009年全球保理规模有所下降，但2010年以后很快恢复了增长。国际保理商联合会的统计数据表明，2009—2013年全球保理总量的年均增速高达15%，5年间绝对规模几乎增长了1倍。2013年，全球保理总量约为22300亿欧元，或30790亿美元，首次突破3万亿美元大关。这一骄人成绩甚至使得国际保理商联合会宣称“保理业要比其他金融服务部门更顺利地渡过金融危机以及随后的全球衰退”。

在全球保理市场过去几年的增长中，中国无疑是最大的贡献者。2009—

2013年中国保理总量的年均增长率达到了54%，2013年市场规模为3781亿欧元。2005年，中国保理规模只占全球份额的0.57%，2013年则达到了16.95%。事实上，从2008年起中国大陆已经取代台湾，成为全球最大的出口保理市场，从2011年起则超越英国成为全球最大的保理国。

2014年4月，银监会颁布了《商业银行保理业务管理暂行办法》，这是我国监管部门首次出台的单独针对保理这一贸易金融产品的管理办法。鉴于银行保理业务发展较快并出现了一些风险问题，该管理办法制定了许多有的放矢的措施。例如：明确应收账款质押式贷款不属保理业务范围；强调保理融资业务必须具有真实的交易背景；要求保理业务规模较大、复杂度较高的商业银行，必须设立专门的保理业务部门或团队，配备专业的从业人员，负责产品研发、业务操作、日常管理和风险控制等工作；要求商业银行应当直接开展保理业务，不得将应收账款的催收、管理等业务外包给第三方机构；等等。不难看出，新的监管办法以推动银行保理业务的规范化、专业化和差异化发展为导向，必将对银行保理业务的未来发展产生重要影响。

尽管我国凭借巨大的贸易量等因素在全球保理市场拔得头筹，但保理业务的真正开展时间并不长，从经营主体的多元化、产品结构的丰富化、经营水平的专业化、差异化等角度看，与发达市场仍有差距，不能盲目乐观。另一方面，我国保理业属于朝阳产业，在服务实体经济方面仍蕴含着很大潜力。

本章思考题

1. 保理指的是什么业务?
2. 保理的业务功能有哪些?
3. 你了解保理的业务流程吗?
4. 国际保理业务的种类有哪些?
5. 我国保理业务发展的现状如何?

第十二章

银行保函和备用信用证

本章要点

1. 银行保函的定义和作用。
2. 银行保函的内容。
3. 银行保函当事人间的法律关系。
4. 备用信用证的定义和性质。
5. 备用信用证与银行保函的区别。
6. 见索即付保函的定义和性质。

第一节　银行保函的定义和作用

国际贸易中，跟单信用证为买方向卖方提供了银行信用作为付款保证，但不适用于需要为卖方向买方作担保的场合，也不适用于国际经济合作中货物买卖以外的其他各种交易方式。然而在国际经济交易中，合同当事人为了维护自己的经济利益，往往需要对可能发生的风险采取相应的保障措施，银行保函和备用信用证就是以银行信用的形式所提供的保障措施。

一、保函的定义

银行保函（Letter of Guarantee，L/G），又称银行保证书，是指商业银行应申请人的请求，向受益人开立的一种书面信用担保凭证，保证在申请人未能按双方协议履行其责任或义务时，由担保人代其履行一定金额、一定时限范围内的某种支付或经济赔偿责任。现阶段最常用的银行保函有：投标保函、履约保函、支付保函、预付款保函，等等。

银行保函是由银行开立的承担付款责任的一种担保凭证，银行根据保函的规定承担绝对付款责任。银行保函大多属于“见索即付”（无条件保函），是不可撤销的文件。银行保函的当事人有委托人（要求银行开立保证书的一方）、受益人（收到保证书并凭此向银行索偿的一方）、担保人（保函的开立人）。其主要内容根据国际商会第 458 号出版物《UGD458》规定：

（1）有关当事人（名称与地址）；

（2）开立保函的依据；

（3）担保金额和金额递减条款；

（4）要求付款的条件。

银行在受理银行保函时只处理单据，而与其他的合同、货物等无关，这一点与信用证颇为相似。国际商会于 1992 年出版了《见索即付保函统一规则》，其中规定，索偿时，受益人只需提供书面请求和保函中所规定的单据即可，担保人付款的唯一依据只是单据，而不能是某一事实；同时担保人与保函所可能依据的合约无关，也不受其约束。上述的规定表明：担保人所承担的责任是第一性的、直接的付款责任，但前提是受益人能提供与保函规定一致的单据。

如果把保函与跟单信用证进行对比，我们能发现当事人的权利和义务基本相同，所不同的是跟单信用证要求受益人提交的单据是包括运输单据在内的商业单据，而保函要求的单据实际上是受益人出具的关于委托人违约的声明或证明，因为只有保函申请人违约时，银行才承担付款责任。这一区别，使两者适用范围有了很大的不同。保函可以适用于各种经济交易中，契约的一方向另一方提供担保。另外，如果委托人没有违约，保函的担保人就不必为承担赔偿责任而付款。而信用证的开证行则必须承担第一付款责任人的责任，先行付款，而不管开证申请人是否会付款。

（一）银行保函的内容

银行保函的内容根据交易的不同而有所不同，但通常包括以下内容：

基本栏目，包括中联银融资担保保函的编号，开立日期，各当事人的名称、地址，有关交易或项目的名称，有关合同或标书的编号和订约或签发日期等。具体内容如下：

责任条款，即开立保函的银行或其他金融机构在保函中承诺的责任条款，这是构成银行保函的主体。

保证金额，是开立保函的银行或其他金融机构所承担责任的最高金额，可以是一个具体的金额，也可以是合同有关金额的某个百分率。如果担保人可以按委托人履行合同的程度减免部分责任，则必须作出具体说明。

有效期，即最迟的索赔日期，或称到期日（expiry date）。它既可以是一个具体的日期，也可以是在某一行为或某一事件发生后的一个时期到期。例如，在交货后 3 个月或 6 个月、工程结束后 30 天等。

索赔方式，即索赔条件，是指受益人在何种情况下可向开立保函的银行提出索赔。对此，国际上有两种不同的处理方法：一种是无条件的或称“见索赔偿”保函（First demand guarantee）；另一种是有条件的保函（Accessary guarantee）。通常使用的索赔形式一般为见索即赔。有条件保函（Conditional L/C）是指保证人向受益人付款是有条件的，只有在符合保函规定的条件下，保证人才予以付款。所以有条件保函的担保人承担的是第二性的、附属性的付款责任。银行保函（Banker’s Letter Guarantee）是由银行开立的承担付款责任的一种担保凭证。

银行根据保函的规定承担绝对付款责任。故银行保函一般为见索即付保函。保函依据商务合同开出，但又不依附于商务合同，具有独立法律效力。当受益人在保函项下合理索赔时，担保行就必须承担付款责任，而不论委托人是否同意付款，也不管合同履行的实际事实，即保函是独立的承诺并且基本上是单证化的交易业务，否则银行将无法进行操作。

（二）保函当事人间的法律关系

银行保函业务中涉及的主要当事人有 3 个：委托人（Principal）、受益人（Beneficiary）和担保人（Guarantor），此外，往往还有反担保人、通知行及保兑行等。这些当事人之间形成了一环扣一环的合同关系，它们之间的法律关系如下：

（1）委托人与受益人之间基于彼此签订的合同而产生的债权债务关系或其他权利义务关系。此合同是它们之间权利和义务的依据，相对于保函协议书和保函而言是主合同，它是其他两个合同产生和存在的前提。如果此合同的内容不全面，会给银行的担保义务带来风险。因而银行在接受担保申请时，会要求委托人提供他与受益人之间签订的合同。

（2）委托人与银行之间的法律关系是基于双方签订的《保函委托书》而产生的委托担保关系。《保函委托书》中应当对担保债务的内容、数额、担保种类、保证金的交存、手续费的收取、银行开立保函的条件、时间、担保期间、双方违约责任、合同的变更、解除等内容予以详细约定，以明确委托人与银行的权利义务。《保函委托书》是银行向委托人收取手续费及履行保证责任后向其追偿的凭证。因此，银行在接到委托人的担保申请后，要对委托人的资信、债务及担保的内容和经营风险进行认真的评估审查，以期最大限度地降低自身风险。

（3）担保银行和受益人之间的法律关系是基于保函而产生的保证关系。保函是一种单务合同（单务合同 unilateral contract），也称为单边合同或片面义务契约，是指一方当事人只享有权利而不尽义务，另一方当事人只负义务而不享有权利的合同（如赠予合同、归还原物的借用合同和无偿保管合同等），与双务合同相对应，受益人可以以此享有要求银行偿付债务的权利。在大多数情况下，保函一经开立，银行就要直接承担保证责任。

二、保函的分类

1. 根据保函与基础交易合同的关系划分

（1）从属性保函（Letter of Accessory Guarantee）是指其效力依附于基础商务合同的保函。这种保函是其基础交易合同的附属性契约或附属性合同，担保行只能以基础合约的条款及交易的实际执行情况来确定保函项下付款责任成立与否。所以这类保函自身的法律效力是依附于基础合约关系的存在而存在的，合同与保函的关系是一种主从关系。传统的保函大都属于这种从属性的保函。

（2）独立性保函（Letter of Independence Guarantee）虽然根据基础交易的需要开立，但一旦开立后，其本身的效力并不依附于基础交易合约，其付款责任仅以保函自身的条款为准。目前，国际银行界的保函大多属于这种独立保函。独立性保函与基础合同之间是相互独立、各自独具法律效力的关系。

2. 根据保函索赔条件的不同划分

（1）无条件保函（Unconditional L/G）指担保行在受益人的简单书面索赔面前承担无条件的支付义务，不论基础交易合同的执行情况如何，也不论受益人本身是否履行了合同中规定的义务，只要担保行在保函的有效期内收到了受益人所提交的符合保函条款规定的书面索赔，就应该立即付款。这类保函主要就是“见索即付保函”。目前大多数国际银行保函都属于无条件保函。

（2）有条件保函（Conditional L/G）指担保人在保函的条文中对索赔的发生与受理设定若干的限制条件，或规定一些能客观反映某种事实发生、条件落实的单据证明。只有当保函所规定的这些条件得到满足后，或在将能反映这些客观事实的单据提交给担保行后，担保行才会履行其支付义务。

3. 根据保函的使用范围不同划分

（1）进口类保函是银行应进口方的请求向出口方开立的保证文件，适用于货物、技术进口、补偿贸易及来料加工等业务。进口类保函的分类如下：

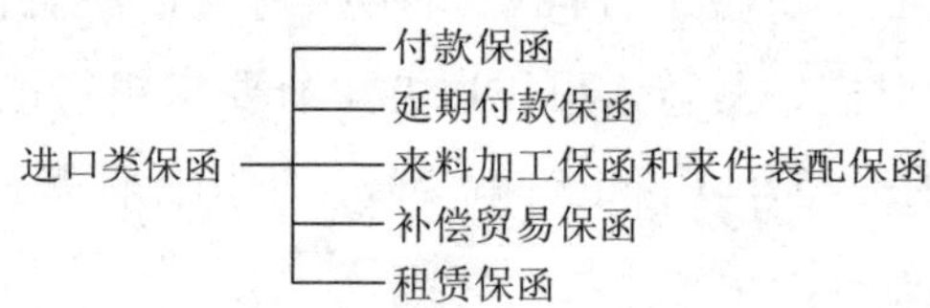

付款保函（Payment Guarantee）是指担保银行应买方的申请向卖方出具的，保证买方履行因购买商品、技术、专利或劳务合同项下的付款义务而出具的书面文件。

延期付款保函（Deferred Payment Guarantee）是对延期支付或远期支付的合同价款及利息所作出的担保。

来料加工保函和来件装配保函（Do Processing Guarantee）是指合同的一方向另一方提供加工装配所需要的原材料、辅料、零部件、元器件等，或同时提供加工所需的机器设备、生产线等，由后者按照合同所规定的规格、款式、质量等进行加工或装配，成品的全部或大部分交由前者或其指定人进行销售，后者或是留取部分加工产品作为酬劳，或是从中获取加工费，并用该加工费抵偿或偿还前者所提供的机器设备和生产线的价款。

补偿贸易保函是指在补偿贸易合同项下，银行应设备或技术的引进方申请，向设备或技术的提供方所作出的一种旨在保证引进方在引进后的一定时期内，以其所生产的成品或以成品外销所得款项，来抵偿所引进的设备和技术的价款及利息的保证承诺。

租赁保函是保证人应承租人的要求向出租人开立的保证承租人按照合同的规定支付租金，否则将由保证人进行赔付的书面保证文件。

（2）出口类保函是银行应出口方的申请向进口方开出的保函，是为满足出口货物和劳务的需要而开立的保函。这类保函适用于国际承包业务和商品出口业务。出口类保函的分类如下：

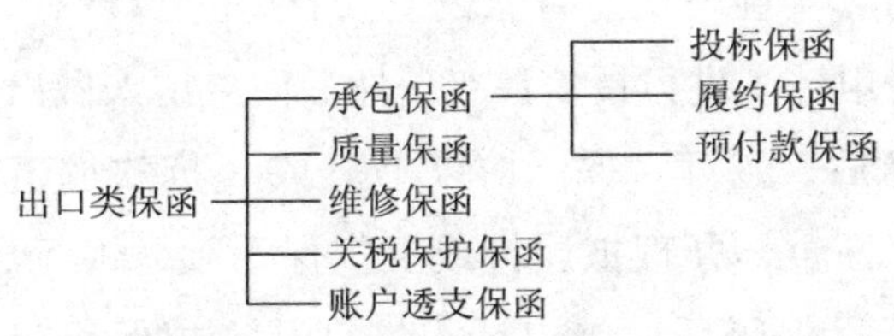

4. 根据保函项下支付前提划分

（1）付款类保函指银行为有关合同条款的既定支付义务提供担保所出具的保函，或者说是为保证随着交易的发生而必然产生的债务支付所开立的保函。从理论上来讲，付款类保函项下支付行为的发生与否，是以受益人能否按照保函中所确定的要求去履行自己的职责和义务为前提条件。只要受益人履行了自己应尽的合约义务，就获得了求索并享有合同价款的权利，他就可以在保函项下提出索赔并取得自己应得的合同款项。因此，付款类保函的支付前提是受益人是否履约。

（2）信用保函指银行对那些只有在合同的一方有违约行为而使其在合同项下承担了赔偿责任时，支付才可能发生的经济活动所开立的保函。在这种保函所涉及的经济活动中，只要不出现保函申请人作为合同一方的违约事件，这种支付就不会发生。所以，信用类保函支付的前提是申请人的违约。

三、银行保函的办理流程

银行保函办理流程：

（1）申请人向银行提交《保函及贷款承诺申请书》并按银行提出的条件和要求提供下列资料：

①营业执照副本、法人代码证副本、税务登记证副本和法定代表人证明文件等；

②对外担保主合同、协议或标书及有关交易背景资料；

③担保涉及的事项按规定须事先获得有关部门批准或核准的，须提供有关部门的批准或核准文件；

④经会计（审计）师事务所审计的上两年财务报表及当期财务报表；

⑤反担保措施证明文件；

⑥银行要求的其他资料。

（2）银行进行调查并审查银行收到的申请和有关资料后，对申请人的合法性、财务状况的真实性、交易背景的真实性等进行调查，了解借款人的履约、偿付能力，对申请人进行授信评级，然后向申请人做出正式答复。

（3）审批同意后，签订《保函协议书》或《贷款承诺协议书》，申请人存入相应比例的保证金，办理抵质押或反担保手续，银行出具保函或贷款承诺书。银行同意开立保函后，与申请人签订开立担保协议，约定担保种类、用途、金额、费率、担保有效期，付款条件，双方的权利、义务，违约责任和双方认为需要约定的其他事项。对于需提供反担保的，还应按银行要求办理反担保手续。

办理反担保手续时，项目方需要向银行提出申请，填写担保业务申请书，并按银行提出的条件和要求提供下列资料：

①项目方的营业执照副本、法人代码证副本、税务登记证副本和法定代表人证明文件等；

②对外担保主合同、协议或标书及有关交易背景资料；

③担保涉及的事项按规定须事先获得有关部门批准或核准的，须提供有关部门的批准或核准文件；

④项目方经会计或审计师事务所审计的上两年财务报表及当期财务报表；

⑤反担保措施证明文件；

⑥银行要求的其他资料。

银行会在收到申请和有关资料后，对申请人的合法性、财务状况的真实性、交易背景的真实性等进行调查，了解借款人的履约、偿付能力，并据此向申请人做出正式答复。因为银行若是没有进行审查，可能会承担申请人与受益人合伙欺诈的损失。如果银行同意开立保函，就会与申请人签订协议，约定担保种类、用途、金额、费率、担保有效期，付款条件，双方的权利、义务，违约责任和双方认为需要约定的其他事项。对于需提供反担保的，还应按银行要求办理反担保手续。最简单的保函开立流程如下：

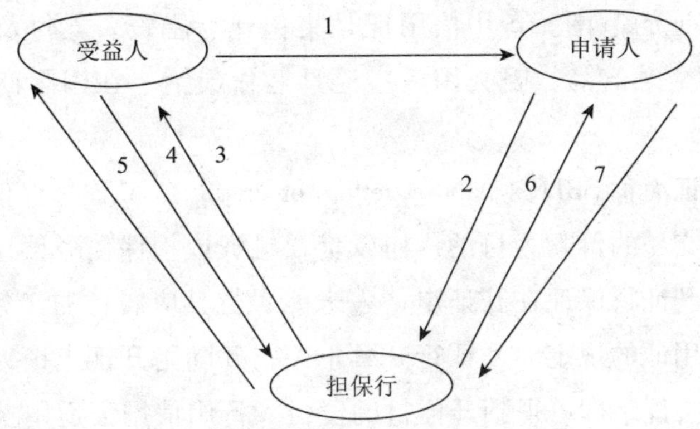

（1）申请人和受益人之间签订合同或协议；

（2）申请人向担保行提出开立保函的申请；

（3）担保行向受益人直接开出保函；

（4）受益人在发现申请人违约后，向担保行提出索赔；

（5）担保行向受益人进行赔付；

（6）担保行在赔付后向申请人索赔；

（7）申请人赔偿担保行损失。

中国银行保函业务收费表

1. 开立或对保函加保	每一季度 3.0 ‰，最低 500.00 元人民币
2. 保函通知	1 ‰，最低 500.00 元人民币，最高 1500.00 元人民币
3. 预通知	250.00 元人民币
4. 保函修改	375.00 元人民币

第二节 备用信用证

一、备用信用证的定义及来源

备用信用证最早流行于美国，因美国法律不允许银行开立保函，故银行采用备用信用证来代替保函，后来逐渐发展成为国际性合同提供履约担保的信用工具，其用途十分广泛，如国际承包工程的投标、国际租赁、预付货款、赊销业务以及国际融资等业务。国际商会 ICC 在《跟单信用证统一惯例》1993 年文本中，明确规定该惯例的条文适用于备用信用证，即将备用信用证列入了信用证的范围。备用信用证是集担保、融资、支付及相关服务为一体的多功能金融产品，因其用途广泛且运作灵活，在国际商务中得以普遍应用。

备用信用证简称 SBLC（standby letters of credit），又称担保信用证，是指不以清偿商品交易的价款为目的，而以贷款融资或担保债务偿还为目的所开立的信用证。开证行保证在开证申请人未能履行其应履行的义务时，受益人只要凭备用信用证的规定向开证行开具汇票，并随附开证申请人未履行义务的声明或证明文件，即可得到开证行的偿付。备用信用证适用《跟单信用证统一惯例》UCP600 的部分条款。

1995 年 12 月，联合国大会通过了由联合国国际贸易法委员会起草的《独立担保和备用信用证公约》。1999 年 1 月 1 日，国际商会的第 590 号出版物《国际备用信用证惯例》（简称《ISP98》）作为专门适用于备用信用证的权威国际惯例，正式生效实施。根据《ISP98》所界定的“备用信用证在开立后即是一项不可撤销的、独立的、要求单据的、具有约束力的承诺”，作为专门规范备用信用证的 ISP98，除了让其独立存在之外，修订时要考虑的反而是 UCP600 是否仍有必要涉及备用信用证。最终多数意见是备用信用证仍然可以继续适用 UCP600。

二、备用信用证的性质

备用信用证既具有信用证的一般特点，又具有担保的性质。备用信用证又称担保信用证、履约信用证、商业票据信用证，它是开证行根据申请人的请求，对受益人开立的承诺承担某项义务的凭证，即开证行保证在开证申请人未履行其应履行的义务时，受益人只要按照备用信用证的规定向开证银行开具汇票（或不开汇票），并提交开证申请人未履行义务的声明或证明文件，即可取得开证行的偿付。备用信用证属于银行信用，开证行保证在开证申请人不履行其义务时，由开证行付款；如果开证申请人履行了约定的义务，该信用证则不必使用。因此，备用信用证对于受益人来说，是备用于开证申请人发生违约时取得补偿的一种方式，具有担保的性质。同时，备用信用证又具有信用证的法律特征，独立于作为它开立基础的它所担保的交易合同，开证行处理的是与信用证有关的文件，而与交易合同无关。所以，备用信用证有如下四点性质：

（1）不可撤销性。除非在备用证中另有规定，或经对方当事人同意，开证人不得随意修改或撤销其在该备用信用证项下的义务，这点与信用证一致。

（2）独立性。备用信用证属于银行信用，银行仅处理受益人提交的单据，所以备用信用证下开证人义务的履行并不取决于：

①开证人从申请人那里获得偿付的权利和能力；

②受益人从申请人那里获得付款的权利；

③备用信用证中对任何偿付协议或基础交易的援引；

④开证人对任何偿付协议或基础交易的履约或违约的了解与否。

（3）跟单性。开证人的义务取决于单据的提示以及对所要求单据的表面审查。

（4）强制性。备用证在开立后即具有约束力，无论申请人是否授权开立、开证人是否收取了费用，或受益人是否收到或因信赖备用证或其修改而采取了行动，它对开证行都是有强制性的。

（一）备用信用证与一般商业信用证的区别

（1）一般商业信用证仅在受益人提交有关单据证明其已履行基础交易义务时，开证行才支付信用证项下的款项；备用信用证则是在受益人提供单据证明债务人未履行基础交易的义务时，开证行才支付信用证项下的款项。

（2）一般商业信用证开证行愿意按信用证的规定向受益人开出的汇票及单据付款，因为这表明买卖双方的基础交易关系正常进行；备用信用证的开证行则不希望按信用证的规定向受益人开出的汇票及单据付款，因为这表明买卖双方的交易出现了问题。

（3）一般商业信用证，总是货物的进口方为开证申请人，以出口方为受益人；而备用信用证的开证申请人与受益人既可以是进口方也可以是出口方。

（二）备用信用证与银行保函之间的区别

（1）备用信用证是独立于交易合同的自足性契约；银行保函可以有从属性保函。

（2）备用信用证的开证行负有第一性的付款责任；银行保函的担保行，可能承担第一性的付款责任，也可能承担第二性的付款责任。

（3）备用信用证常常要求受益人在索偿或索赔时出具即期汇票；银行保函不要求受益人索偿或索赔时出具汇票。

三、备用信用证的种类

备用信用证的种类很多，根据在基础交易中备用信用证的不同作用主要可分为以下 8 类：

（1）履约保证备用信用证（Performance Standby），支持一项除支付金钱以外的义务的履行，包括对由于申请人在基础交易中违约所导致损失的赔偿。

（2）预付款保证备用信用证（Advance Payment Standby），用于担保申请人对受益人的预付款所应承担的义务和责任。这种备用信用证通常用于国际工程承包项目中业主向承包人支付的合同总价 10%~25%的工程预付款，以及进出口贸易中进口商向出口商支付的预付款。

（3）反担保备用信用证（Counter Standby），又称对开备用信用证，它支持反担保备用信用证受益人所开立的另外的备用信用证或其他承诺。

（4）融资保证备用信用证（Financial Standby），支持付款义务，包括对借款的偿还义务的任何证明性文件。目前外商投资企业用以抵押人民币贷款的备用信用证就属于融资保证备用信用证。

（5）投标备用信用证（Tender Bond Standby），它用于担保申请人中标后执行合同的义务和责任，若投标人未能履行合同，开证人必须按备用信用证的规定向受益人履行赔款义务。投标备用信用证的金额一般为投标报价的 1%~5%（具体比例视招标文件规定而定）。

（6）直接付款备用信用证（Direct Payment Standby），用于担保到期付款，尤其指到期没有任何违约时支付本金和利息。它已经突破了备用信用证备而不用的传统担保性质，主要用于担保企业发行债券或订立债务契约时的到期支付本息义务。

（7）保险备用信用证（Insurance Standby），支持申请人的保险或再保险义务。

（8）商业备用信用证（Commercial Standby），它是指如不能以其他方式付款，为申请人对货物或服务的付款义务进行保证。

根据备用信用证是否可以撤销，可以分为可撤销的备用信用证和不可撤销的备用信用证。可撤销的备用信用证是指附有申请人财务状况，出现某种变化时可撤销或修改条款的信用证。这种信用证旨在保护开证行的利益，开证行是根据申请人的请求和指示开证的。如果没有申请人的指示，开证行是不会随意撤销信用证的。不可撤销的备用信用证是指开证行不可以单方面撤销或修改的信用证。对受益人来说，开证行不可撤销的付款承诺使其有了更可靠的收款保证。

第三节 见索即付保函

见索即付保函（Demand Guarantees）是担保人凭在保函有效期内提交的符合保函条件的要求书（通常是书面形式）及保函规定的任何其他单据支付某一规定的或某一最大限额的付款承诺，是指对由银行出具的，以书面形式表示在受益人交来符合保函条款的索赔书或保函中规定的其他条件时，承担无条件的付款责任。绝大多数见索即付保函规定凭首次书面要求书付款，而不需提交任何其他单据。

见索即付保函是二战后为适应当代国际贸易发展的需要，在银行和商业实践的发展中逐步确立起来的，并成为国际担保的主流和趋势。原因有两个：第一是从属性保函发生索赔时，担保银行需调查基础合同履行的真实情况，这是银行业务人员的专业技术能力所不能及的，而且会因此被卷入合同纠纷甚至诉讼中。银行为自身利益和信誉考虑，决不愿意卷入复杂的合同纠纷中，因而趋向于使用见索即付保函。第二是见索即付保函可使受益人的权益更有保障，而且也更易于实现，因为见索即付保函可以避免保函委托人提出各种原因，比如不可抗力、合同不能履行等来对抗索赔请求，可确保受益人权益不会因合同纠纷而受到损害。

一、见索即付保函的性质和特点

见索即付保函与中国国内经常使用的保证合同有重要区别，它有备用信用证的某些特征：

（1）见索即付保函具有独立性。虽然担保人是依照基础合同的一方当事人申请，向基础合同的另一方当事人作出见索即付的承诺，但一旦见索即付保函生效，担保人与受益人之间的权利义务关系就完全以保函中所记载的内容为准，而不再受基础合同的影响。只要受益人按照保函的要求提交了索赔文件，担保人必须付款。担保人不得主张先诉抗辩权，也不能以基础合同的债务人的抗辩理由来对抗受益人。即使基础合同的债务人已经履行了合同义务或者基础合同已经因其他原因中止，担保人的责任也不能随之解除。只有在保函本身的有效期过后，担保人才能解除担保责任。相反，通常使用的保证合同具有从属性，主合同无效，作为从合同的保证合同亦无效。

（2）见索即付保函具有无条件性。受益人只要提交了与保函中的约定相符合的索赔文件，担保人应立即付款。担保人并不审查基础合同的履行情况，担保人的付款义务的成立也不以委托人在基础合同履行中违约为前提。但通常使用的保证合同保证人，其承担保证责任是以基础合同中主债务人违约为前提，保证人可以行使主债务人的抗辩权，即使主债务人本人放弃抗辩权，保证人也可以行使抗辩权而不受影响。

二、见索即付保函中银行的责任

（1）银行仅负有对保函规定的单证在表面上进行谨慎审查的义务。根据国际商会1992年公布的《见索即付保函统一规则》和联合国1995年签订的《联合国独立性保函与备用信用证公约》规定，保证人虽不对受益人所提交的单证的正确性承担责任，但保证人首先应尽合理的谨慎，对单证在表面上是否适当进行审查，如审查单证是否齐全，只要所提交的单证经合理谨慎的审查符合保函规定的表面要求，保证人就应付款，即便单证的内容是虚假的、形式是伪造的，保证人也不承担过错责任，即被保证人不得以此作为向保证人补偿抗辩的理由。

（2）银行对受益人的赔偿请求负有通知义务。在受益人正式提出索赔时，保证人应立即通知委托人，并将受益人所提交的单证悉数传递给委托人，以便委托人根据基础合同的具体履行情况对受益人的索偿提出抗辩。如果保证人怠于通知并因此给委托人造成损失，保证人应自行承担这部分损失，无权向委托人要求补偿。此外，除非保证人能十分确定地证明受益人的索偿具有欺诈性，即受益人明知委托人没有违约而恶意提出索偿，否则保证人对受益人索偿的任何拖延都构成对见索即付银行保函的违约。

三、见索即付保函中银行的追偿权问题

见索即付保函主要适用于国际融资、国际商务的担保等业务。在见索即付保函下，付款责任顺序通常在保函中事先规定，一般开立见索即付保函的银行承担第一付款人责任，并享有对抵押物的代位追偿权。

在见索即付保函里如果根据委托书和反担保形成追偿权，那么，首先，

委托人向担保行出具的委托书中应明确记载二项重要内容：一是委托担保行出具见索即付银行保函；二是承诺一旦担保人依据保函承担付款责任，委托人应无条件立即予以补偿。其次，担保行还可以要求委托人以其财产或由第三人提供反担保。根据委托书和反担保函，担保人在承担担保责任后即可对委托人行使追偿权。若以财产为反担保物，则可以从该担保物的变卖价款中优先受偿。若由第三人提供保证，则可向反担保人追偿。

代位追偿权就是保证人根据保函的规定履行保证义务后而取得的受益人依基础合同对委托人所拥有的一切权力。代位求偿权除基础合同权利外，还包括受益人所拥有的各种担保物权或对同意为被担保人的债务承担责任的其他人的追偿权，如在委托人的财产上设立的担保物权和由第三人以保证或其他担保方式提供的各种担保权益。

四、银行开立见索即付保函的注意事项

国际担保业务中银行使用的绝大多数为见索即付保函，见索即付保函一经开立，银行将成为第一付款人，承担很大的风险。因此，为降低风险，银行在开立见索即付保函时应注意以下问题：

（1）保函应将赔付条件具体化，应有具体担保金额、受益人、委托人、保函有效期限等。

（2）银行应要求委托人提供相应的反担保或提供一定数量的保证金，银行在保证金的额度内出具保函。

（3）银行向境外受益人出具保函，属对外担保，还必须注意诸如报经外汇管理局批准等对外担保的法律规定。

（4）银行开立保函，还应该对基础合同的真实性进行认真审核，以防诈骗。

随着国际贸易的深入发展和目前经济持续发展，可以预见的是保函会更多地被运用于国际贸易的各领域。研究保函并增强业务风险防范意识应是国际结算实务工作人员的重要工作。只有充分认识保函，并合理进行运用，才能在国际贸易中正确运用保函保障自身利益。

本章习题

1. 银行保函的定义和作用有哪些?
2. 银行保函的内容有哪些?
3. 银行保函当事人间的法律关系是怎样的?
4. 备用信用证的定义和性质是什么?
5. 备用信用证与银行保函的区别有哪些?
6. 见索即付保函的定义和性质是什么?

第十三章

信用证融资

本章要点

1. 掌握信用证融资。
2. 掌握进口信用证押汇融资。
3. 掌握出口信用证押汇融资。

第一节　信用证融资概述

在国际结算业务中，信用证不只是一种结算工具，同时也可作为企业的融资工具，从信用证开证到付款的全部过程中，都为买卖双方提供了多种融资途径。企业如果对其有充分的了解，则在进出口时可减少对资金的占用，解决短期的资金融通问题，防止不必要的经济损失。在国际结算中，信用证之所以被广泛接纳和采用，除了它的保障性强之外，与其能提供灵活的融资便利也是分不开的。

信用证融资是国际贸易中使用最为广泛的融资产品，信用证的优点及生命力是能为买卖双方提供融资服务。信用证融资是银行一项影响较大、利润丰厚、周转期短的融资业务，所以银行通常都把贸易融资放在重要地位。但银行的信用证融资会导致妨碍银行自身生存与健康发展的风险，这些风险甚至能扰乱正常的金融秩序，所以必须对风险进行控制。

一、信用证融资方式

信用证融资的主要方式包括银行向进口商提供的贸易融资和向出口商提供的贸易融资两种：

(一) 银行向进口商提供的贸易融资方式

(1) 提供信用证融资额度。为了对进口商提供融通资金的便利，银行通常对一些资信较好、有一定清偿能力、业务往来频繁的老客户核定一个相应的授信额度或开证额度，供客户循环使用。进口商开证时只需提供一定比例的保证金，无须缴纳全部货款，差额部分可占用授信额度或开证额度，这就减少了进口商的资金占用，从而提高了其经营效率。

进口商即信用证的申请人，在申请开证时，可向开证行申请以授信额度抵扣部分保证金。比如，某企业在一家银行拥有 50 万美元的开证授信额度，它向这家银行申请开立 50 万美元的信用证时，可以只向开证行缴纳 15 万美元的开证保证金，再提取 35 万美元的开证授信额度作为保证。这样，开证申请人可减少 35 万美元的资金占用。

（2）担保提货。在进出口双方相距较近、正本货运单据未收到而货物已到达进口商所在地时，信用证开证申请人可向银行申请开立提货担保保函，交给承运单位先予提货，待取得正本单据后，再以正本单据换回原提货担保保函。提货担保可使进口商及时提货，避免压仓，防止不必要的经济损失，比如滞港费等。

具体操作时，开证行可向船运公司出具提货担保书先行提货，并保证赔偿船运公司由此造成的任何损失。待正本提单到达后，再以正本提单换回原提货担保书注销。这样，既减少了进口商的费用，又可以尽快提货以免因货物品质发生变化遭受损失。但当正本单据到达后，不论单据是否有不符点，银行都不能对其拒付。

（3）进口押汇。在即期信用证项下，开证行收到进口单据后，经审查单证相符，或虽有不符点但进口商及开证行都同意接收，按进口商的需求，开证行偿付议付行或交单行，银行所垫款项由申请人日后偿还。在进口押汇业务中，释放单据的方式大致有三种：一是凭信托收据放单，二是凭进口押汇协议放单，三是由申请人付清银行垫款后放单。

客户申请办理进口押汇，须向银行出具押汇申请书和信托收据，将货物的所有权转让给银行，银行凭此将货权凭证交予客户，并代客户付款。可见，办理了进口押汇后，信用证项下的货物所有权即归银行所有，进口商作为银行的受托人代银行保管有关货物，同时保证在规定期限内用销售收入归还全部银行垫款。进口押汇是短期融资，期限一般不超过 90 天。

（4）承兑信用额度。在远期信用证项下，开证行收到进口单据后，经审查单证相符，或虽有不符点但进口商及开证行都同意接收，由开证行以其自身信用对外承诺在将来某个固定日期或可以确定的日期向受益人付款。

（二）银行向出口商提供的贸易融资方式

（1）打包放款。打包放款是出口商在提供货运单据之前，以供货合同和国外银行开来的以自己为受益人的信用证向当地银行抵押，从而取得用于该信用证项下出口商品的进货、备料、生产和装运所需周转资金的一种融资方式。下图为某中国银行的打包放款业务流程图：

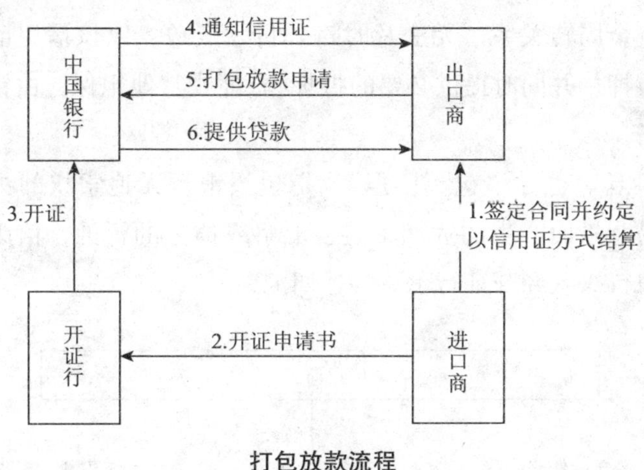

打包放款流程

（2）票据贴现。票据贴现是在远期信用证项下，出口商发货并取得开证行或其他汇票付款人已承兑汇票后，到当地银行将期票以折扣价格兑现的一种融资方式。在这种利用票据贴现的贸易融资方式下，银行对已贴现票据有追索权。

一般而言，票据贴现可以分为三种，分别是贴现、转贴现和再贴现。

——贴现是指客户（持票人）将没有到期的票据出卖给贴现银行，以便提前取得现款。一般工商企业向银行办理的票据贴现就属于这一种。

——转贴现是指银行以贴现购得的没有到期的票据向其他商业银行所作的票据转让，转贴现一般是商业银行间相互拆借资金的一种方式。

——再贴现是指贴现银行持未到期的已贴现汇票向人民银行（中央银行）的贴现，通过转让汇票取得人民银行再贷款的行为。再贴现是中央银行的一种信用业务，是中央银行为执行货币政策而运用的一种货币政策工具。

（3）出口押汇。出口押汇是出口商将全套出口议付单据交其往来银行或信用证指定银行，由银行扣除从议付日到预计收汇日的利息及有关手续费。将净额预先付给出口商，对出口商有追索权的购买物权单据的一种融资方式。

出口商根据业务需要向银行提出押汇申请，银行审批同意后，与出口商签订《出口押汇总质押书》；每次出货后，出口商填写《出口押汇申请书》，向银行提出融资申请，并将信用证或贸易合同要求的所有单据提交银行；银行审核相关单据并向出口商发放押汇款；银行对外寄单索汇；收汇后归还出口押汇。

进口押汇的定义是指信用证项下，单证送达开证行并经审核无误后，开证申请人因资金周转关系，无法及时对外付款赎单，以该信用证项下代表货权的单据为质押，并同时提供必要的抵押/质押或其他担保，由银行先行代为对外付款。

（4）福费廷。也称“包买票据”，指包买银行无追索权的买入或代理买入因真实贸易背景而产生的远期本票、汇票或债务的行为，信用证项下的福费廷业务为银行买入经开证行承兑的远期汇票。

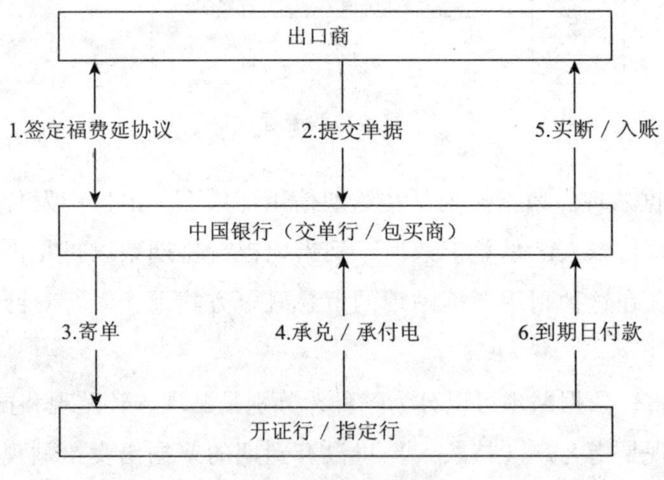

福费廷业务流程图

图片来源：百度网。

（5）利用出口信用保险融资。出口信用保险是政府为鼓励企业扩大出口、保障企业出口收汇安全而开设的政策性保险，作为其承保险种之一的信用证保险，承保出口企业以信用证支付方式出口的收汇风险。保障出口企业作为信用证受益人，按照要求提交了单证相符、单单相符的单据后，由于政治风险或商业风险的发生，不能如期收到应收账款的损失，而银行则对投保了此险种的出口企业提供相应的融资服务。

二、信用证融资的风险

信用证融资风险指进出口商不能按时、足额偿还银行通过信用证为其提供的融资贷款，银行须承担相应损失，但银行通过信用证融资可获得较高的收入。进口信用证项下，银行可获得开证手续费收入、提货担保手续费收入、进口押汇利息收入、售汇差价收入、低成本资金等。出口信用证项下，银行可获得各种贸易融资的利息收入、手续费收入、结汇差价收入等。在高收入的利益驱动下，如果银行忽视对信用证项下贸易真实性的审查和风险防范，就会给企业利用信用证非法违规融资提供可能。

信用证业务是凭单付款的业务，开证行承担第一性付款责任，它既对出口商提供担保，又以满足信用证各项要求为条件，从而保证进口商的利益，但正是信用证运作的独立性，使一些不法商人有机可乘，利用信用证只处理单据而不涉及货物的特点，进行作假或以假单据骗取货款，或以假信用证骗取货物或骗取银行融资便利，达到欺诈的目的。即使在正常交易中，也有一些商人因市场变化、价格因素等，在单据中挑毛病，从而达到降价、减价、迟付、少付的目的，给出口商正常收汇造成风险和损失。

银行既需要得到信用证业务带来的大额收益，同时也因为信用证业务面临很大的风险，具体来讲这些风险主要包括：

（1）政治风险。当今的国际政治、经济局势动荡不安。比如 2007 年的世界经济危机、2014 年的乌克兰危机等。而政权更替、外汇管制等措施在 2007 年的经济危机后，在部分国家也时有发生。此外，大有愈演愈烈之势的贸易壁垒也给企业造成了巨大的损失，这些都可导致银行的应收账款难以安全收回。根据世界经济论坛 2015 年 1 月发布的《2015 年全球风险报告》，地缘政治的危险性正超过经济和社会问题，国际冲突成为未来 10 年威胁全球稳定的最大风险。

（2）客户风险。进出口双方恶意诈骗，内外勾结，共同欺骗银行。如以假进口套开远期信用证进行融资，或以空证打包放款，或伪造单证。在进口项下，单证相符的单据到达后，进口商破产，无力付款，或在进口押汇情况下，银行先垫付放单，后向进口商收款，这样风险都比较大。在出口项下，出口商获取打包放款的款项后，将此笔款项挪作他用，致使信用证成为一纸空文，使打包款项无法及时偿还。为了降低客户风险造成的损失，银行通常会对客户的资信状况进行考核。

（3）市场风险。从进出口双方签订合同到开出信用证再到付款，有一段时差。如果交易的货物价格波动比较频繁或进口方破产、进口商利用法院支付令故意拖欠货款等，都会影响信用证的按时执行。因此对银行而言，客户的资信考核和选择就显得非常重要。不过由于开证申请人在开证时会提前缴纳开证保证金，这对开证行而言，也构成一定的保障。

（4）汇率风险。信用证都是以外币计价开立的，这就牵扯到了汇率风险，即由于汇价变动而使某一方遭受损失。如在进口项下，开证日与付汇日之间有一定的时差，尤其是在远期信用证下，如果在付汇日外币汇率上升了，这时若申请人无充足的资金购汇，开证行就必须垫支一部分款项。在2007年经济危机发生后，汇率变动的风险明显加大了许多，这对银行而言，风险程度显著提升。

（5）单证不符风险。在银行向进口商提供融资时，如果开证行签发了提货担保书，便失去了对外拒付的权利，即使单据有不符点，也必须付款，而且一旦真正的货主持全套正本提单提不到货而要船公司赔偿时，开证行必须承担全部赔偿责任。在银行向出口商提供融资时，出口商提交的单据与信用证条款不符是常有的事，一般情况下不会造成大的收汇风险，但当市场价格变化对买方不利时，买方往往借故压价，而作为承担第一性付款责任的开证行在发生单证不符时，其付款责任即可解除，从而使打包放款、出口押汇的款项无法得到及时清偿。

三、银行如何防范信用证融资风险

国际政治经济外部环境错综复杂，不确定因素较多。信用证自开出至付款时间有一段时差，如市场、汇率、政策、企业状况等都有可能发生不利于开证行的变化，尤其是远期信用证，很多情况下，超过合理付款期限，在一定程度上掩盖了企业资金供需矛盾，引起开证规模失控，造成资金“体外循环”或挪作他用，控制资金回流难度加大。

金融同业竞争激烈，促使银行降低融资条件。在金融同业竞争激烈的情况下，融资银行为了鼓励发展国际结算业务，在审批上，对信用证融资手续的审批比人民币贷款手续简单快捷，而且，有时会迁就客户的无理要求，降低融资条件。如降低保证金收取比例、信用担保开证等，这些都助长了企业的投机行为。

银行为了保障自身的利益，就需要做好防范信用证融资风险的准备工作，才能避免不必要的损失。具体的防范工作包括：

（1）融资前的准备，做好融资前的风险评估。一是做好客户风险评估，主要考虑融资企业的资信、经营状况、还款能力、融资企业在本行的业务纪录。在银行开立的往来账户的平均余额，可抵押并过户给银行的不动产的价值等。二是要做好交易风险评估。主要考虑信用证贸易背景的真实性、进出口产品的市场前景、潜在的贸易纠纷等，提高业务操作的准确度，降低融资风险。三是信用证条款风险评估，主要考虑信用证的付款期限、开证形式、对物权单据的控制及对其他单据的要求等。

（2）不断完善对融资企业的风险控制。一是建立健全信用证融资审批的监督制约机制，实行充分的审办分离制度，由银行贷款审查委员会在对融资企业资信评估、综合分析其财务状况和经营状况的基础上，对其核定本外币贷款、开立信用证、押汇、打包贷款和担保等一揽子的授信额度；二是采用一些风险调节杠杆来抑制客户开立远期信用证的倾向，如提高保证金的交存比例和增加手续费等，对外承兑前要视企业当时的经营状况追加收取保证金；三是严格保证金制度和担保抵押制度，在开证前要按照人民银行的要求交纳不低于20%的保证金，保证金要实行专户管理，信用证差额部分一定要落实足值、有效、易于变现的担保措施，在办理抵押、质押或担保时，必须做到手续齐全、合法合规，严禁手续不完善或担保的形式主义，针对企业不同的信用等级确定不同的收取保证金制度，对新成立的公司提高保证金收取比例；四是为规避汇率风险，对在外汇市场上波动较大的欧元、日元等币种，为客户提供相应的远期结售汇、远期外汇合约、外汇期权等金融工具。

（3）融资后，继续加强融资后的风险管理。准确记录授信额度或开证额度的支用、余额、还款情况或重新恢复额度等，以保证授信额度或开证额度管理的准确性。打包放款或开证后，银行信贷部门和国际结算部门要密切配合，随时关注出口货物的组织、运输、报关等情况，对进口货物的质量、销售、货款回笼等进行跟踪监控，即从业务开办前到业务发生直至结束，全程跟踪监督企业经营活动，及时沟通信息，一旦发现企业异常情况，即共同采取有效措施，规避或降低银行风险。

（4）银行之间加强协作，建设内控制度，建立严密的风险防范体系。一是结合各业务品种风险程度的不同，制定相应的内控制度和操作规程并将其落实到具体的工作岗位，明确每个岗位的职责、权限以及应遵循的原则和应达到的目标；二是各商业银行总行或省分行对分支行采取单笔金额和期限相结合的办法进行授权，根据各级银行的资产质量、经营管理水平、风险控制能力等因素规定其融资审批权限，超权限必须逐级报上级行审批，将其纳入资产负债比例管理的范围；三是确定稽核部门的相对独立性和权威性，积极参与信用证融资业务的事前、事中、事后稽核的全过程，凡是发现违规经营或逆程序操作行为，应按照银行有关处罚条例进行追究，不得姑息迁就。

（5）加强培训相关工作人员，提高风险防范的能力。一是定期对外汇信贷、国际结算等从业人员进行外汇管理政策和外汇业务管理的培训，提高业务经办人员和管理层的业务素质、思想素质和政策水平；二是从业人员要加强对进出口企业和银行资信及有关国家、地区外贸体制、外汇管理等情况的调查研究，增强风险防范意识和判断能力，提高审核、处理单据的水平；三是加强对从业人员责任心、职业道德等方面的教育，建立一支业务素质和思想素质都过硬的队伍。

第二节　进口信用证押汇融资及其操作

进口押汇是进出口双方签订买卖合同之后，进口方请求进口地某个银行（一般为自己的往来银行）向出口方开立保证付款文件，大多数为信用证。然后，开证行将此文件寄送给出口商，出口商见证后，将货物发送给进口商。进口押汇时，因为进口商通过开立信用保证文件，可以延长付款期限，不必在出口商发货之前支付货款，即使在出口商发货后，也要等到单据到达自己手中才履行付款义务。这样，进口商减少了资金占用的时间。同时，出口商愿意接受这种延长付款期限，是以开证行保证到期付款为条件的。进口押汇由于可以减少企业资金占用，同时也可以帮企业防范汇率风险，而深受企业欢迎。目前，国内多家银行也针对国内进口企业开展了进口押汇融资服务，有效解决了企业资金困境。根据进口押汇的结算方式，分为进口信用证押汇和进口 TT 押汇。

一、进口信用证押汇

进口信用证押汇（Inward Bills）是指银行收到国外来单后，应开证申请人要求向其提供的短期资金融通，用以支付该单据项下款项。银行开立了信用证就要承担第一性的付款责任，所以银行在开证时应要求开证申请人提供保证金、抵押品或担保函，但对资信良好的长期往来客户，可以提供优惠服务和简化手续，按一定的抵押品核定一个开证额度。议付行将单据交到开证行，开证行经过严格审单后无不符点，或虽有不符点但客户及开证行双方都同意接受，开证行应在合理工作时间内对外付款，通知申请人赎单。这时申请人还未见到货，有可能凭单付款有资金困难，开证行根据协议可以不立即向申请人收款，而是扣其授信额度，办理进口押汇，待申请人出售货物收回资金后再付款。下图为进口信用证押汇的两种流程图：

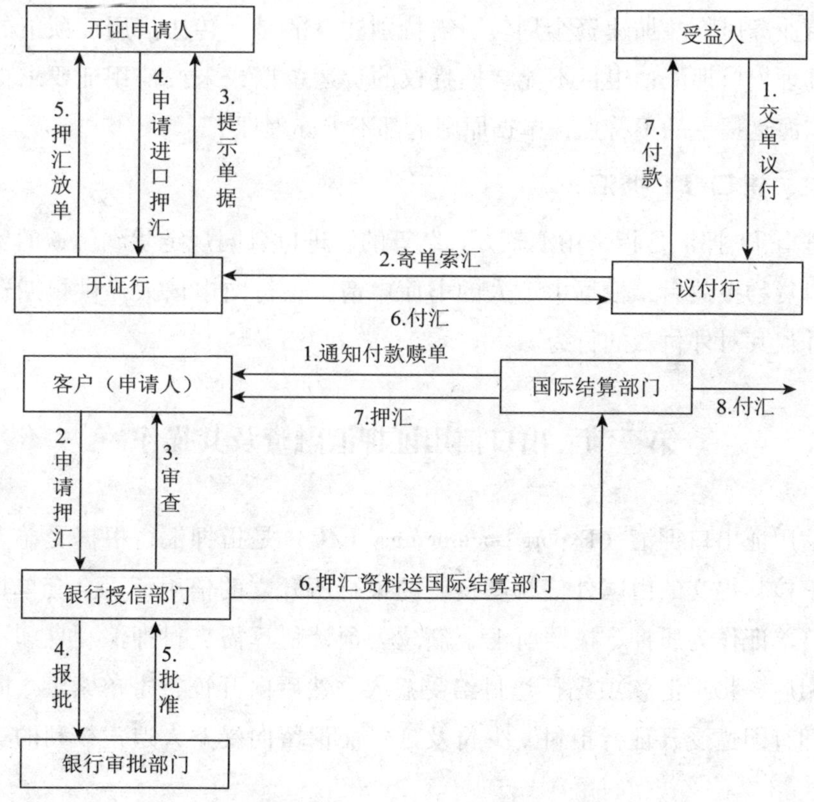

进口信用证押汇流程图

进口押汇期限原则上不超过 180 天。办理进口信用证押汇时，客户应提交的材料包括：《进口押汇申请书》，申请书应加盖客户预留银行的印鉴；经签章确认的《进口押汇协议书》。

协议书须列明申请人名称、信用证编号、押汇金额、押汇期限、押汇利率、还款期、还款责任及违约处理等。在进口押汇业务中，释放单据的方式大致有 3 种：一是凭信托收据放单，因为信托收据也是进口押汇的一种形式；二是凭进口押汇协议放单，这种协议通常包括类似于信托收据的内容；三是由申请人付清银行垫款后放单，即付款赎单。在最后一种情况下，如申请人暂时无力赎单，银行还必须考虑货物的存仓保险事宜，待客户付清货款后再签发提货单给客户提货。押汇银行从垫款之日起开始收取押汇利息，利率按市场利率加上一定的幅度。这个升幅可根据每个客户的不同情况而定，同时按回收期的长短，将押汇利率分为几个档次，如 30 天以内、60 天以内、90 天以内，时间愈长，利率愈高。这种计算方式可以鼓励客户尽早还款，以降低银行业务风险并加速资金周转。需特别注意的是：转让信用证项下的单据不予办理出口押汇；银行不能掌握货权的货运单据或未按信用证要求提示全套正本海运提单的不符点，单据原则上都不予办理押汇。

二、进口 TT 押汇

进口 TT 押汇是指采用汇款方式结算的、进口合同规定货到付款的贸易项下进口货物报关后，根据申请人的书面申请，银行向申请人提供短期资金融通，并代其对外付款的行为。

第三节　出口信用证押汇融资及其操作

信用证出口押汇（Export Documentary L/C）是指押汇行根据受益人的申请，审核其提交的由国外信誉度良好的银行所开立的信用证下全套单据，并以相符单证作为质押，按照所汇金额减去预计估算需支付押汇利息和需扣押汇费用后，将押汇款项先行垫付给受益人，然后向开证行寄单索汇。同时银行仍拥有因遭受开证行拒付、少付及延付而保留向受益人追索权利的一种融资方式。

国际贸易中，出口企业在收到买方信用证的情况下，因各方面原因而造成资金短缺，在货物出口装船发货后，将信用证所要求的相关全套单证交到银行，要求银行立即按照信用证的金额进行付款，使出口企业能够得到短期（一定时间）的资金融资周转。银行对出口企业保留追索权的贸易融资，在银行作为付款行、承兑行或保兑行时，不能行使追索权。

一、国际贸易信用证出口押汇流程

信用证出口押汇的操作流程大致为以下三步：

（1）提交资料。出口企业向银行提供外汇押汇借款申请书《出口押汇申请书》与企业相关资料。外汇押汇申请书的主要内容包括企业的基本情况介绍、企业财务状况、申请押汇借款的金额、申请期限；企业相关资料主要提供的是工商营业执照副本；外贸出口合同协议；企业近三年财务报表；银行的出口押汇协议书；银行的出口议付（押汇）申请书；信用证正本及信用证要求的全套单据资料。

（2）银行审核。银行在收到企业提交的《出口押汇申请书》和所需要的单据后，经审核，符合相关规定条件，确认无误后向企业做出押汇。信用证出口押汇的金额一般最高为汇票金额的90%，采用预扣利息方式，也就是用押汇金额减去押汇利息所得。押汇的期限在各个国家有所不同，一般根据信用证的不同而定：即期信用证押汇期限为15~30天，最多不超过90天，而远期信用证承兑后押汇的期限为押汇起息日算起，至兑付款日。相关的计算方法如下：

即期信用证的押汇利息（/天）= 押汇金额×押汇利率×押汇天数

远期信用证的押汇利息（/天）= 押汇金额×押汇利率×押汇天数×（承兑付款日-押汇起息日）

（3）议付款的回收与贷款的归还。企业收回的议付款，在向银行归还所押汇的金额之后，如有余款，银行会将相应余额自动转入企业的有关账户；当银行实际收到议付款的时间长于押汇的时间情况下，这段时间的利息，银行将对企业进行追收。下图为信用证出口押汇流程图：

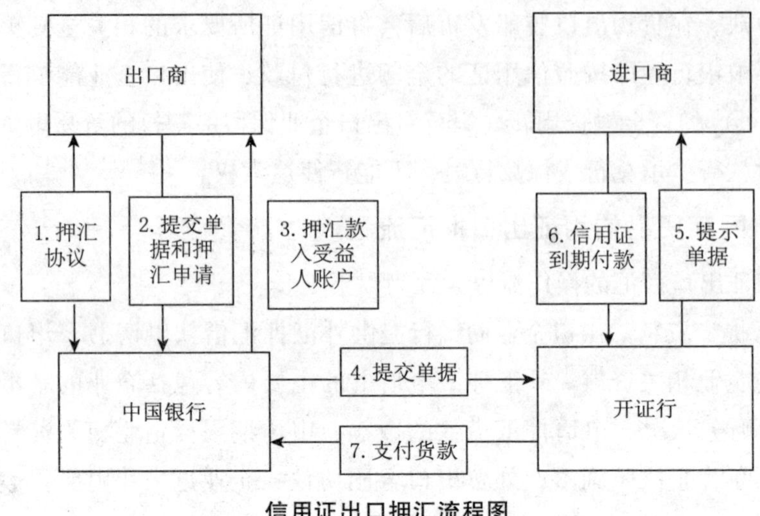

信用证出口押汇流程图

二、押汇期限

(1) 即期信用证押汇期限根据各个国家的不同而不同，一般情况下的国家期限如下:

日本、韩国、港澳、新加坡、马来西亚，15 天。

欧洲、美国、加拿大、澳大利亚、新西兰，20 天。

西亚各国、中南美洲、非洲，25 天。

其他国家或地区，30 天。

(2) 远期信用证承兑后押汇的期限为押汇起息日起至承兑付款日。

三、押汇受限的情形

在下述情况中，银行办理出口押汇将会受到限制:

(1) 信用证不在同一家银行通知、付款（或承兑）和议付，银行办理出口押汇将会受到限制。因此为了能顺利办理出口押汇，企业最好选择同一家银行进行通知付款（或承兑）和议付。

(2) 信用证为可撤销（或可转让)，银行办理出口押汇将会受到限制。因此为了能顺利办理出口押汇，企业不要要求开出此类型信用证。

(3) 信用证已用于抵押，银行办理出口押汇将会受到限制。因此为了能顺利办理出口押汇，信用证不要是已经用于抵押的信用证，抵押包括打包放款。

(4) 申请押汇期限超过 90 天，银行办理出口押汇将会受到限制。因此为了能顺利办理出口押汇，企业要求对方开出远期信用证要低于 90 天。

（5）信用证为付款信用证，银行办理出口押汇将会受到限制。因此为了能顺利办理出口押汇，企业不要要求开出此类信用证。

（6）信用证项下的单据有不符点，银行办理出口押汇将会受到限制。因此为了能顺利办理出口押汇，企业一定要按照信用证的各项条款的要求制作单据。

（7）信用证的有效地点在国外，银行办理出口押汇将会受到限制。因此为了能顺利办理出口押汇，信用证的有效地点要求在中国。

（8）信用证交单期离有效期很近，银行办理出口押汇时将会受到限制。因此为了能顺利办理出口押汇，一方面要求信用证的有效期长一点，另一方面企业制作单据时应抓紧时间做好。

（9）远期信用证已经寄出单据，还没有被承兑，银行办理出口押汇将会受到限制。因此为了能顺利办理出口押汇，远期信用证承兑后才能到银行办理出口押汇。

（10）开证银行的信誉不佳，银行办理出口押汇将会受到限制。因此为了能顺利办理出口押汇，信用证开证时应选择一些大的银行进行开证。

（11）开证银行所处的国家政局不稳定、外汇管制较严、资信等级较低、战争多发、开证银行处于经营危机，银行办理出口押汇将会受到限制。因此为了能顺利办理出口押汇，信用证开证时也要考虑该国的国家形势。

押汇申请书样本：

出口押汇申请书（样本）

银行业务编号：________

致：中国××银行股份有限公司____________

本公司已依法办妥一切必要的出口手续，兹向贵行按如下条件申请叙做出口押汇业务（请在□中划“√”）：

<table>
<tr><td>押汇币种及金额：</td><td colspan="2">币种：　　（大写）：　　　（小写）：</td></tr>
<tr><td>押汇期限：</td><td colspan="2"></td></tr>
<tr><td>押汇利率：</td><td colspan="2"></td></tr>
<tr><td>结息方式</td><td colspan="2"></td></tr>
<tr><td rowspan="6">申请押汇品种</td><td rowspan="3">□信用证项下出口押汇</td><td>信用证号：</td></tr>
<tr><td>业务编号：</td></tr>
<tr><td>发票编号：</td></tr>
<tr><td rowspan="3">□跟单托收项下出口押汇</td><td>□承兑交单（D/A）　□付款交单（D/P）</td></tr>
<tr><td>业务编号：</td></tr>
<tr><td>发票编号：</td></tr>
</table>

续表

<table>
<tr><td>
本公司同意按照本申请书背面所列的条款和条件，将本申请书项下所有单据及其所代表的货物质押予贵行，作为贵行向本公司提供本申请书项下融资的担保。

□ 本项申请是根据本公司与贵行签订的编号为____________________的《贸易融资主协议》而提出，本申请书项下的出口押汇业务在各方面均须遵守该主协议的条款和条件以及本申请书背面所列的条款和条件，并且：
□ 占用贵行授予本公司的贸易融资额度____________________
□ 其他担保：____________________

□ 本项申请为信用证项下正点单据出口押汇，不占用贵行授予本公司的授信额度。

本公司承诺按本申请书背面所列的条款和条件履行有关义务，如押汇期间届满时本申请项下的押汇本息及相关费用未获全额清偿，贵行有权按照在本申请书约定的押汇利率的基础上加收________%确定的逾期利率对逾期款项计收逾期利息和复利。

本公司确认已仔细阅读并完全理解和接受本申请书背面的各条款和条件。本公司申请叙做本申请书项下的出口押汇业务是自愿的，本公司在本申请书项下的全部意思表示真实。

（申请人公章）
有权人（签字或盖章）：
公司联系人：　　　　　　联系电话：　　　　　　____年____月____日
</td></tr>
</table>

以下由银行签章确认：

我行同意按上述条件为贵司办理该笔押汇业务。　　　　　　日期：

注：本申请书一式两联，一联银行留存，一联申请人留存。

文本编码：CMBC-HT083（2）（贸易 2007）

办理出口押汇业务的条款和条件（背面）

1. 本申请书所述出口押汇是指申请人作为出口商，按照相关出口信用证/跟单托收约定的条件发运货物后，将信用证或托收项下的全套单据（包括但不限于相关票据、装运或其他运输单据、提单、仓单、提货单及其他所有权文件或其他单据）提交本申请书正面载明的经办银行（以下简称“银行”）进行寄单索汇，并将该等单据项下的索汇权及单据所代表的货物质押予银行，作为银行向申请人提供本申请书项下融资的担保。
2. 为设立、完善和维持第1条所述质押之目的，申请人应当按照银行的要求对相关汇票进行背书，或完成法律、法规要求的相关手续。申请人在此确认，银行有权持有相关单据作为偿付本申请书项下押汇款项的持续性担保。并且，如本出口押汇项下的款项因任何原因在押汇期限届满之日未能全额收妥，银行有权在法律允许的范围内以其认为适当的方式对上述单据及其所代表的货物进行处置。对于单据项下的货物，申请人保证按照银行的要求和指示代为运输、存仓和投保。

3. 信用证/托收项下收回的款项，应首先用于清偿或提前清偿出口押汇项下的款项。
4. 如本出口押汇项下的款项因任何原因在押汇期限届满之日未能全额收妥，申请人应按本申请书中约定的还款日期和利率归还押汇本息，对于上述款项，银行有权直接自申请人在银行或中国民生银行股份有限公司任何分支机构处开立的账户中扣划。若该等款项的币种与押汇币种不同，按照扣款当日银行公布的汇率牌价进行折算。
5. 如押汇期限届满时本申请书项下的押汇款项未获全额清偿，银行有权按照前述《贸易融资主协议》或本申请书中的相关约定对逾期未还款项按逾期利率计收逾期利息和复利。
6. 如信用证/跟单托收项下的款项在本申请书约定的押汇期限届满之前遭拒付或者拒绝承兑，银行有权宣布本申请项下押汇立即到期，申请人应于银行对于该等事项的书面通知中规定的还款日当日或之前，全额偿还全部的押汇本金、利息及相关费用。
7. 在押汇款项清偿完毕之前，申请人不得将上述单据所代表的货物质押/抵押给任何其他人。
8. 若本申请书约定申请人提供保证金质押担保的，申请人未付清出口押汇项下的到期款项前，该保证金不得动用。在上述到期款项到期时或者银行认为出现可能危及其债权安全的情况时，申请人授权银行从上述保证金账户中直接扣收相应的款项。
9. 本申请书所述出口押汇项下对相关单据的所有记载、背书等情况以及银行对单据的占有、控制等行为不得视为申请人所欠银行的债务得到了任何形式的减免、豁免、抵偿或者其他形式的减少。申请人保证不因前述原因向银行主张任何赔偿、追索或其他权利。
10. 因本申请书发生的或与本申请书有关的任何争议，应首先由双方协商解决。协商不成的，任何一方有权向银行住所地人民法院提起诉讼。

本条款和条件与正面申请书的内容构成申请人办理本申请书项下出口押汇业务的不可分割的组成部分。

进口押汇申请书（样本）

编号：__________

现我司因业务需要，依据我司与贵行签署的________号《贸易融资综合授信协议》及附件（2）：用于进口押汇，向贵行申请叙做进口押汇。由于进口押汇而产生的权利义务，均按照前述协议、附件和本申请书的约定办理。

第一条　有关的业务内容

□ **信用证**

信用证号码：__________　　来单银行名称：__________

来单编号：__________　　单据金额：__________

受益人：____

□ **进口代收**

进口代收编号为__________　金额为__________

收款人为____

□ **汇出汇款**

合同编号为__________　　金额为__________

收款人（出口商）为____

第二条　押汇币种和金额

押汇币种为：__________

押汇金额为：（大写）____________________　（小写）________________

第三条　押汇期限

押汇期限为______月/天，自贵行对外支付信用证/托收项下款项或向出口商及/或我司指定收款人付款之日起连续计算。

押汇到期日为前述期限的截止日或贵行依据相关协议宣布的立即到期日。

进口项下货物出售款项在进口押汇到期日前全部收妥的，贵行有权以货款收妥之日作为押汇到期日。

押汇的最终期限以贵行的确认为准。

第四条　押汇利率和付息

1. 正常进口押汇的利率及付息

请按以下第______种利率（均为年率）核算贵行为我司办理进口押汇的利息：

（1）双方协商确定的利率______%；

（2）押汇时贵行确定/公布的利率______%；

（3）押汇时 LIBOR/HIBOR+______基点。

计收利息的方式为第______种：

（1）到期结息；

（2）按月结息；

（3）其他______________。

2. 逾期进口押汇的利率和付息

如我司未能按照上述协议和相关附件的要求偿还贵行对我司的押汇款项，则该笔押汇的本金、利息及相关费用构成我司对贵行的逾期债务，贵行可按本条第1款确定的利率加________%的水平计收复利及/或罚息.

对于我司的逾期债务，贵行有权：

(1) 根据本款第一项的利率按月结息；且

(2) 对于我司应付未付的利息按照本款第一项的利率计收复利及/或罚息。

第五条　费用

我司兹授权贵行直接从我司在贵行开立的人民币/外币账户中直接扣收本笔业务项下费用（________________）。(此条仅适用于同业代付项下手续费收取)

申请人（签章）：________________

法定代表人（或授权签字人）：______________

____年____月____日

银行意见：________________

中国××银行____分行贸易金融部（公章或业务专用章）

授权签字人：__________

______年______月____日

本申请书一式二份，双方各执一份，具有同等法律效力

进口押汇协议书（样本）

编号：(　) 进口押汇字第____号

甲方（申请人）：______________________

住所：____

法定代表人：______________　职务：____________

授权代表：________；联系电话：________；传真：________

乙方（押汇行）：______________________

住所：____

法定代表人：______________　职务：____________

授权代表：________；联系电话：________；传真：________

依据有关法律法规的规定，双方经协商一致，签订本合同，以资共同遵守。

第一条　本合同所称进口押汇是指银行根据开证申请人的要求，在单证一致的情况下，以进口货物做抵押，在付款到期日为其垫付资金的短期融资。

第二条　进口押汇前提条件

乙方为甲方做进口押汇，甲方须满足以下条件：

1. 向乙方预留与签署本合同有关的公司文件、单据、印鉴、相关人员名单和签字样本，并填妥有关凭证；

2. 开立乙方要求的为完成本合同下业务所必需的账户；

3. 办妥做业务所必备的法律和行政审批手续，按乙方要求提交相应审批文件的副本或与原件相符的复印件；

4. 甲方同意做出本合同第九条约定的声明与承诺；

5. 甲方已取得乙方的授信额度或单笔授信（如需要）；

6. 乙方认为甲方应予满足的其他条件。

第三条　押汇币种和金额

押汇币种为：____________

押汇金额为：（小写）__________________

（大写）___________________________________

第四条　押汇期限

押汇期限为________月/天，自乙方将押汇款项（即信用证金额与信用证保证金之间的差额）以贷款方式支付给甲方之日起连续计算。

押汇到期日为前述期限的截止日或本合同第十条约定的立即到期日。

押汇的最终期限以乙方确认的为准。

甲方应在押汇款项到期日按期足额归还押汇款项本金及利息。

第五条　利率和付息

1. 双方同意以年利率________%核算乙方为甲方提供的进口押汇款项的利息。

2. 逾期进口押汇的利率和付息

如截止到押汇到期日，乙方支付给甲方的押汇款项未获清偿，则该笔押汇款项的本金、利息构成甲方对乙方的逾期债务，乙方可按本条第一款确定的利率加20%的水平核算利息，并有权向甲方追偿包括但不限于公告费、送达费、鉴定费、律师费、诉讼费、差旅费、评估费、拍卖费、财产保全费、强制执行费等实现债权的费用。

第六条　甲方声明与承诺

甲方声明如下：

1. 甲方是依法设立和存续的企业法人，已经并将按期办理工商登记手续，具备所有必要的权利并能以自己名义履行本合同义务；

2. 甲方已经充分知悉、理解本合同的全部条款内容，签署和履行本合同系基于甲方的真实意思表示，且已经按照公司章程或者企业的其他内部管理文件的要求取得股东会/股东大会或董事会的合法、有效的授权（如需授权），且不违反对甲方有约束力的任何协议、合同和其他法律文件；

3. 甲方在本合同项下向乙方提供的全部文件、凭证等资料是真实、完整、准确和有效的；

4. 甲方申请向乙方叙做的进口押汇交易背景真实、合法，未用于洗钱等非法的目的，甲方按乙方要求向乙方提供任何文件不得解释为乙方对于甲方从事交易的真实、合法性负有审查义务和责任；

5. 甲方未向乙方隐瞒可能影响其和担保人财务状况和履约能力的事件；

6. 甲方在变更住所、通信地址、联系电话、营业范围、法定代表人等事项时，保证在变更后 10 个工作日内书面通知乙方。

第七条 违约事件

下列事项之一即构成甲方在本合同项下违约：

1. 未按本合同的约定履行对乙方的支付和清偿义务；

2. 甲方在本合同中所做的声明不真实或违反其在本合同中所做的承诺；

3. 违反本合同中关于当事人权利义务的其他约定；

4. 甲方在与乙方之间的其他合同项下发生违约事件；

5. 因单据存在不符点或任何其他原因导致甲方要求拒付或迟付；

6. 收款人所在地发生动荡、爆发战争、发生金融危机、收款人倒闭、发生不可抗力事件等可能导致甲方要求拒付或迟付；

7. 因单据在邮寄中遗失或者延误、电讯失误等导致甲方拒付或迟付。

出现本条第一款约定的违约事件时，乙方有权分别或同时采取下列措施：

1. 宣布本合同下的融资款项立即全部到期。

2. 无须向甲方提前发出任何通知，直接从甲方开立在乙方和南海农村信用合作联社的辖属机构的账户中扣收甲方应予偿还的债务本金、利息、罚息及汇差损失及实现债权的费用；账户中的未到期款项视为提前到期；账户币种与乙方业务计价货币不同的，按扣款当天乙方确定的汇率折算；账户中的未到期款项视为提前到期；账户币种与乙方业务计价货币不同的，按扣款当天乙方确定的汇率折算。

3. 处分担保财产，以所得价款优先受偿或者向保证人追索。

4. 乙方认为必要和可能的任何其他措施。

第八条 权利保留

乙方如未行使本合同项下部分权利，或未要求甲方履行部分义务，并不构成乙方对该项权利的放弃或对甲方该项义务的豁免，亦不构成乙方对本合同中其他权利的放弃或对甲方在本合同中其他义务的豁免。

乙方对甲方的任何宽容、展期或者延缓行使本合同项下的权利，均不影响乙方根据本合同及法律法规而享有的任何权利，亦不得视为乙方对上述权利的放弃。

第九条 本合同是____________的子合同。

第十条　合同的变更、解除和解释

本合同经双方书面同意可以修改、补充或解除。本合同的任何修改和补充均构成本合同不可分割的一部分。

本合同任何条款的无效均不影响其他条款的效力。

第十一条　法律适用、争议解决及司法管辖

本合同适用中华人民共和国法律。

在合同履行期间，因履行本合同所发生的或与本合同有关的争议纠纷，双方可协商解决。协商不成的，任何一方可以采取如下第____种方式加以解决：

1. 依法向乙方住所地的人民法院起诉；

2. 向××仲裁委员会申请仲裁。

第十二条　甲、乙双方约定的其他事项____

____

____。

第十三条　生效条件

本合同一式____份，甲、乙双方各执____份，自甲方法定代表人、乙方授权签字人签字并加盖甲、乙双方公章之日生效。

甲方：　　　　　　　　　　　　　　　　乙方：

法定代表人：　　　　　　　　　　　　　授权签字人：

年　　月　　日　　　　　　　　　　　　年　　月　　日

本章操作要求

能填写押汇申请书样本。

本章思考题

1. 试述信用证融资的方式。
2. 试述进口信用证押汇融资的方式。
3. 试述出口信用证押汇融资的方式。
4. 试述信用证融资的风险。
5. 试述银行防范信用证融资风险的措施。

第十四章

《跟单信用证统一惯例(2007年修订本)》解析与案例分析

本章要点

1. UCP600 的解析。

2. 会应用 UCP600 的规则对国际贸易中发生的案例进行解析。

第一节 UCP600 解析

国际商会于 1993 年颁布的《跟单信用证统一惯例》（国际商会第 500 号出版物，UCP500）使用至今已有十多年的历史。在这十几年中，随着国际贸易形式的日趋复杂以及银行、运输、保险等行业的发展，信用证各有关当事人在信用证业务流程中不断遇到新的问题，例如开证行对单据不符点尺度的掌握，指定银行在业务流程中义务责任的履行等等，而 UCP500 由于在条款设置及措辞方面存在一定不足，某些条款尚存在争议，已经不能完全满足和适应实际业务的需要。

国际商会 ICC 自 2002 年春起就开始了对 UCP500 的补充和修订工作，并在 2002 年秋召开的罗马会议上通过了《关于审核跟单信用证项下单据的国际标准银行实务》（ISBP，国际商会第 645 号出版物），首次清晰地解释了 UCP500 第十三条 a 款中何谓“国际标准银行实务”，同时对单据制作的细节也做出了规定。

虽然国际商会声明 ISBP 是对 UCP500 的补充解释而并非修订，但 ISBP 仍被看作 UCP 将作更多修订的一个信号。2003 年国际商会正式成立了新惯例起草工作小组，并逐步展开统一惯例条款的修订工作，截至 2006 年 6 月，已经推出了 3 版完整的征求意见稿，即 UCP600。在 2006 年 10 月的 ICC 会议上，各国国际商会国家委员会代表对UCP600予以表决并使其顺利通过。

历经国际商会UCP600小组三年多的修订工作，新的《跟单信用证统一惯例》已经问世，这次修订较之UCP500有大幅改动，将原来UCP500的49条条款增删为现有的39条，格式编排参照ISBP，不论是在逻辑安排、名词术语或是各当事人权利义务方面，都有更为清晰明确的解释。

UCP600共分为七个部分：

第一部分包括第一条至第六条，是总则和定义部分，包括UCP的适用范围、专业术语的定义、常用名词的解释规则、信用证的独立性、单据与货物/服务的关系、有效期/到期日/交单期等条款。这一部分主要对信用证业务中的有关术语做出了解释，明确了信用证的含义和惯例的适用范围等。

第二部分包括第七条至第十三条，是有关当事银行的义务和责任部分，包括开证行义务责任、保兑行义务责任、通知行义务责任、信用证修改、简电通知/预先通知的信用证和修改、指定银行义务责任、银行间的偿付约定等。这一部分明确了有关信用证的开立、修改、各当事人的关系与责任等问题。

第三部分包括第十四条至第十六条，是单据审核部分，包括单据的审核标准、相符的交单、不符点单据的处理等。

第四部分包括第十七至第二十八条，是单据内容的规定部分，包括正本单据和副本单据的规定、商业发票、多式联运单据、海运提单、不可转让海运单、租船提单、空运单、公路/铁路/内河运输单据、专递和邮政收据、货装舱面/发货人装载并计数/据发货人称已装/运费以外的附加费用、清洁运输单据、保险单据等。

第五部分包括第二十七至第三十七条，是杂项规定部分，包括到期日的延展/最后交单期的顺延、信用证金额/数量/单价的溢短装、分批装运和支款、分期装运和支款、交单时间、单据有效性的免责、传递和翻译的免责、不可抗力、被指示方行为的免责等。规定了有关款项支取的问题。

第六部分为第三十八条，是关于可转让信用证的规定。

第七部分为第三十九条，是关于款项让渡的规定。

从UCP600的内容中，可以看出国际商会在贸易实践的基础上，对跟单信用证统一惯例做出了较大的调整，主要包括：

一、结构和逻辑方面

UCP600在结构上借鉴了ISBP的形式，弥补了以前UCP500在条款次序上存在排列的不足。在第一部分增加了名词术语的解释，把UCP500杂项规定中和其他各处出现的一些业务名词提前到第一部分进行解释，并补充了一些UCP500中未加以明确的定义。从中可以看出国际商会着重以统一解释来减少争议的发生，并尽量避免使用比较晦涩的词语。而对于不完全了解信用证的出口人，在接触到UCP600时可以更好把握其内容。同时在第二部分中按照信用证业务环节总结了各有关当事银行的义务和责任，也就是归纳总结了UCP500中有关开证、保兑、通知、修改、指定、偿付、审单、拒付等环节涉及的条款，将原来散落的条款按照一个完整的业务流程进行集中安排。UCP600在明确了这些信用证的主要术语和流程后再介绍审核单据的标准并逐一介绍各种单据的规定，这样的逻辑结构明显优于UCP500，有利于各当事方，并有助于使用者方便地查询到某个环节的有关做法。

二、新增的名词及定义

UCP600在对UCP500的修改中，出现了一些十分重要的新定义，例如"Banking Days，Complying Presentation，Honour，Nomination"等，这些定义的出现，使得惯例的解释更为清晰简洁，并可以在条款的规定中达成统一明确的解释。

（1）Banking Days：UCP600明确指出，银行工作日不仅是银行正常营业的时间，而且在此时间内，银行可以开展UCP600中所提及的与信用证有关的业务。即在此工作日内，银行是可以进行国际业务的，比如通知、议付或付款等行为。这条规定使得兑付时间的计算更为清晰准确。

（2）Honour：在以往的UCP版本中，国际商会按照信用证支付方式来分别解释银行的每一种支付行为，这样的解释不够清晰简洁。而UCP600则在第二条中专门解释了"Honour"一词，即"兑付"的含义，这一含义概括了即期付款、延期付款、承兑等支付行为，同时也就概括了开证行、保兑行、指定行在信用证业务中除议付以外的一切支付行为。UCP600中"Honour"一词在解释银行行为时反复出现，使得条款的解释统一而简洁，可以看出国际商会认为银行可以以各种方式兑现信用证这一承诺（Honour the Credit），也就是说银行在此方面的义务是同质的。

（3）Complying Presentation：对于何为“相符的交单”，在银行的实际业务中还存在不少争议，因此引起银行审单尺度的不同。本次国际商会专门解释了“相符”的含义，强调要与信用证条款、适用的惯例条款以及国际银行标准实务相符，并且在以后的单据条款中详细解释了各单据的制作。这样的解释有利于受益人更好地制作单据，同时有助于银行把握审单尺度。但“相符的交单”这一定义中虽提及了“international standard banking practice”，却并未明确指出所谓的“国际银行标准实务”即是国际商会第 645 号出版物 ISBP。因此虽然这一解释有助于减少信用证交单中单据问题引起的争议，但是有相当的灵活性，也可能会促进 ISBP 的后续进一步修订。

（4）Nomination：在 UCP600 的第一二条中，国际商会明确定义了“指定”一词的含义。在这一定义下，保兑行、付款行、议付行、承兑行都有可能成为开证行的指定银行。但除保兑行以外的指定银行并没有义务一定要履行开证行的指示，例如议付、承兑等行为，同时指定行仅仅收到单据、单纯审核单据和传递单据并不意味着指定银行要履行兑付或议付的行为。这一词语的增加同样有利于 UCP600 在各个条款的解释中前后保持一致，也有利于明确指定银行的义务责任，特别是关于指定银行履行“议付”这一行为。这和 UCP600 中重新解释“议付”的部分是前后呼应的。

三、UCP600 对 UCP500 部分条款所进行的重大修改

（1）关于“议付”一词的重新定义。在 UCP600 版本中，国际商会首次明确了议付的定义是指由指定的除付款行以外的银行购买符合信用证要求的汇票和单据，并在指定行偿付前预付或承诺预付款项给受益人的行为。根据此定义，议付是一种买入单据及票据的行为，而议付行预付或承诺预付款项给受益人则是一种对受益人的融资。此定义和我国目前银行实践中所习惯的“收妥结汇”的做法有很大不同，但用惯例的形式明确保护了受益人融资的要求，明显将有利于受益人。同时也从规则上明确了一直以来存在争议的“议付”问题。

（2）单据处理的天数。UCP600 对单据处理时间较之 UCP500 作了较大改动。首先，UCP500 中“合理时间”的概念被删去，因为在各国的银行惯例中，何为“合理时间”存在很大争议，使用这一词语并不利于受益人及时收汇。同时，UCP500 中各当事银行处理单据的时间为“不超过收到单据之日起

7个工作日”，由于信用证业务流程中涉及多个当事银行，受益人收到款项的周期较长，而UCP600将银行处理单据的时间改为“最多为收到单据次日起第5个工作日”，明显缩短了单据处理的时间，有助于受益人提前收汇，并将促使银行更有效率地处理信用证业务。

（3）拒付后对单据的处理。UCP600第十六条将拒付后开证行对银行单据的处理办法由UCP500中的两种增加为四种，分别为“持单听候交单人的处理”、“持单直到开证申请人接受不符单据”、“径直退单”、“依据事先得到交单人的指示行事”，这为受益人在交单时提供了更多的选择。其中第二点在以往的UCP条款中一直被认为存在争议，因为此解释和信用证本身的定义有矛盾之处。但实际业务中，申请人放弃不符点，而开证行付款的现象普遍存在。国际商会在UCP600中列出此条款，顺应了实践业务的发展，也将缩短不符点单据的处理周期，减少了不符点争议的产生。

（4）对单据制作的细化。UCP500在单据的制作上并未给出详细的指导，而UCP600在此部分引入了ISBP的很多内容，例如各单据有关当事人的填写、正副本的要求等，同时语言表述更为清楚，操作指导性更强。对于受益人来说，可以根据自己的需要在UCP600中有针对性地查找到某种单据的制作要求。同时对于开证申请人来说，也避免了因为受益人提交的单据模糊而在提货或者日后业务中产生争议。

（5）可转让信用证的变化。UCP600对可转让信用证的最大修改在于保护了没有过错的第二受益人。可转让信用证有可能对第二受益人不利，特别是在第一受益人可以替换第二受益人单据时。而在UCP600中则规定，如因第一受益人替换单据而导致出现不符点时，如第二受益人提交的单据与转让后的信用证一致，转让行有权直接提交第二受益人的单据给开证行。这一点无疑有利于第二受益人。

但与各国际贸易法专家预测的不同的是，本次UCP600并未将电子UCP写入正式的规则，但电子交单在实践中普遍存在，预计在不久的将来，国际商会也会考虑到这一问题。

综上所述，UCP600无论在结构上还是内容上都较UCP500有较大改动，而UCP600的实施也将会对国际贸易的实践操作带来更广泛深远的影响，我国的广大进出口商应利用UCP600的规则更好地保护自身利益。

第二节 信用证案例解析

根据《跟单信用证统一惯例》规定，信用证一经开出，在有效期内不经受益人或有关当事人同意，开证行不得单方加以修改或撤销信用证，即银行见票即付。因为信用证开出以后就成了独立于买卖合同的另一个交易关系，银行只对信用证负责，只要卖方提交符合信用证规定的单据，在单单一致、单证一致的条件下，银行承担无条件付款的义务。开证行只依信用证，而不看重双方买卖合同的规定。

案例1：

我某公司向外国某商进口一批钢材，货物分两批装运，支付方式为不可撤销即期信用证，每批分别由中国银行开立一份信用证。第一批货物装运后，卖方在有效期内向银行交单议付，议付行审单后该行议付货款，中国银行也对议付行作了偿付。我方在收到第一批货物后，发现货物品质不符合合同规定，要求开证行对第二份信用证项下的单据拒绝付款，但遭到开证行拒绝。

问：开证行拒绝是否有道理？

答：开证行拒绝是有道理的。在本案中，开证行是按信用证支付原则，还是按买方要求，这是本案分析的焦点，根据“单单相符、单证一致”的信用证支付原则，开证行依信用证规定的支付原则行事是合法、合理的，这也是分析本案开证行拒绝买方要求的关键。为此，开证行拒绝我某公司提出对第二份信用证项下的交易所拒绝付款的要求是合法、合理的，银行仅处理单据，只要单证相符，开证行即承担付款责任。

案例2：

上海A出口公司与香港B公司签订一份买卖合同，成交商品价值为418816美元。A公司向B公司卖断此批产品。合同规定：商品均以三夹板箱盛放，每箱净重10公斤，两箱一捆，外套麻包。香港B公司如期通过中国银行香港分行开出不可撤销跟单信用证，信用证中的包装条款为：商品均以三夹板箱盛放，每箱净重10公斤，两箱一捆。对于合同与信用证关于包装的不同规定，A公司保证安全收汇，严格按照信用证规定的条款办理，只装箱打捆，没有外套麻包。“锦江”轮将该批货物 5000 捆运抵香港。A 公司持全套单据交中国银行上海银行办理收汇，该行对单据审核后未提出任何异议，因信用证付款期限为提单签发后 60 天，不做押汇，中国银行上海分行将全套单据寄交开证行，开证行也未提出任何不同意见。但货物运出之后的第一天起，B 公司数次来函，称包装不符要求，重新打包的费用和仓储费应由 A 公司负担，并进而表示了退货主张。A 公司认为在信用证条件下应凭信用证来履行义务。在这种情况下，B 公司又通知开证行“单据不符”，A 公司立即复电主张单据相符。

问：本案应如何处理？为什么？

答：在本案中，双方争执的焦点是其成交合同与信用证的规定不相符合，处理本案争执的关键是依合同还是依据信用证。根据《跟单信用证统一惯例》（UCP600）的规定，信用证“单单相符、单证一致”的支付原则，卖方上海 A 公司依据信用证行事是合法、合理的，应给予支持。因为在给付时，开证行和受益人只依据信用证行事，而不看重合同的规定，而对买方香港 B 公司的主张证据不足，不予支持，因为本案处理是依据信用而不依据合同。

《跟单信用证统一惯例》第十条 d 款规定：“开证行指定另一家银行，或允许任何银行议付，或授权或要求另一家银行加以保兑，开证行授权上述银行凭表面上符合信用证条款的单据办理付款、承兑汇票或议付，并保证按本条规定对上述银行予以偿付。”

案例 3：

1992 年 10 月，法国某公司（卖方）与中国某公司（买方）在上海订立了买卖 200 台电子计算机的合同，每台 CIF 上海 1000 美元，以不可撤销的信用证支付，1992 年 12 月马赛港交货。1992 年 11 月 15 日，中国银行上海分行（开证行）根据买方指示，向卖方开出了金额为 20 万美元的不可撤销的信用证，委托马赛的一家法国银行通知，并议付此信用证，1992 年 12 月 20 日，卖方将 200 台计算机装船，并获得信用证要求的提单、保险单、发票等单据后，即到该法国议付行议付。经审查，单证相符，银行即将 20 万美元支付结卖方。与此同时，载货船离开马赛港 10 天后，由于在航行途中遇上特大暴雨和暗礁，货船及货物全都沉入大海，此时开证行已收到了议付行寄来的全套单据，买方也已得知所购货物全都灭失的消息。中国银行上海分行拟拒绝偿付议付行已议付的20万美元的货款，理由是其客户不能得到所期待的货物。

问：

1. 这批货物的风险自何时起由卖方转移给买方？
2. 开证行能否由于这批货物全部灭失而免除其所承担的付款义务？
3. 买方的损失如何得到补偿？

答：

1. 这批货物的风险自1992年12月马赛港交货时起由卖方转移给买方。
2. 开证行不能由于这批货物全部灭失而免除其所承担的付款义务。
3. 买方的损失可以通过卖方提交的保险单向保险公司索赔。

本案中，议付行已经议付了信用证，根据上述规定，开证行中国银行上海分行只有在法国银行没有在单证一致的情况下付款时，方可拒绝向议付行偿付，如果只以客户不能得到所期待的货物为由而拒绝偿付，开证行应对议付行承担责任。因为，信用证独立于货物买卖合同，信用证款项的支付以单证相符为前提，与货物无关。

根据《跟单信用证统一惯例》500号的规定，信用证虽是根据买卖合同开出的，但一经开出就成为独立于买卖合同的法律关系。银行只受原信用证条款约束，而不受买卖双方之间合同的约束。合同条款改变，但信用证条款未改变，所以银行只能按照原信用证条款办事。

案例4：

外国一家贸易公司与我国一家进出口公司订立合同，购买化肥500吨。合同规定，1994年1月30日前开出信用证，2月5日前装船。1月28日买方开来信用证，有效期至2月10日。由于卖方按期装船发生困难，故电请买方将装船期延至2月17日并将信用证有效期延长至2月20日，买方回电表示同意，但未通知开证银行。2月17日货物装船后，卖方到银行议付时，遭到拒绝。

问：

1. 银行是否有权拒付货款？为什么？
2. 作为卖方律师，应当如何处理此事？

答：

1. 银行有权拒付货款。

2. 作为卖方律师，应该要求买方通知银行将信用证修改并延期。

在本案中买卖双方达成修改信用证的协议，但并未通知银行并得到银行同意，所以银行可以拒付。作为卖方律师，当银行拒付时，可要求买方通知银行修改信用证延展期，或依据修改后的合同条款，直接要求买方履行付款义务。但银行信用转变为商业信用。

案例5：

我某出口企业与非洲某公司成交一批货物。开来的信用证规定，按合同规定的日期9月装运，但计价货币与合同规定不符，加上备货不及，直至11月对方来电催装，我方才向其答复提出改证，同时要求展期。次日非洲公司复电，证已改妥。我方据此发运货物，但信用证修改书一直未到。我某出口企业将货运单据寄抵开证行时遭到拒付。我方为及时收回货款，避免在进口地的仓储费用支出，遂接受进口人要求，按D/P、T/R提货要求修改。最终进口人未能如约付款使我方遭受重大损失。

问：我方在该笔交易中是否有失误？为什么？

答：我方有失误，我方应在收到信用证修改书后再发货。信用证修改书未收到就先行发货，或只有进口方口头同意但书面修改未到，并不等于开证行同意修改信用证。因此，开证行仍按原信用证执行。

《跟单信用证统一惯例》第九条b款规定："根据开证行授权或要求另一家银行对不可撤销信用证加具保兑，当信用证规定的单据提交给保兑行或任何一家指定银行时，在完全符合信用证规定的情况下，则构成保兑行在开证行之外的确定承诺……"根据该规定，保兑行在对不可撤销信用证加具保兑后，其责任独立于开证行，不论开证行是否能够偿付，保兑行都必须对受益人履行付款责任。

案例6：

我出口企业收到国外开来的不可撤销信用证一份，由设在我国境内的某外资银行通知并加保兑。我出口企业在货物装运后，正拟将有关单据交银行议付时，忽接该外资银行通知，开证银行已宣布倒闭，该行不承担对该信用证的议付或付款责任但可接受我出口公司委托向买方直接收取货款的业务。

问：你认为我方应如何处理，为什么？

答：我方应按规定交货并向该保兑外资银行交单，要求付款。某外资银行作为保兑行不能以开证银行已宣布倒闭为由拒绝付款。

根据开证行在信用证中承担的责任，只要受益人提交的单证一致，开证行必须付款。

案例 7：

甲国公司向丁国 A 公司购买灯泡生产线。合同规定分两次交货、分批开证。甲国公司应于货到目的港后 60 天内进行复验，若货物与合同规定不符，甲国公司凭所在国的商品检验证书向 A 公司索赔。合同订立后，甲国公司按合同规定向银行开出首批货物的信用证。丁国 A 公司装船后凭合格单据向议付银行要求议付，开证银行在单证相符的情况下对议付行偿付了款项。在第一批货物尚未到达目的港前，第二批货物的开证期临近，甲国公司又申请银行开出信用证。此时，首批货物抵达目的港；经检验发现，货物与合同规定严重不符。甲国公司当即通知开证行，称拒付第二次信用证项下的货款，并请听候指示。然而，开证行在收到议付行寄来的第二批单据后，经审核无误，再次偿付议付行。但当开证行要求甲国公司付款赎单时遭到拒绝。

问：甲国公司和开证行的处理是否合理，甲国公司应如何处理此事，为什么？

答：开证行的处理是合理的，开证行有权要求甲国公司付款赎单。本案中，开证行的做法是正确的。既然开证行已经履行了信用证义务，甲公司应向开证行偿付信用证金额。对于货物质量问题应另外根据合同规定向 A 公司索赔。

带有软条款的信用证是极具风险性的，开证行可根据申请人的意愿随时随地单方面地解除其保证付款的责任，其实质是变相的可撤销信用证，是不法分子行骗时经常使用的工具和手段，它不仅削弱了信用证方式在国际贸易结算中的正常作用，使出口商因经验不足或一时疏忽而蒙受重大经济损失，而且还会祸及银行，影响银行的信誉。如果存在信用证软条款，申请人完全可以根据货物的市场情况来签发检验证书，以满足其接受或拒收货物的意愿，使出口商处于被动的地位，任其摆布。常见信用证软条款有：

（1）Cargo receipt issued and signed by authorized signatory（ies）of the applicant whose signature must be inconformity with Our records，certifying that the goods have been received in good order，showing the quantity，value of goods，date of delivery and letter of credit number.

由申请人的授权签字人签发的收货单据上要证明货物符合品质要求，显示货物数量和价值、交货日期及信用证号码、收货单据上的签字样式须与我方记录一致。

（2）Shipping advice issued by the applicant whose signature（s）must be inconformity with L/C issuing bank records，Showing the name of vessel and approving the date of shipment.

由申请人签发的装船通知书，显示船名、证明装运日期，其签字样式须与开证行留底记录一致。

（3）Applicant's certificate certifying that one set of non-negotiable shipping documents has been received. The applicant's authorized signature must be in conformity with the record concerned.

申请人证明信，证明一套不可议付的货运单据已收妥，申请人的授权签字样式须与有关记录一致。

（4）original L/C amendment through L/C issuing bank confirming that samples have been received and quality is accepted by the applicant before shipment.

开证行发出的正本信用证修改，确认申请人在装运前已收样品，并接受其品质。

（5）Shipment can only be effect upon receipt of applicant's shipping instructions through L/C opening bank nominating the name of carrying vessel by means of subsequent credit amendment.

只有在收到以信用证修改方式通过开证行发来的申请人装筐指示，指定装运船名后方能出运。

案例8：

××年12月5日，国内某公司（下称受益人）向当地某银行（下称议行）

提呈了S国某银行（下称开证行）开出的信用证项下出口单据一套，金额为390000美元。信用证规定，正本检验证书由申请人的授权签字人签发，其签字样式须由开证行证实。议付行审核单据后，于次日以单证相符向国外寄单索汇。××年12月16日，议付行收到开证行的拒付电，拒付理由为："Inspection certificate cannot varified by the issuing bank." 当日议付行即联络受益人征询意见，并调阅公司留底单据进行核实。受益人坚称其所提交的检验证书为对方客户（即申请人）亲自来验货时签发的，其签字的真实性当无问题，开证行所提不符点纯属无理挑剔，以期故意拖延付款时间。

应受益人要求，12月17日议付行去电开证行陈述受益人观点，并请开证行联系申请人以取得进一步的处理意见。12月20日开证行复电议付行，仍以先前所列不符点为由拒付，并进一步说明检验证上签字样式与开证行留底记录上的签字样式不一致。议付行随即委托其在S国的分行协助调查此事。12月24日议付行收到其S国分行来电证实，经核查检验证上的签字样式确与开证行的留底记录不符。议付行立即知会受益人有关情况及注意事项，并建议受益人，为防止诈骗应立即着手查实货物下落及检验证书的真伪性。12月30日，受益人致函议付行要求去电开证行收回全套单据。次年1月6日，开证行同意退单。

问：从此案中，我们应当吸取怎样的教训？

答：本案是一起典型的涉及信用证软条款的案例。对于带有软条款的信用证，银行可以采取以下措施：

1. 银贸双方应增强防范意识，提高防诈骗能力，并结合实例，经常进行宣传教育。

2. 作为一家信誉卓著的银行，开证行应尽力劝阻申请人开立软条款信用证。对已开立软条款的信用证，开证行应进行严格审查，绝对不能在货到单据未到或单据不符而拒付时出具提货担保。

3. 银行在审证时，应将"软条款"列出，提请受益人注意，并及时要求开证行传真一份申请人授权签字人的签字样本，以便在审单时加以核对，确保签字相符。

4. 对有此类"软条款"的信用证，银行原则上不宜做押汇和打包贷款业务。

案例9：

某制造商缔结了一项安特卫普船边交货（FAS）为贸易术语的提供重型机械的巨额合同，由不可撤销保兑跟单信用证付款，信用证规定须提供商业发票及买方签发的已在安特卫普提货的证明。货物及时备妥装运，但到达安特卫普后买方却不提货，由于卖方未收到买方的证明，无法根据信用证收到货款。经过长达一年的交涉，卖方虽然得到赔偿但仍受到巨大损失。

问：该案例中受益人应接受怎样的教训？

答：本案中，信用证规定须买方签发的已在安特卫普提货的证明，但货物到达安特卫普后买方却不提货，卖方无法提供信用证要求的单据，故无法获得信用证的支付。

由于UCP500允许买卖双方自行商定信用证所要求的单据种类及份数，因此，卖方应尽早确定（无论如何不能迟于收到信用证时）信用证中规定的单据的签发、细节或格式均不能由买方控制，以免卖方发货后不能获得信用证所需由买方签发的单据，从而造成失去信用证付款保证的困境。

卖方虽然可凭借不可撤销的保兑跟单信用证得到最好的保护，但同时，信用证的付款保证取决于受益人提交信用证规定的合格单据的能力。因此，如果卖方同意接受的信用证中规定要提供如下一份或数份要由买方或其代理人签发的单据，则卖方就要冒无法提供合格单据的风险：

①买方签署的收货证明；

②运输行代买方收到货物的证明；

③由买方会签的商检证书。

案例10：

有一信用证要求受益人提交商业发票，该信用证对货物的描述如下，

①520件100%纯丝绸女裤；

②贸易术语为FOB X X；

③后来开证行收到单据后经审核认为不符，理由为商业发票未规定FOB XX。

问：开证行的拒付是否有理？

答：由于提交的商业发票中未注明贸易术语FOB X X，银行有权把单据

看做不符而拒绝接受。

UCP500 第三十七条管辖商业发票，本条 c 分条说明商业发票的货物描述必须与信用证的描述相符合。其次，FOB……的文字经常放在货物描述这一部分，因此被视为货物描述的一部分。在上述例子中，“FOB × ×”字样是信用证中货物描述的一部分。因此，需要在商业发票上说明来满足这个要求。

代理是许多国家商人在从事进出口业务中习惯采用的一种贸易做法。从法律意义上讲，代理是指代理人按照本人的授权，代表本人同第三人订立合同或者执行其他法律行为，由此产生的权利和义务直接对本人发生效力的一种法律制度。代理人只是代表本人与第三人订立合同。在一般情况下，代理人不是该合同的当事人，他对该合同也不承担个人责任。但在某些特殊情况下，代理人也有可能被认为是该合同的当事人，从而使代理人对第三人承担个人责任。对此，大陆法与英美法有不同的规定。大陆法把代理分为直接代理与间接代理两种。如果代理人是以本人的名义同第三人订立合同，其效力直接及于本人的，即为直接代理；反之，如果代理人是以自己的名义，为他人的利益与第三人订立合同的，则为间接代理。在这种情况下，本人与第三人之间不存在合同关系。英美法则没有直接代理与间接代理之分。

对合同标的物的验收是重要的贸易环节，如何检验、按什么标准检验、在什么时候检验等，都必须在合同中规定清楚，或说明按照国际贸易惯例执行。根据《联合国国际货物买卖合同公约》的规定，买方必须在按情况实际可行的最短时间内检验货物或由他人代为检验货物。买方对货物不符合合同的情况，必须在发现或理应发现不符合情形后的一段合理时间内说明不符情报，否则就丧失声称货物不符合同的权利。买方如发现货物有缺陷，应在发现后的合理时间内提出索赔请求。

案例 11：

华亚贸易公司是国内一家专营进出口业务的公司，布迪公司是 A 国一贸易商，在华设有办事处，曾与华亚公司有过几次业务往来。1989 年 3 月 25 日，华亚公司又与布迪公司签订了一笔出口 10000 套服装的合同。合同号为 89FCVO81O，价格条件为每件 25 美元，CIFC3 目的港，合同总价款为 250，000 美元，装运期为同年 5 月份。合同规定以不可撤销、即期信用证付款，买方必须于装运期前 50 天将信用证开到中国银行华亚公司所在地分行，服装的品质以华亚公司所在地进出口商品检验证为准。布迪公司授权格林先生为合同买方签字人，签字下方写明“For HEC Company”（“为 HEC 公司”）。

合同签订之后，布迪公司未按合同规定于装运期（1989 年 5 月）前将信用证开至华亚公司。在华亚公司的一再催促之下，布迪公司拖至 1989 年 7 月 25 日才开出信用证，信用证号为 NO. Y0l58-72，开证行为 A 国银行。该信用证的开证申请人为 HEC 公司，受益人为华亚公司。信用证规定，信用证的到期日为 1989 年 8 月 15 日，到期地点为中国。信用证除要求卖方提交其他必须单据外，还规定卖方应提交 4 份日期不得迟于 1989 年 8 月 1 日的已装船清洁提单。但由于华亚公司于 1989 年 8 月 5 日才收到由银行转交来的信用证，因此，华亚公司根本无法按信用证要求的期限发货并得到所要求的提单。在此情况下，华亚公司立即与布迪公司联系，要求修改信用证，以使华亚公司能切实可行地交货。1989 年 8 月 8 日，华亚公司收到了布迪公司发来的一份传真，内容是一份正式的信用证修改通知书，并将最后装运日期延长至 1989 年 8 月 11 日，到期日延长至 1989 年 8 月 20 日。另外，布迪公司还对此修改书出具了一份保函，即对其作了付款担保。由于华亚公司收到此修改通知书距发货日期只有短短几天，并基于对布迪公司的信任，于 1989 年 8 月 11 日发运了合同项下的 10000 套服装。发货后，华亚公司即向银行顺利提交了议付单据。

1989 年 9 月 3 日，中国华亚贸易公司收到中国银行转来的通知，告知 A 国开证行拒绝付出 Y0l58-72 号信用证之货款，拒付理由主要有以下两点：①信用证失效；②装运期延误。华亚公司得知此情况后，即通过当地银行与开证行联系，得到的回答是开证行无延长装运期和信用证到期日的记录。这也就是说，信用证修改书是伪造的。

问：此案例有何启示？

答：华亚贸易公司要承担此案的损失。布迪公司不必履行作为买方接受货物和支付货款的义务。

关于此批货物产品质量是否有问题。华亚公司认为，买卖合同订有品质条款，这是买卖双方当事人对货物质量的约定，双方当事人必须严格遵守合同的规定。按照品质条款的规定，“货物的品质和重量以华亚公司所在地进出口商品检验证为准”。华亚公司在出口前已按照合同规定以及《中华人民共和国商品检验法》的规定，向商检部门报验，得到了针对这批货物的商检证书和出口商品放行通知单。另外，此批货物发运前，布迪公司曾派其驻华代表对 10000 套服装进行了检验，认为该产品可以接受并予以发运，并签发了产品合格检验证书，这足以说明货物的质量是符合合同要求的。但在合格证书的下方打印了“该商品应在目的地予以最后检验”的字样，而布迪公司却坚持认为产品质量有问题，不符合合同规定，并于 1990 年 6 月 20 日寄给华亚公司一份签署日期为 1990 年 3 月 10 日的 A 国方面出具的检验证书，证书上说明了对两套服装进行了检验，发现服装质量有问题，但并未提及服装型号，其理由是公约规定“销售的货物必须适用于同一规格的货物通常使用的目的”（第 35 条），对于货物不符合合同的情形，即使在交货后方始明显，卖方应负有责任。由于货物有质量问题，无法在协议期间及时卖出，所以布迪公司通知银行停止支付先前抵押的支票也是理所当然的。至于布迪公司为何在 1990 年 6 月 20 日才将检验证书寄给华亚公司，是因为根据双方签署协议的规定，布迪公司在 1990 年 5 月 20 日才享有对货物的所有权，因而其检验货物及索赔就在 5 月 20 日以后开始。

华亚公司认为合同的买方是布迪公司，在合同买方一栏中清楚地写明了布迪公司的全称和地址。布迪公司在合同上签字时，虽然注明“For HEC Company”，但并未写明 HEC 公司的全称和详细地址，而且布迪公司签订关于 89FEC018O 号合同的补充协议时，布迪公司完全独立地在协议上签名，并承担了支付全部货款和接受货物的义务。而布迪公司则认为一个销售合同的买方究竟是谁，不能仅看合同中买方一栏里所填写的名称，而应该从交易的实质内容来确定。布迪公司在中国设立了常驻办事处，其在华的一贯做法是代理 A 国及其他国家和地区的经销商，同中国的进出口公司签订购货合同，从中赚取佣金。这一点可以从合同中的价格条件“CIFC3 目的港 USD25”看出，3%的佣金即是付给中间商布迪公司的，最后的买方签名说明了这一切，布迪公司的格林先生是代替 HEC 公司签订这份销售合同的。况且根据合同，这批货物的付款应由买方开出保兑的、不可撤销的即期付款信用证到中国银行，而这信用证的开证申请人是 HEC 公司，这就更进一步地说明了这一销售合同的买方是 HEC 公司，而不是布迪公司，布迪公司只是作为拿佣金的代理人参与签订此合同的。所以布迪公司不必履行作为买方接受货物和支付货款的义务。

本章思考题

案例1：

1994年4月11日，国内某公司（以下称为JS公司）与香港GT公司达成一份出口合同，合同号No. 94JS-GT102，4950dz of 45x45/110x70 T/C yarn-dyed shirt with long sleeve（涤棉长袖衬衫），5% more or less are allowed，单价USD28. 20/dz CFR Hongkong，总金额USD139，590. 00，1994年8月底之前装运，付款方式为by 100% irrevocable L/C to be available by 30 days after date of B/L（不可撤销的提单日后30天远期信用证付款）。经JS公司催促，JS公司于5月底收到由意大利商业银行那不勒斯分行（Banca Commercial Italy, Naples Branch）开来的编号为6753/80210的远期信用证，信用证的开证申请人为意大利的CIBM SRL，并将目的港改为意大利的那不勒斯港，最迟装运期为1994年8月30日，同时指定承运人为Marvelous International Container Lines（以下简称MICL公司），信用证有效期为9月15日，在中国议付有效。

JS公司收到信用证后，没有对信用证提出异议，并立即组织生产。由于生产衬衫的面料约定由香港GT公司指定的北京GH色织厂提供，而此后北京GH色织厂未能按照JS公司的要求及时供应生产所需面料，并且数量也短缺，导致JS公司没有赶上信用证规定的8月30日的最迟装运期限。为此香港GT公司出具了一份保函给JS公司，保证买方在收到单据后会及时付款赎单。JS公司凭此保函于9月12日通过信用证指定的MICL公司装运了4700打衬衫（总货款为USD132，540. 00），并取得了编号为GM/NAP-11773的海运提单，提单日期为1994年9月12日。

9月14日，JS公司备齐信用证所要求的全套单据递交议付行。不久便收到意大利商业银行那不勒斯分行的拒付通知，理由是单证不符：①数量短缺；②提单日超过了信用证的最迟装运期。此后JS公司多次与香港GT公司和意大利的CIBM SRL联系，但二者都毫无音讯。10月19日，开证行来函要求撤销信用证，JS公司立即表示不同意撤证。11月1日，JS公司收到CIBM SRL的传真，声称货物质量有问题，要求降价20%。JS公司据此推断CIBM SRL已经提货，接着便从MICL海运公司处得到证实。而且据MICL称CIBM SRL

是凭正本提单提取的货物。因此 JS 公司立即通过议付行要求意大利商业银行那不勒斯分行退单。此后还多次去电催促退单事宜。

11 月 15 日，意大利商业银行那不勒斯分行声称其早已将信用证号 6753/80210 项下的全套正本和副本单据寄给了 JS 公司的议付行，但议付行仅收到了一套副本单据。JS 公司了解到意大利商业银行在上海开设了办事处，并立即与该办事处的负责人交涉，严正指出作为在国际银行界有一定地位的意大利商业银行，擅自放单给买方是一种严重违反 UCP500 及国际惯例的行为，希望意大利商业银行尽快妥善处理这一事件，否则 JS 公司将会采取进一步的法律行动，以维护自身的合法权益。

12 月 2 日，意大利 CIBM SRL 公司的总经理 L. Calabrese 主动要求来华与 JS 公司协商解决这一贸易纠纷。12 月 5 日，JS 公司组成 3 人谈判小组赴上海与 L. Calabrese 谈判。在确认了 CIBM SRL 是从银行取得正本提单提货的事实后，谈判过程显得比较简单。谈判中对方以短量和货物质量有问题为由要求降价，JS 公司未予理睬。12 月 10 日，JS 公司收到 CIBM SRL 公司汇来的全部货款。

JS 公司在此笔业务中利用信用证的游戏规则成功地追回了全部货款，这一经验值得借鉴。JS 公司在遭拒付后与有关方面联系以协商解决此事时，有关当事人都避而不理。正当 JS 公司一筹莫展之时，收货人 CIBM SRL 公司一封提出货物质量有问题并要求降价 20%的传真使之露出了马脚，JS 公司由此推断收货人很可能已经提取了货物。接着 JS 公司便与承运人核实货物下落，证实了 JS 公司的推断，而且是从开证行取得的正本提单，因为在这一环节还有可能是承运人无单放货。

根据 UCP500 的相关规定，开证行如果决定拒收单据，则应在自收到单据次日起的 7 个银行工作日内通知议付行，该通知行必须叙明银行凭以拒收单据的所有不符点，并还必须说明银行是否留存单据听候处理。言下之意，开证行无权自行处理单据。照此规定，本案中的意大利商业银行那不勒斯分行（以下称开证行）通知 JS 公司拒付的事由后，就应妥善保存好全套单据，听从受益人的指示。

既然 JS 公司已确定了是开证行擅自将单据放给收货人，就立即通过议付行要求开证行退单。事实上开证行根本就无单可退，也就迫使开证行将收货人推出来解决这一纠纷。银行的生命在于信誉，此时的开证行再也不会冒风险与收货人串通一气。正是抓住了开证行这一擅自放单的把柄，使得本来在履约过程中也有一定失误的 JS 公司寸步不让，将货款如数追回。

问：本案有哪些启示？

案例 2：

某地国际贸易发展公司在 1996 年间与马卡尔贸易有限公司成交一笔出口芸豆贸易。信用证有关部分条款规定："600 M/Tons of Kidney Beans. Partial shipments are allowed in two lots. 400 M/Tons to Antwerp not later than May31, 1996. 200M/Tons to Brussels not later than June 30，1996."（60 公吨芸豆，允许分批装运，分两批，400 公吨于 1996 年 5 月 5 日前装运安特卫普，200 公吨于 1996 年 6 月 5 日前装运布鲁塞尔。）

国际贸易发展公司有关人员经审查信用证条款，未发现什么问题，即与有关船方代理联系租船，根据 5 月末前的船期和船舱的情况，去安特卫普港的舱位不够，400 公吨必须两条船分装。国际贸易发展公司有关运输人员向有关业务员提出，安特卫普的 400 公吨须两条船装是否可以，信用证是否允许分批装运。业务员查对信用证认为没有问题，因为信用证是允许分批装运的。所以国际贸易发展公司于 5 月 18 日在 A 轮装 200 公吨至安特卫普港，19 日装 B 轮 200 公吨至安特卫普港。装运完毕，于 20 日即备齐信用证项下的所有单据向议付行办理议付。但经议付行审核单据提出异议。

信用证规定"Partial shipments are allowed in two lots"，意即要求分两批装运：400 公吨到安特卫普一批；200 公吨到布鲁塞尔一批。国际贸易发展公司第一批只装 200 公吨至安特卫普，第二批又装 200 公吨至安特卫普，所以不符合信用证要求。国际贸易发展公司对该条款理解与议付行不一致，国际贸易发展公司认为："Partial shipments are allowed in two lots"，条款中的"in two lots"的词语是指 400 公吨到安特卫普和 200 公吨到布鲁塞尔的两批。其中又规定"Partial shipments are allowed"是指在 400 公吨到安特卫普一批中或在 200 公吨到布鲁塞尔一批中还允许再分批，所以装运至安特卫普港的货分为 200 公吨和 200 公吨两批装。

议付行仍不赞同国际贸易发展公司的这种理解，不同意议付。最后决定由国际贸易发展公司向议付行提供担保函件，如开证行有异议由国际贸易发展公司负责，议付行对开证行仍照常寄单而不表明不符点的情况（即对内提不符点，对外不提）。

但单到国外，开证行于5月对日提出：

“第×××号信用证项下的单据收到经审核发现不符点我信用证规定只分两批装运，400公吨至安特卫普，200公吨至布鲁塞尔。你于5月18日只装200公吨至安特卫普，5月19日又装200公吨至安特卫普。如此说来，你方起码要装三批以上，所以违背了我信用证规定。我行经研究，无法接受单据，请告你方对单据处理的意见。”

5月29日，对开证行上述的单据异议，虽然国际贸易发展公司与议付行的意见一致，但仍以自己对信用证条款的理解向开证行抗辩：

“你5月29日电悉。对于第×××号信用证项下第×××号单证不符事，我们认为单证完全相符。你信用证原条款是这样规定的：‘Partial shipments are allowed in two lots’，其意思就是在两批之中（in two lots）允许分批装运（Partial shipments are allowed），所以在安特卫普的400公吨之中我又分批装，完全符合信用证要求。你们所谓‘不符点’是不存在的，你行应接受单据按时付款。”

5月31日，国际贸易发展公司发出上述反驳意见后，6月3日又接到开证行的复电：

“你5月31日电悉。对于第XXX号信用证项下你方不符点事，我们信用证原文规定：Partial shipments are allowed in two lots. 400M/Tons to Antwerp not later than May 31，1996. 200 M/Tons to Brussels not later than June 30，1996. 该条款意思很明确：‘允许分批装运’（Partial shipments are allowed）已被‘两批装运’（in two lots）所限制，即分400公吨至安特卫普；200公吨至布鲁塞尔。每批之中不能再分批。你方认为每批之中又可以再分批，完全是对原条款的误解。所以其不符点是明显存在的，我行经与申请人联系亦不同意接受单据，速复对单据处理的意见。”

6月3日，国际贸易发展公司有关人员对开证行这样坚持所提的意见，所以又对信用证条款作进一步的探讨，才认为以前是误解信用证条款。只好又与买方马卡尔贸易有限公司商洽，最后以降价为条件而结案。

假设本案例的信用证条款是这样规定的："Shipments in two lots：400M/Tons to Antwerp not later than May31，1996. 200 M/Tons to Brussels not later than June 30，1996."另外在其他条款又规定："Partial shipments are allowed."则可以考虑在每批之中再分批。因为条款虽然规定 400 公吨和 200 公吨两批，但另条款又规定允许分批装运，意即 400 公吨或 200 公吨两批之中允许分批装运。本案例信用证条款却是这样规定："Partial shipments are allowed in two lots."因为"allowed"一词被"in two lots"词所修饰和限制，即"允许"（allowed）被"分两批"（in two lots）所限制，也就是说其所"允许"的条件是"分两批"。

本案例的国际贸易发展公司对该条款没有正确的理解，被上述举例类似条款所混淆，误认为每批之中还可以分批。议付行在议付时就提出异议，国际贸易发展公司没有引起注意，进行研究，却仍然固执己见。当时议付行又不接受，双方各执己见，所以才商定采取只是国际贸易发展公司向议付行提担保议付，而要求议付行仍照常向开证行寄单不说明有不符点的情况，开证行如有异议由受益人负责。但单寄到国外，于 5 月 29 日开证行也提出该不符点，国际贸易发展公司却仍然以自己的误解进行抗辩。6 月 3 日开证行再次在电文中对该条款作了进一步的解释，国际贸易发展公司这时才组织有关人员对信用证该条款进行了探讨，发现自己以前的理解是错误的。

所以在国际贸易中，审证工作是一项非常重要而又细致的工作，需要对信用证条款有一定理解能力的人员担任这项工作，才能对企业起到把关的作用。出口业务程序从成交签订合同到备货、审证、改证、租船订舱、报关、报验、保险直至装运，任何一个环节出现问题，最后均会在单证上暴露出来，造成单证不符，被对方拒付货款或拒收货物。本案例的分批装运问题，虽然当时有船舱不足的原因，但审证人员当时认为可以再分批，误解信用证条款，所以才违背信用证规定，引起事故的发生。

问：本案有哪些启示？

案例 3：

香港 A 银行（开证行）开致海南 G 公司为受益人的 01－153109 号信用证计 227500 美元，价格术语 CIF BANGKOK，货物为硅锰合金。1995 年 9 月 21

日海南省B银行（议付行）议付单据。

9月27日，开证行来电拒付："产地证收货人为TO ORDER OF BANGKOK BANK PUBLIC CO. LTD. BANGKOK。申请人正与最终买主联系，结果待告。我行代为保留单据，请指示。"经查阅留底，议付行认为此系开证行无理拒付。9月29日，议付行去电反驳并敦促其立即付款："产地证之收货人与提单严格一致并与其他单据亦无矛盾，根据UCP500第二十一条，你行有责任接受单据。请收阅我行电后立即付款或作出详细解释。我行保留索息权利。"10月4日，开证行来电，称受益人已同意减额至209400美元，要求B行确认。而实际上受益人并未同意申请人之减额要求，议付行推测此时货应已抵港，硅锰合金行情亦呈涨势，买主不会不赎单。于是一方面敦促受益人尽快查实货物下落，一方面去电催收。基于开证行避而不谈单据问题，议付行亦避而不谈减额问题，两次致电其进口部经理。由于此时离起运日已有一个月，而受益人仍未能提供货物下落情况，议付行10月15日直接致电其总经理，以求速战速决："很抱歉来电要求您亲自过问贵行进口部拒付我行单据一事。单据现已不在香港，贵行却仍拒不付款，不但有悖国际惯例，也有损贵行形象，请赔付我行25天利息损失共USD1137.50（按年息9%计）。"议付行凭经验推测开证行已转寄单据，但由于受益人未能提供有力证据证明货已被提，供货人与受益人亦在退单问题上意见不一，议付行只能试探性指出单已被转寄，并不敢贸然提出退单。10月16日开证行来电，再次称受益人已同意减额至196681.75美元，要求议付行确认。此时受益人已从船代处得知货已于10月初发往收货人仓库，议付行认为开证行虽多次提出减额，但从不敢要挟退单，对议付行的指责亦不置可否，估计收货人已凭银行担保提货，也许是货物品质问题导致原始开证申请人拒付。10月23日受益人交来一份申请人提供的由泰国SAYBOLT机构出具的复验报告，并称申请人以短量为由提出索赔。由此看来议付行的推测是正确的，但报告中显示短量50吨之多（占总货量的10%），实在令人难以置信。议付行认真分析了该检验报告并多次与受益人详谈，受益人承认发货时1~3袋有破损现象，但到岸后不可能出现如此严重的短量。受益人称真正的拒付原因是，船吊不能正常工作，引起额外装卸费约5000USD，申请人借单据拒付并乘机提出减额，企图一箭双雕。议付行认为受益人之词可信度较高。因为据了解，该证申请人与原始申请人系母子公司，而且是“洋买办”，对国内国营公司的管理漏洞、国家政策等了若指掌，其提出的减额数正好与税后利润相抵，如果减额成功，受益人不赔不赚，一般不会付诸法律解决。鉴于此，议付行认为提出退单的时机已经成熟，一方面敦促受益人联系承运人了解收货人是否已凭银行担保提货，同时于10月26日去电正式提出退单，电文如下：

“参你行10月3日及16日电，减额要求不能接受，原因如下：①我行重申单据严格一致并于9月29日、10月16日电中明确表明我行观点，我行要求你行作出解释而你方却回避单证问题。很明显，你行所持之拒付理由是毫无道理的，而且难以自圆其说。很遗憾我行认为你行的拒付行为已违背了UCP500第九条（A）款。②我行认为你行置我行催收电于不顾，是不礼貌亦是不明智的。你行似乎宁愿卷入贸易纠纷也不愿按惯例履行开证行职责。你行的所作所为不符合UCP500第三条（A）款。③你行在9月27日电中声称代为保管单据并候我方指示，但受益人通知我行其已确定货物于9月底发往收货人仓库，我行对你行擅自放单表示震惊。此作法违背了UCP500第十四条（D）款，请立即对此事做出解释。

“鉴于以上原因，我行要求你行于10月27日前付款，外加25天利息1421.88美元及电报费90.00美元，共计229011.88美元，否则请退单。希望你行勿再置身于贸易争端之中，否则将卷入法律纠纷。”

10月27日，受益人交来承运人传真，落实了收货人确已凭原始开证行担保提货。于是议付行当日分别给其进口部经理及总经理发出急电，指出对方所作所为已使双方友好关系严重受损，催促其立即付款并赔息。10月31日，开证行通知议付行已于10月27日将头寸227500美元划付议付行账户并于当日起息，但开证行仍坚持不符点，且未提利息赔付问题。11月1日，议付行去电再次索息：“货款收妥而利息未付。①参你行10月27日电，信用证并未特别要求产地证收货人应作成申请人，而且产地证作成TO ORDER OF BANGKOK BANK PUBLIC CO. LTD BANGKOK与提单一致，与其他单据并无抵触。根据UCP500第二十一条，你行应接受此类单据。根据UCP500第十四条（A）款，你行应履行付款。我行自始至终都以单证及国际惯例为出发点，希望贵行重视这一做法。②你行擅自放单且至今未做出解释的行为实令人遗憾。根据UCP500第十四条（C）款，你行一旦放单便失去了拒付的权利，应立即无条件付款。而你行不但拒付，甚至还提出减额，佯装不知收货人已提货一事。尽管如此，我行亦乐意听取你行解释。③你行应于 9 月底而不是 10 月 27 日才付款。我行别无他法只能索赔我方严重利息损失。我行保留进一步索赔权利。” 11 月 6 日议付行致电进口部经理继续催收，同日收妥款项，至此该案圆满解决。

在本案中，B 银行的做法十分成功。概括起来，主要有以下几个方面：①信用证支付方式中，银行应坚持以单证和国际惯例为出发点，对开证行在一定贸易背景下提出的无理拒付应据理力争，锲而不舍，决不能姑息迁就，否则不但会授人以柄，而且有损银行形象及受益人利益。②经办人员应熟练掌握 UCP500 和有关贸易知识，才能指导受益人怎样配合银行，才能在处理纠纷中做到有理有利有节，使银行处于主动地位，才能对开证行晓之以理，使案件得到圆满解决。③背对背信用证贸易背景下开证行以单据为由无理拒付拖延付款的现象日益增多，信用证被当作拒付的工具，而不是银行信用的保障。此时仅凭国际惯例与单证相符的事实与开证行交涉是不够的，掌握物权下落极为关键。本案中议付行之所以迟迟不提出退单，就是因为受益人未能及时提供有力证据。议付行掌握物权下落情况后，得以指出要害，并根据 UCP500 晓之以理，开证行自知理亏，不得不全额付款并赔付利息。④日常收汇跟踪工作极为重要，对不正常情况应及时通报，记录在案，以备考核押汇条件，保障银行资金安全。

问：本案有哪些启示？

第十五章

非贸易结算

本章要点

1. 掌握国际非贸易结算的定义和方式。
2. 掌握侨汇和外币兑换业务的定义。
3. 会进行外币兑换。
4. 掌握旅行支票业务的定义。
5. 掌握旅行信用证业务的定义。
6. 掌握对非贸易外汇业务的管理的相关知识点。

课前小知识

随着中国跨境贸易人民币结算试点的扩大，非贸易项下的跨境人民币结算业务也在逐步推进。央行上海总部经常项目管理处副处长吴鸣曾公开表示，上海在非贸易项下的结算业务中非常有竞争力，希望上海企业进一步发展非贸易项下的结算业务。她表示，按照国际收支平衡表里的分类，目前非贸易项下分类包括服务、收益、经常项目转移等，而上海地区在运输、旅游、专利权、咨询费、保险等行业开展非贸易项下结算非常有潜力。

第一节　非贸易结算

国际非贸易结算（International Nontrade Settlement） 指以货币结算国际进出口贸易货款以外的债权和债务。国际非贸易结算包括贸易交往中的各项从属费用，如运输、保险、银行手续费等，以及其他与贸易无关的属于劳务性质的非实物收支，如出国旅游费用、侨民汇款、外币收兑、国外投资和贷款的利润、利息收益、驻外领使馆和其他机构企业的经费、专利权收入、馈赠等，又称无形贸易结算。

国际非贸易结算的特点是不需要组织商品出口，主要以相互提供服务换取外汇，单方面转移支付通常也是非贸易结算的重要内容。

非贸易结算方式主要有：非贸易汇款、非贸易信用证、旅行支票、非贸易票据的买入与托收、信用卡和外币兑换等。

1. 非贸易汇款结算方式

非贸易汇款是国际汇款业务的一部分，是与贸易项下汇款相对而言的，也是债务人或付款人委托银行将款项汇交给境外债权人或收款人的一种委托银行付款结算方式，主要用于资本借贷、清偿债务、划拨资金、无偿赠送和私人汇款等。

非贸易汇款也有电汇、信汇、票汇三种汇款方式，各种汇款方式的汇出、汇入，与贸易汇款的业务做法基本相同。

2. 非贸易信用证结算方式

非贸易信用证，是相对于贸易项下信用证而言的，是银行应开证申请人的请求，向申请人所到地有代理关系的银行开立的用于结算非贸易款项的光票信用证，主要有外事机构使用的光票信用证和旅游者使用的旅行信用证和环球旅行信用证。

3. 旅行支票结算方式

旅行支票，是由银行或旅行社为使旅行者减少和避免携带现金的麻烦而发行的一种专供旅行者使用的支票。旅行者购买旅行支票后，可以随身携带，用于支付在饭店、商店等的费用和在银行取现。

4. 信用卡结算方式

信用卡，作为一种结算工具，在国际非贸易结算中具有广泛的应用。

最初的非贸易结算是采取现金结算方式。后来发展成市场票据，开始以光票的收据进行非贸易结算。现在国际非贸易收支是采取非现金结算方式，主要通过银行对票据进行清算。小量非贸易外汇，也可采取携带自由兑换的货币，到国外兑成当地货币的办法。国际非贸易结算在两国或多国以双边或多边方式进行。不论使用哪国的货币，支付时一般均会折付为当地货币，或将资金存入有关货币的中心地点的账户。例如：将汇至伦敦的美元存入收款人在美国开立的银行账户。

非贸易外汇收入，主要来自提供劳务、各种服务，不需要出口商品，所以多数国家都努力提高服务质量，争取多收汇。中国在争取华侨汇款、旅游外汇和调回私人存在国外的资金等方面，订有各种优惠办法。非贸易结算可用即期或远期方式。即期票据在提示时立即付款。远期票据在提示时先办理承兑，待票据到期时付款。

第二节　侨汇和外币兑换业务

侨汇是侨居在国外的本国公民或侨居在本国的外国公民汇回其祖国的款项。侨汇是非贸易外汇收支的主要内容之一。正是由于大量侨汇回流，输出移民的发展中国家有效改善了居民教育卫生设施。

世界银行曾发表报告认为，在发展中国家，侨汇更多地进入消费领域而不是投资领域，对生产性投资很少发挥直接促进作用。这种情况在我国也有发生。我国有大量海外移民，他们向国内亲属汇回职业所得，形成数目惊人的侨汇。在侨乡大省福建，旅居海外者约 1 千多万人。他们主要分布在美国、日本、英国、以色列和东南亚等国以及我国港澳台地区。每年他们汇回国内的外汇数目巨大，金额达到数百亿元。但这些侨汇，在有些地方，被用来盖房子、建豪华坟墓，或是吃喝玩乐，导致被浪费的侨汇达百亿美元之巨。

但侨汇对于繁荣地方经济、发展文化公益事业也发挥了突出作用。从近代东南沿海居民异乡创业起，侨汇便开始输入国内。当时侨乡经济发展水平低，侨汇主要用于侨眷养家糊口。以往关于侨汇的认识主要也是“旅居海外的华侨从事各种职业所得，主要用于赡养国内眷属的生活用款”。随着国内经济发展，侨乡地区生活水平大幅提高，以往“雪中送炭”的侨汇更多扮演着“锦上添花”的角色。侨汇的用途也逐渐扩展为投资实业和捐建慈善公益事业。

对于侨汇的重要作用，我国政府早有认识。早在 1955 年，时任国务院总理的周恩来就曾签署命令，要求保护侨汇，并鼓励华侨和侨眷把侨汇投入生产。2004 年重新修订执行的《中华人民共和国归侨侨眷权益保护法实施办法》也再次申明侨汇是归侨、侨眷的合法收入，其所有权受法律保护。北京、河南、上海等地依据此法制定的实施办法，对以侨汇捐赠、建房、投资、税收等细节都制定了优惠照顾的规定。全国人大常委会陆续开展侨汇执法检查，内容包括维护侨汇在内的侨权侨益。

但是，在国际上，侨汇的回流途径经常会受到很多干扰。比如为防止违法洗钱，美国法律规定，单笔汇款一般不能超过8000美元，超过9100美元的汇款就要受到监管。汇款成本也是影响侨汇流动的一大因素。在美国，新移民的汇款大多是小额汇款，但汇款服务机构收费有时竟高达小额汇款的30%。此外，不具备合法身份的移民汇回侨汇时，更会遇到很多不便。针对这样的情况，发展中国家通常与侨民所在国积极合作，方便其侨民就业，并积极改善侨汇回流条件。

外币兑换业务（Foreign Currency Exchange） 外币兑换是对个人客户提供的一项柜台服务，包括买入外币、卖出外币和将一种外币兑换成另一种外币。主要为个人客户提供将外汇兑换成人民币或其他外币的服务，其服务对象为境内个人客户。

以下为2015年2月3日星期二中国银行的外汇牌价表：

货币名称	现汇买入价	现钞买入价	现汇卖出价	现钞卖出价	中行折算价
澳大利亚元	487.63	472.58	491.05	491.05	480.16
巴西里亚尔		220.08		240.71	229.49
加拿大元	495.27	479.98	499.25	499.25	487.85
瑞士法郎	670.94	650.22	676.32	676.32	675.21
丹麦克朗	94.94	92.01	95.7	95.7	95.39
欧元	707.12	685.3	712.08	712.08	698.32
英镑	937.01	908.09	943.59	943.59	925.74
港币	80.47	79.82	80.78	80.78	79.15
印尼卢比		0.0477		0.0511	0.0495
日元	5.314	5.1501	5.3514	5.3514	5.2485
韩国元		0.5502		0.5967	0.5709
澳门元	78.24	75.61	78.53	81.05	78.41
林吉特	171.61		172.81		171.02
挪威克朗	81.46	78.95	82.12	82.12	81.86
新西兰元	455.86	441.79	459.06	461.81	449.77
菲律宾比索	14.12	13.69	14.24	14.67	14.19
卢布	9.11	8.56	9.19	9.19	9.12
瑞典克朗	75.05	72.73	75.65	75.65	75.38

续表

货币名称	现汇买入价	现钞买入价	现汇卖出价	现钞卖出价	中行折算价
新加坡元	461.18	446.95	464.42	464.42	456.32
泰国铢	19.13	18.54	19.29	19.88	19.23
新台币		19.15		20.53	19.86
美元	623.95	618.95	626.45	626.45	613.69

目前中国境内中国银行可受理外币兑换的币种最多最全。在中国银行内地全辖范围，各网点只能受理英镑、港币、美元、瑞士法郎、新加坡元、瑞典克朗、挪威克朗、日元、丹麦克朗、加拿大元、澳大利亚元、欧元、菲律宾比索、泰国铢、韩国元、澳门元，新台币共17种货币。

以工商银行的网上兑换为例：

（1）进入中国工商银行网上银行，登录进入首页点击结售汇。

（2）选择你是要结汇还是要售汇。

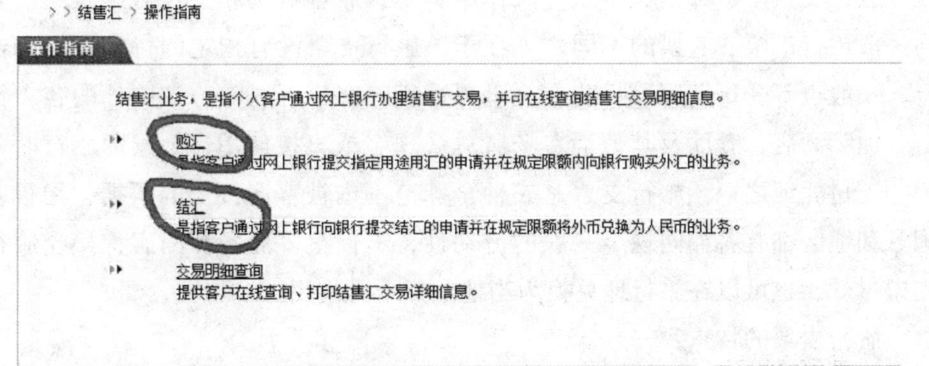

（3）填写所售或购的币种、金额、资金用途等信息，填完后直接按下一步，再次确认信息就可以了。如果你想把外汇提现出来，你就要到银行营业厅办理，所需时间非常短，而且网上交易还会有折扣。

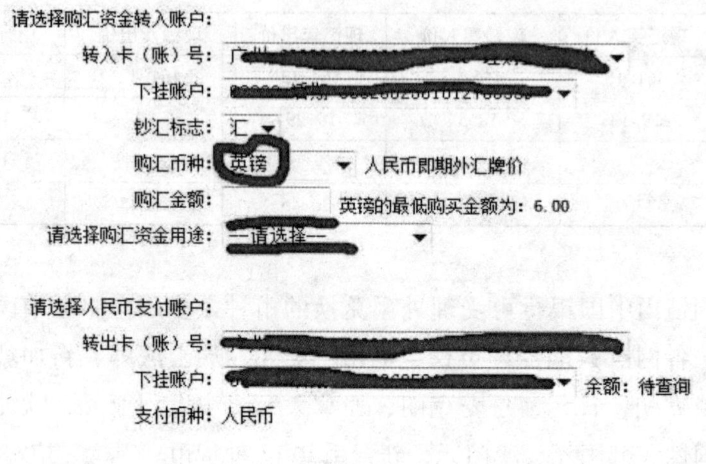

上述图片来源于互联网

第三节　旅行支票业务

旅行支票也叫外币旅行支票，是指境内商业银行代售的、由境外银行或专门金融机构印制、以发行机构作为最终付款人、以可自由兑换货币作为计价结算货币、有固定面额的票据。境内居民在购买时，须本人在支票上签名，兑换时，只需再次签名即可。

旅行支票是一种定额本票，其作用是专供旅客购买和支付旅途费用。它与一般银行汇票、支票的不同之处在于，旅行支票没有指定的付款地点和银行，一般也不受日期限制，能在全世界通用，客户可以随时在国外的各大银行、国际酒店、餐厅及其他消费场所兑换现金或直接使用，是国际旅行时常用的支付凭证之一。旅行支票是一种全球范围内被普遍接受的票据，在很多国家和地区都有着如同现金一般的流动性，不仅很多商场和酒店都接受旅行支票付款，也可以在旅行地兑换为当地的货币再使用。

旅行支票的特点：

1. 面额固定

各种旅行支票均有不同的固定面额，形似现钞，如有 10、20、50、100、500、1000 美元等面额的旅行支票。使用时可以零星用，比银行汇票方便。

2. 兑换方便

发行者为了扩大其流通领域，在世界各大城市和旅游地特约许多代兑机构，大大方便了旅游者的兑取。持票人携旅行支票出游，不仅可在发行银行的代兑行兑取票款，而且还可以在旅行社、旅店、机场、车站等地随时兑付。

3. 携带安全

旅行者购买旅行支票时，需在出售银行柜台上当面在旅行支票初签位置上签字，作为预留签字，取款时，须在兑付行的柜台上当面在旅行支票的复签位置上第二次签字，兑付行核对初签与复签相符后，才会付款。因此，旅行支票遗失或被盗，都不易被冒领，比携带现钞要安全。

4. 挂失补偿

发行机构规定，旅行支票不慎遗失或被盗，可提出“挂失退款申请”，只要符合发行机构的有关规定，挂失人就可得到退款或选择补发新的旅行支票。

5. 流通期限长

旅行支票多数不规定流通期限，可以长期使用，并具有“见票即付”的特点，持票人可以在发行机构的国外代兑机构凭票立即取款。

目前，全球通行的旅行支票品种有美国运通（AMERICAN EXPRESS）、VISA 以及通济隆、MASTER CARD、花旗等品牌，而印有中行字样的上述旅行支票能够在世界各地 800 余家旅行支票代兑行兑换，或在各国的大商铺和宾馆饭店直接使用，其中美国运通旅行支票在中国大陆 2000 多家银行营业网点都可以买到，合作银行包括农行、工行、中行、建行、光大、中信、交通银行等，不过最好在购买前先做电话咨询。

和现金一样，旅行支票也有不同票面。以美元支票为例，分为 20、50、100、500、1000 美元。除最为常用的美元旅行支票外，客户还可根据需要在中行上海市分行买到欧元、英镑、日元、澳元等币种的旅行支票，避免了兑换当地货币所带来的不必要的汇率损失。其中，目前美国运通旅行支票在中国大陆发行有美元、欧元、加元、澳元、日元等 7 种币别及 20 多种面额。

根据规定，中国境内居民个人可以用外汇存款账户内资金或外币现钞购买外币旅行支票，也可以用人民币账户内资金或人民币现钞购买外币旅行支票。本市居民凭本人有效身份证明、前往国家或地区有效签证的护照或港澳地区的通行证，就可以在各大银行用外汇现汇账户内资金购买等值 5 万美元

（含 5 万美元）以下的旅行支票。如果没有外币，市民可在因私出境换汇的额度内，根据《境内居民个人购汇管理实施细则》等有关规定，办理用人民币购买旅行支票的手续。下图为一张工商银行的旅行支票样本：

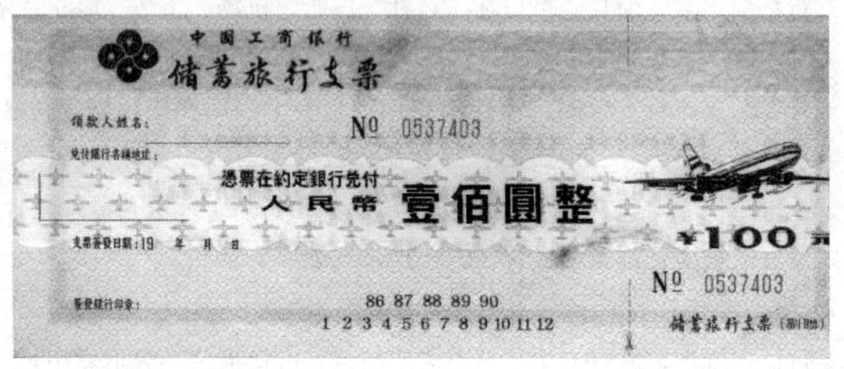

第四节 旅行信用证业务

旅行信用证（Traveller's letter of credit）是指一种由银行开立的、以旅行者自己为受益人的信用证。这种信用证的受益人在从开证日起到信用证的有效期满止，并且在信用证规定的金额范围内，可以开立汇票提交给银行进行议付。

旅行信用证具有不可撤销性质，索偿和偿付手续同信用证一样。因为旅行者在申请开证时，一般都预付十足的押金，所以不必请外国银行加具保兑。证上未用完的金额可以凭原证领回。这一点，使用旅行信用证比使用定额的旅行支票方便。但是旅行信用证的议付手续比较麻烦，它不像旅行支票可以在旅馆、机场等地随时随地兑付，只能在银行营业时间内到银行去当面取款，因而比旅行支票使用得少。不过，从遗失和被窃的角度来说，旅行信用证却比旅行支票更安全，因为它只能由旅行者本人支取，别人无法代领或冒领。旅行信用证可以开给一家或几家代理行，要求这些银行议付该信用证项下的汇票。同时把一份供议付行鉴定申请人签字真伪的证明信和旅行信用证一道交给申请人。当信用证交给几家银行时，还应交给申请人一份议付银行的名单。根据代理行协议的规定，买入旅行信用证项下汇票的议付行要将旅行者提交的信用证和议付行所持有的旅行信用证样本进行核对，并核对开证行的签字，要求汇票的出票人（即申请开证人）当着议付银行的面签发汇票，签字与证明信上预留的印鉴核对无误后，议付行承兑并支付该汇票，同时还要在信用证的背面批注已议付的金额和余额之后，将信用证退还给旅行者。适用的汇率和账务处理手续与光票相同。

旅行信用证有一种变种，称为定额流通旅行券。其正面记载和旅行信用证相同，但在反面印有定额空白汇票格式，汇票以开证行为付款人，并编好顺序号码，同时注明持有者共持有多少张汇票等。同旅行信用证一样，开证行对旅行券也开给印鉴核对书。

旅行信用证由于开证行不同，内容也有所不同，但基本上包括下列各项：

（1）开证行名称；

（2）“旅行信用证”字样；

（3）信用证编号；

（4）受益人姓名和护照号码；

（5）金额；

（6）开证日期；

（7）信用证效期；

（8）预留印鉴；

（9）指定付款行名称；

（10）开证行有权签字人签章。

旅行信用证的正本由受益人自行携带，副本由银行寄付款行，凭此核对印鉴，留底由开证行保留。

旅行信用证是银行为旅游者提供的一种支付工具，在 20 世纪 80 年代初期曾广泛使用，在一定时期内此项服务方便了广大旅游者。但近十年来，随着各种新型支付工具如信用卡、旅行支票、国际汇票等的普及使用，旅行信用证业务已日趋萎缩，发达国家的银行早已拒绝受理旅行信用证业务，总行及各地分行也早已停办此项业务。

第五节　非贸易外汇

根据外汇的来源和用途不同，可将外汇分为贸易外汇、非贸易外汇和金融外汇。贸易外汇，也称实物贸易外汇，是指来源于或用于进出口贸易的外汇，即由于国际商品流通而形成的一种国际支付手段。

非贸易外汇是指贸易外汇以外的一切外汇，即一切非来源于或用于进出口贸易的外汇。非贸易外汇收入如：海运收入，航空收入，铁道收入，邮电收入，金融企业收入，保险收入，出口图书、影片、音像制品、邮票收入，旅游及旅游商品收入，侨汇收入，对外承包工程收入，输出劳务收入，关税及税款收入，外币兑换收入，驻华机构汇款收入，中外合资企业（中方）上缴的外汇利润，国外援助及捐赠收入，广告、修理、展览、检验、租赁收入，经营房地产收入，经营股票、债券收入及其他非贸易外汇收入。

金融外汇与贸易外汇、非贸易外汇不同，属于一种金融资产外汇，例如银行同业间买卖的外汇，既非来源于有形贸易或无形贸易，也非用于有无形贸易，它是为了管理各种货币头寸。资本在国家之间的转移，也要以货币形态出现，或是间接投资，或是直接投资，都形成在国家之间流动的金融资产，特别是国际游资数量巨大，交易频繁，影响深远，各国有关方面一直对其特别关注。

贸易外汇、非贸易外汇和金融外汇在本质上都是外汇，它们之间并不存在不可逾越的鸿沟，而是经常互相转化。

非贸易外汇管理是指对非贸易活动引起的外汇收支，及各种从属费用的外汇收支的管理。非贸易外汇管理是与贸易外汇管理相对应的。

非贸易外汇管理的内容包括：

（1）旅游外汇管理；

（2）承包工程、劳务服务外汇管理；

（3）交通运输业外汇管理；

（4）寄售和维修业务外汇管理；

（5）海外无偿援助和捐赠的外汇管理；

（6）因公出国人员的外汇管理；

（7）侨汇、个人的外汇管理；

（8）外国驻华机构及其人员的外汇管理；

（9）外汇出入境的管理；

（10）其他非贸易部门的外汇管理等。

中国非贸易外汇收入账户的建立：

（1）从1993年1月1日起，财政部在中国银行总行建立非贸易外汇收入总账户。

（2）各地财政部门在当地相应的中国银行分、支行建立起非贸易外汇收入分账户。

（3）各级财政部门均为当地创汇单位建立非贸易外汇收入明细账户。

（4）财政部门与银行建立上述账户时，都会互留印鉴。

中国非贸易外汇收入账户的管理：

各创汇单位实现的非贸易外汇收入，应在中国银行或其他指定银行办理结汇手续。中央单位的外汇收入结汇后，记入财政部在中国银行总行开立的总账户；地方单位的外汇收入结汇后，记入地方财政部门在当地中国银行开立的分账户。

在中国银行办理结汇的创汇单位，每季度终了10日内应持供办理留成用的结汇水单以及“留成外汇计算表”一式四联，到中国银行进行核对。经核对无误后，由银行在“留成外汇计算表”上加盖“结汇已核对，请财政部门审核留成”章确认。第一联作为中国银行收入财政部门非贸易外汇收入账户的记账凭证；第二联作为财政部门收入创汇单位非贸易外汇收入明细账户的记账凭证；第三联作为财政部门审批留成的依据；第四联由创汇单位留存。

在其他指定银行办理结汇的非贸易外汇收入，结汇银行应及时向当地中国银行办理外汇移存。创汇单位在申请审批留成额度时，应持结汇水单及留成外汇计算表到结汇银行进行核对，结汇银行须核对确认，然后，由结汇银行持创汇单位的留成外汇计算表和中国银行办理移存的有关单据，向中国银行证实申请审批留成额度的外汇收入确已移存到中国银行，由中国银行在该留成外汇计算表上加盖“结汇已核对，请财政部门审批留成”章确认。中国银行除将第一联留作本行记账凭证外，其余三联由结汇行退还创汇单位，由创汇单位据此向财政部门申请审批留成额度。

对于不办理外汇留成的创汇单位的非贸易外汇收入，中国银行应根据国家现汇外汇收入月报表中非贸易外汇收入全年合计数，扣除本年已办理申请审批留成额度的非贸易外汇收入额后，按其差额填制不办理留成的非贸易外汇收入入账通知书，一式两联，第一联由中国银行加盖公章后交财政部门作为收入非贸易外汇收入账户的记账凭证；第二联作为中国银行收入财政部门非贸易外汇收入账户的记账凭证。

中国银行应及时向财政部门发送对账单一式三联，经财政部门核对后加盖公章退回中国银行。

财政部门对核拨给创汇单位的外汇留成部分应从非贸易外汇收入账户中退库。财政部门根据各单位主管部门汇总并经中国银行确认的“留成外汇计算表”审核无误后，填制“非贸易外汇调拨单”并加盖财政部门印章。第一联作为财政部门办理退库的记账凭证（中央单位的直接从总账户中退库，地方单位的从分账户中退库）；第二联作为银行核减财政部门非贸易外汇收入账户的依据；第三联作为收入留成外汇账户的入账凭证；第四联作为创汇单位的留成依据。

本章习题

1. 国际非贸易结算的定义和方式是什么？
2. 什么是侨汇和外币兑换？
3. 怎么进行外币兑换？
4. 什么是旅行支票？
5. 什么是旅行信用证？
6. 如何对非贸易外汇进行管理？

第十六章

贸易术语

本章要点

1. 贸易术语的概念。

2. 比较 FOB、CFR、CIF 术语的异同。

3. 比较 FCA、CPT、CIP 术语的异同。

4. 比较 DAT、DAP 术语的异同。

5. 了解《国际贸易术语通则 2010》所规定的 11 种贸易术语的名称和意义。

6. 了解贸易术语的使用方法。

课前小知识

2014 年我国进出口情况

2015 年 1 月海关总署发布数据，2014 年我国进出口总值 26.43 亿元人民币，同比增长 2.3%。其中：出口 14.39 万亿元，增长 4.9%；进口 12.04 万亿元，下降 0.6%；贸易顺差 2.35 万亿元，扩大 45.9%。最新一期外贸出口先导指数为 40.1，连续第三个月下滑，为 2013 年 12 月以来最低点。

第一节 贸易术语概述

贸易术语（Trade Terms）也称价格术语（Price Terms），是在长期的国际贸易实践中产生的，用来表示成交价格的构成和交货条件，确定买卖双方风险、责任、费用划分等问题的专门用语。

一、编制贸易术语的作用

（1）有利于买卖双方洽商交易和订立合同。根据国际统一的规则，每一种贸易术语对买卖双方的义务都有统一的解释，这有利于买卖双方明确各自的权利和义务，早日成交。

（2）有利于买卖双方核算价格和成本。由于各种贸易术语对于成本、运费和保险费等各项费用由谁来负担都有明确的界定，买卖双方核算价格和成本比较容易，也不容易因为贸易术语改变产生价格争议，但世界上有些国家有特殊规定的，在与这些国家有业务往来时，要遵照这些国家的规则来办理业务。

（3）有利于解决履约当中的争议。由于贸易术语由相关的国际惯例解释，对买卖双方在交易中的争议，可通过国际贸易惯例解释，争议的解决方案也能为各方所接受。

二、贸易术语的有关国际规则

国际贸易的术语一直在演变，目前各国通用的是《国际贸易术语解释通则 2010》（International Rules for the Interpretation of Trade Terms 2010），该规则也是不断演进的。

（1）《1932 年华沙——牛津规则》。1928 年，国际法协会在华沙开会，制定了《1928 年华沙规则》，该规则专门解释 CIF 买卖合同的性质，买卖双方的责任、费用、风险划分以及所有权的转移方式等问题。1932 年对原规则进行修订，产生了《1932 年华沙——牛津规则》。

（2）《1941 年美国对外贸易定义修订本》。该惯例由美国 9 个商业团体共同制定，对六种贸易术语进行了解释，这套规则与《国际贸易术语解释通则 2010》有些地方不尽相同，在学习时须格外注意。美国的这套规则具体是：

①Ex Point of Origin 产地交货；

②FAS 在运输工具旁交货；

③FOB 在运输工具上交货；

④C&F 成本加运费；

⑤CIF 成本加运费、保险费；

⑥Ex Dock 目的港码头交货。

（3）《国际贸易术语解释通则》（International Rules for the Interpretation of Trade Terms，缩写 INCOTERMS）是国际商会为统一各种贸易术语的不同解释于 1936 年制定的，随后，为适应国际贸易实践发展的需要，国际商会先后于

1953年、1967年、1976年、1980年和1990年进行过多次修订和补充。

1999年，国际商会广泛征求世界各国从事国际贸易的各方面人士和有关专家的意见，通过调查、研究和讨论，对实行60多年的《通则》进行了全面的回顾与总结。为使贸易术语更进一步适应世界上无关税区的发展、交易中使用电子讯息的增多以及运输方式的变化，国际商会再次对《国际贸易术语解释通则》进行修订，并于1999年7月公布《2000年国际贸易术语解通则》（简称《INCOTERMS 2000》或《2000年通则》），于2000年1月1日起生效。2010年9月27日，国际商会正式推出《2010国际贸易术语解释通则》（INCOTERMS 2010）与INCOTERMS 2000并用，新版本于2011年1月1日正式生效，目前普遍适用《INCOTERMS 2010》规则。

目前我们学习中的术语以《INCOTERMS 2010》为主。

第二节　国际贸易术语

《INCOTERMS 2010》中共有11个贸易术语，因为国际结算课程往往与国际贸易密切联系，许多同学没有参与《国际贸易实务》等基础课程的学习，所以在各项结算单据的处理过程中，会存在困难，本章将国际贸易术语一一简要论述，未学习过的同学，可将其作为知识的补充，学习过的同学将此作为知识点的回顾。

一、EXW

EXW即ex works（named place）——工厂交货（指定地点）。

EXW是国际贸易术语之一。它指卖方负有在其所在地即车间、工厂、仓库等把备妥的货物交付给买方的责任，但通常不负责将货物装上买方准备的车辆或办理货物结关。买方承担自卖方的所在地将货物运至预期的目的地的全部费用和风险。采用EXW条件成交时，卖方的风险、责任、费用都是最小的。但是，若双方希望在起运时卖方负责装载货物并承担装载货物的全部费用和风险，则须在销售合同中明确写明。在买方不能直接或间接办理出口手续时，如果卖方同意装载货物并承担费用和风险的话，不应使用该术语，而应使用FCA。在国际物流中，在出口国装运时需要集运的物流业务适宜采用EXW。

一、EXW：Ex works（insert named place of delivery）

二、FCA

FCA 即 free carrier（named place）——货交承运人（指定地点）。

FCA 指卖方应负责将其移交的货物，办理出关后，在指定的地点交付给买方指定的承运人照管。根据商业惯例，当卖方被要求与承运人通过签订合同进行协作时，在买方承担风险和费用的情况下，卖方可以照此办理。本术语适用于任何运输方式。采用这一交货条件时，买方要自费订立从指定地点启运的运输契约，并及时通知卖方。《2000 通则》规定，若双方约定的交货地点是卖方所在地，卖方负责把货物装上买方指定的承运人的运输工具即可，若交货地是其他地点，卖方在自己的运输工具上完成交货，无须卸货，《2010 通则》未对此作出更改，沿用该规则。FCA 术语要求卖方办理出口结关手续。这个贸易术语因为不受运输方式的限制，具有广泛的适用性，尤其是中国的出口加工业向西部内陆地区转移后，FCA 便较之前的 FOB 更适用。

二、FCA：Free Carrier（insert named place of delivery）

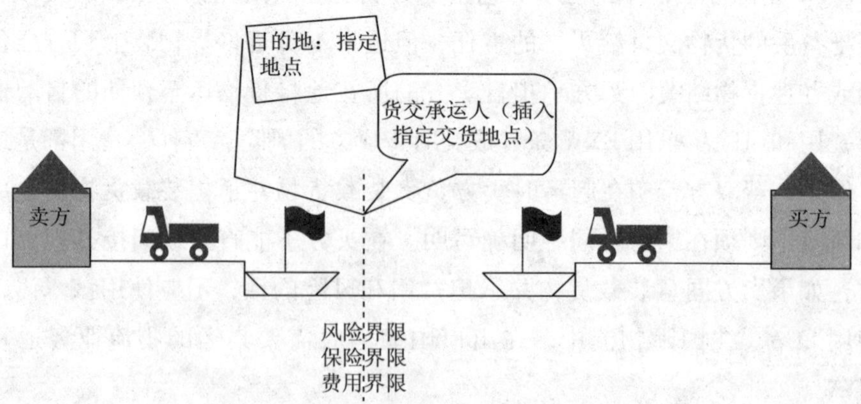

三、FAS

FAS 即 Free Alongside Ship（named port of shipment）——船边交货（指定装运港）。

使用该术语，卖方负责将货物交至装运港买方指定的船边。若买方所派船只不能靠岸，卖方应当负责用驳船将货物运至船边，卖方在船边完成交货义务，风险和责任也在此发生转移，由卖方负责装船的手续和费用。卖方办理出口结关手续。

三、FAS：Free Alongside Ship（insert named port of shipment）

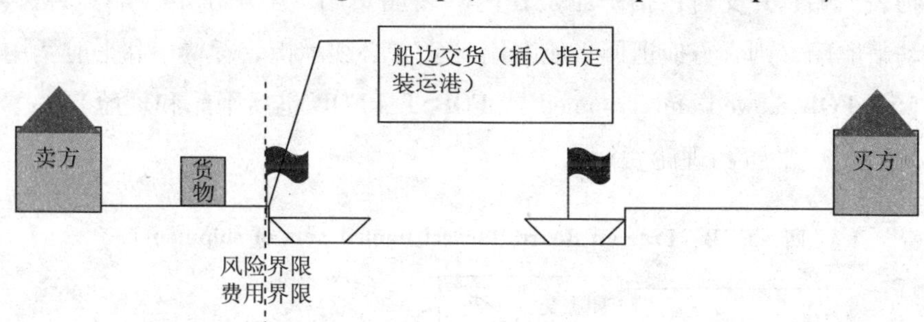

四、FOB

FOB 即 Free on Board（…named port of shipment）——船上交货（……指定装运港）。

使用 FOB 术语，卖方应负责在合同规定的装运港和规定的期限内，将货物交到买方指派的船上，承担货物在装运港装运上船之前的一切风险，并及时通知买方，办理出口结关手续。货物在装运港装上船后，买方须承担货物的全部费用、风险、灭失或损坏，另外要求卖方办理货物的出口结关手续。

本条中风险转移规则在《2000 年国际贸易术语解释通则》和《2010 年国际贸易术语解释通则》中有不同之处。由于 2000 年解释通则规定越过船舷风险即发生转移，但是否越过船舷不便于举证，所以需要修改。《2010 年国际贸易术语解释通则》修改为：装运港货物装运上船后，风险转移给买方。

在使用 FOB 术语时，常会遇到术语变形，FOB 术语的变形只会涉及装货费的问题，其他买卖双方的风险、责任等不会改变。以下为 FOB 术语的变形：

（1）FOB Liner Terms（FOB 班轮条件），装船费用按照班轮条件办理，卖方只负责将货物交到码头港口，装卸及平舱理舱费均由支付运费的一方——

买方负担。(卖方不必承担装货费用)

(2) FOB Under Tackle (FOB 吊钩下交货), 卖方承担的费用截止到买方指定船只的吊钩所及之处, 有关装船的各项费用一概由买方负担。(卖方不必承担装货费用)

(3) FOB Stowed 或 FOBS (FOB 包括理舱/船上交货并理舱), 卖方负责将货物装上船, 并支付包括理舱费在内的装船费用。多用于杂货船。(卖方必须承担装货费用和理舱费用)

(4) FOB Trimmed 或 FOBT (FOB 包括平舱/船上交货并平舱), 卖方负责将货物装上船, 并支付包括平舱费在内的装船费用, 多用于散装船。若买方租用自动平舱船, 则卖方应退回平舱费用 (卖方必须承担装货费用和平舱费用)。

(5) FOB Stowed and Trimmed 或 FOBST (FOB 包括平舱和理舱), 卖方必须承担装货、平舱和理舱费用。

四、FOB: Free on Board (insert named port of shipment)

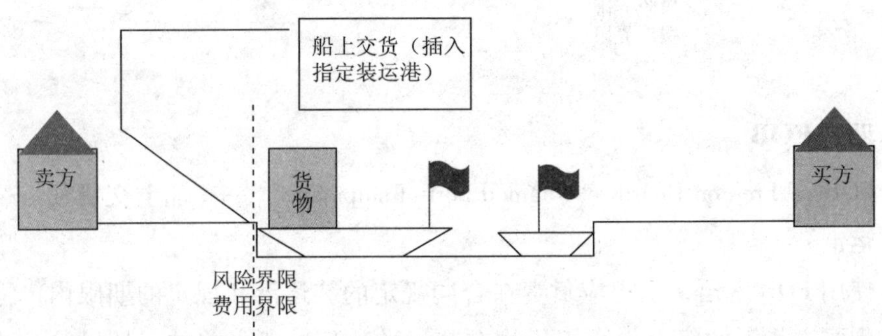

五、CPT

CPT 即 Carriage Paid to (… named place of destination) ——运费付至(……指定目的地)。

使用 CPT 术语, 卖方应自费订立运输契约并支付将货物运至目的地的运费。在办理货物出口结关手续后, 在约定的时间和指定的装运地点将货物交由承运人处理, 并及时通知买方。

本术语是指卖方支付货物运至指定目的地的运费。关于货物灭失或损坏的风险以及货物交至承运人后发生事件所产生的任何额外费用, 自货物已交付给承运人照管之时起, 从卖方转由买方承担。另外, 卖方须办理货物出口的结关手续。本术语适用于各种运输方式，包括多式联运，所以较 CFR 术语更适用于内陆贸易。

五、CPT：Carriage Paid To（insert named place of destination）

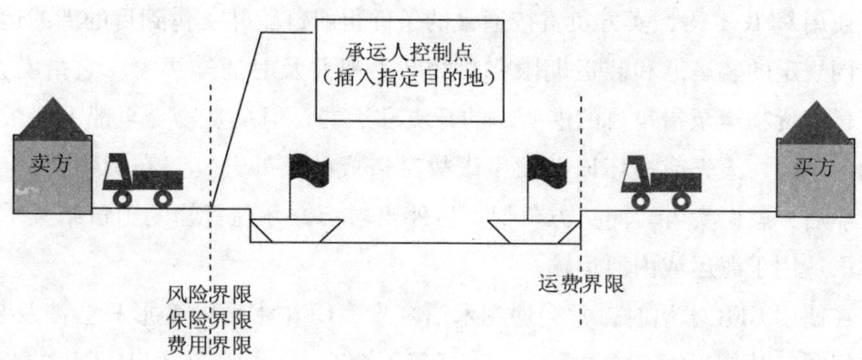

六、CIP

CIP 即 Carriage and Insurance Paid to（…named place of destination）——运费及保险费付至（……指定目的地）。

使用 CIP 术语，卖方应自费订立运输契约并支付将货物运至目的地的运费，负责办理保险手续并支付保险费。在办理货物出口结关手续后，在指定的装运地点将货物交由承运人照管，以履行其交货义务。卖方还须办理货物在运输途中应由买方承担的货物灭失或损坏风险的海运保险并支付保险费，虽然运费和保险费由卖方承担，但是运输途中的任何费用和风险以及由此产生的损耗等则需要由买方来负责。本术语适用于任何运输方式。

六、CIP：Carriage and Insurance Paid To（insert named place of destination）

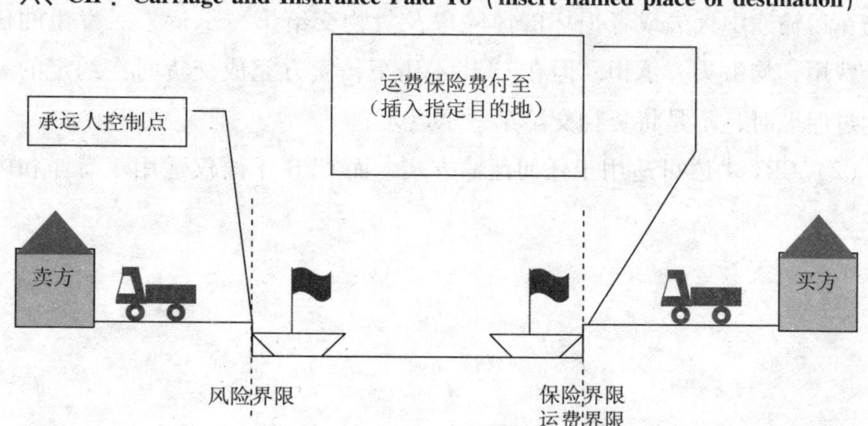

七、CFR

CFR 即 Cost and Freight（…named port of destination）——成本加运费（……指定目的港）。

使用 CFR 术语，卖方负责按通常的条件租船订舱并支付到目的港的运费，按合同规定的装运港和装运期限将货物装上船并及时通知买家。它指卖方必须支付把货物运至指定目的港所需的开支和运费，但从货物交至船上甲板后，货物的风险、灭失或损坏以及发生事故后造成的额外开支，在货物在指定港装上船后，就由卖方转向买方负担。另外要求卖方办理货物的出口结关手续。本术语适用于海运或内河运输。

在使用 CFR 术语时，常会遇到术语变形，CFR 术语的变形只会涉及装货费的问题，其他买卖双方的风险、责任等不会改变。以下为 CFR 术语的变形：

（1）CFR Liner Terms（CFR 班轮条件）卸货费按照班轮的办法处理，即买方不予承担。

（2）CFR Landed（CFR 卸到岸上）指由卖方将货物卸到目的港岸上位置的卸货费，包括从轮船到码头转运时可能发生的驳船费和码头捐税。

（3）CFR ex tackle（CFR 吊钩下交货）卖方承担货物从舱底吊至船边卸离吊钩为止的费用。

（4）CFR ex ship’s hold（CFR 舱底交接）买方负责将货物从目的港船舱舱底吊卸到码头的费用。

CFR 在很多方面与 CPT 相似，但也有不同之处，CPT 以及 CFR 的区别：

（1）CPT 是卖方负责安排把货物运至指定目的地的运输，并付运费，但货物在运输途中灭失或者损坏的风险以及货物交给第一承运人后发生的任何额外费用，均由买方承担。但在 CFR 术语下，卖方完成交货时在约定的装运港越过船舷时，不是将货物交给第一承运人。

（2）CPT 术语可适用于任何运输方式，而 CFR 术语仅适用于海洋和内河运输。

七、CFR：Cost and Freight（insert named port of destination）

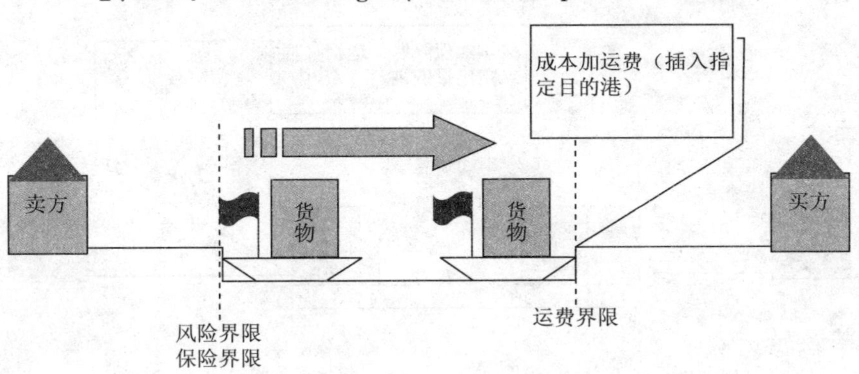

八、CIF

CIF 即 Cost Insurance and Freight（…named port of destination）——成本加保险费、运费（……指定目的港）。

使用 CIF 术语，卖方负责按通常条件租船订舱并支付到目的港的运费，在合同规定的装运港和装运期限内将货物装上船并负责办理货物运输保险，支付保险费。

在使用 CIF 术语时，常会遇到术语变形，CIF 术语的变形只会涉及卸货费的问题，其他买卖双方的风险、责任等不会改变。以下为 CIF 术语的变形：

（1）CIF Liner Terms（CIF 班轮条件），卖方必须承担卸货费用；

（2）CIF Landed（CIF 卸至岸上），卖方必须承担卸货费用包括驳运费；

（3）CIF Under Ex Tackle（CIF 吊钩下交接），卖方必须承担卸货费用；

（4）CIF Ex Ship's Hold（CIF 舱底交接），卖方不必承担卸货费用。

CIF 以及 CFR 的区别：

CIF 术语要由卖方办理保险，支付保险费，并向买方转让保险单；CFR 术语则由买方自行办理投保并支付保险费，保险也容易引起争议问题。因为按照 CIF 术语，卖方虽然负责投保并支付保险费，但货物在装运港装上船后，风险就由卖方转移到买方承担，卖方对运输中的货物已经不再拥有可保权益，卖方实际上是为了买方的利益而投保。因此投保什么险别、如何确定保险金额，应事先在合同中约定，否则容易在货物遭受损失时得不到应有的赔偿而引起纠纷。

八、CIF：Cost Insurance and Freight（insert named port of destination）

成本加保险费、运费（插入指定目的港）

卖方

货物

货物

买方

风险界限

保险界限
运费界限

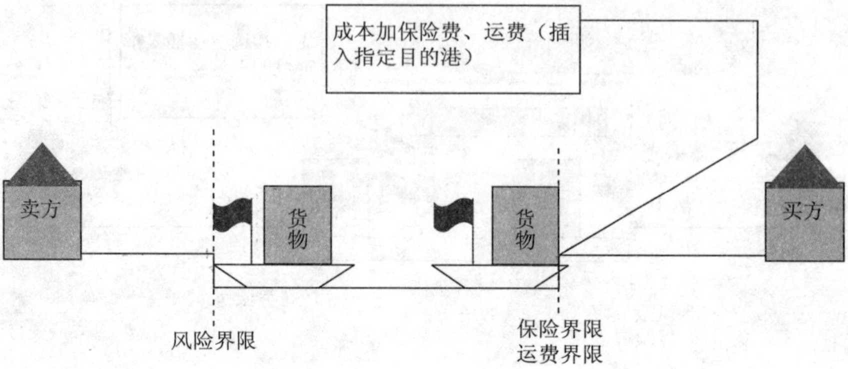

九、DAT

DAT 即 Delivered at Terminal（named terminal port or place of destination）——运输终端交货（指定港口或目的地的运输终端）。

使用 DAT 术语卖方在合同中约定的日期或期限内将货物运到合同规定的港口或目的地的运输终端，并将货物从抵达的载货运输工具上卸下，交给买方处置时即完成交货。DAT 旨在替代《INCOTERMS 2000》中的 DEQ 术语。

在 DAT 中买卖双方基本义务：

卖方必须签订运输合同，支付将货物运至指定港口或目的地的运输终端所发生的运费；在指定港口或目的地的运输终端将符合合同约定的货物从抵达的运输工具上卸下交给买方处置时即完成交货；卖方必须向买方发出所需通知，以便买方采取收取货物通常所需的措施；承担在运输终端交货之前的一切风险和费用（包括保险费）；自负风险和费用取得出口所需的许可或其他官方授权，办理货物出口和交货前从他国过境运输所需的一切海关手续；提供商业发票及买方能够收取货物的凭证或相等的电子信息。

买方承担在运输终端交货之后的一切风险和费用；自负风险和费用取得进口所需的许可或其他官方授权，办理货物进口所需的一切海关手续；按合同约定收取货物，接受交货凭证，支付价款。

九、DAT：**Delivered At Terminal（insert named terminal at port or place of destination）运输终端交货（注：替代《2000通则》中的DEQ术语）**

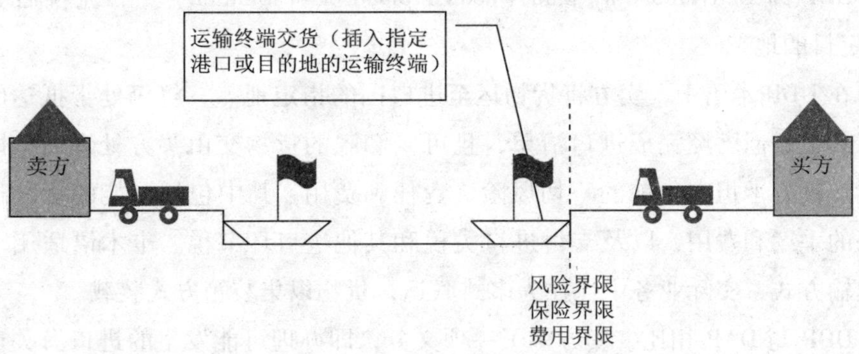

十、DAP

DAP即Delivered at Place（named place of destination）——目的地交货（指定目的地）。

在DAP术语中，卖方将货物运至指定目的地，将还在运输工具上可供卸载的货物交由买方处置时，即为交货。DAP与DAT的区别仅在于DAP卖方在目的地不负责卸载货物，而DAT卖方在目的地要负责卸载货物。DAP卖方承担将货物运送到指定地点的一切风险。买方负责从运输工具上卸载货物，并承担可能发生的一切费用和风险。但如果在运输合同中已经包含了在目的地的卸货费用，该费用仍应当由卖方承担。

该术语主要是替代INCOTERMS 2000中的DAF、DES和DDU术语。DAT和DAP的不同之处在于卸货责任的不同。

十、DAP：Delivered At Place（insert named place of destination）

目的地交货（注：替代《INCOTERMS 2000》中的DAF、DES和DDU术语）

买方负责从运输工具上卸载货物

目的地交货（插入指定目的地）

卖方

买方

风险界限
保险界限
费用界限

十一、DDP

DDP 即 Delivered duty paid（named place of destination）——完税后交货（指定目的地）。

在 DDP 术语中，卖方将货物运至进口国的指定地点，将仍处于抵达的运输工具上，但已经完成进口清单，且可供卸载的货物交由买方处置时，即为交货。卖方承担交货前的一切风险、责任和费用，其中包括可能的货物进口报关的手续和费用，以及支付进口关税和其他进口环节税。本术语适用于各种运输方式，实际业务中往往为多式联运，货物以集装箱方式装载。

DDP 与 DAP 相比，卖方多了一项义务，即办理可能发生的进口海关通关手续并支付费用与关税，而在 DAP 中，进口海关通关手续费用与关税是由买方承担的。DDP 是卖方承担义务最多的贸易术语。

十一、DDP：Delivered Duty Paid（insert named place of destination）完税后交货

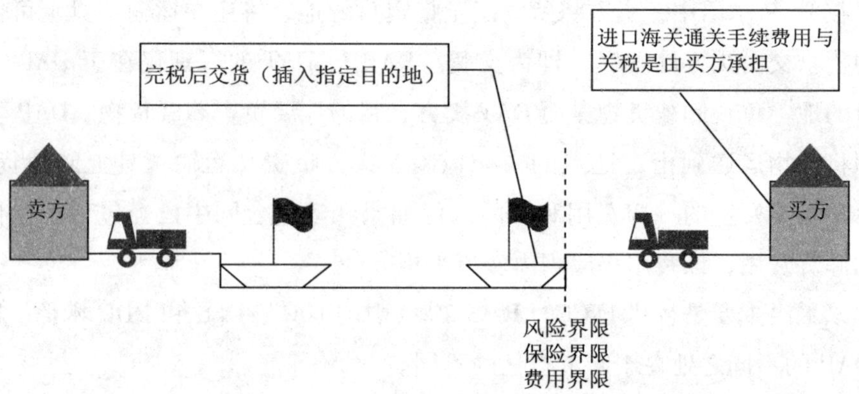

11 种贸易术语比较：

英文及缩写	中文全称	交货地点	风险划分	出口报关	进口报关	适用运输方式	标价注明
ex works EXW	工厂交货	卖方处所	买方接管货物后	买方	买方	各种运输方式	指定地点
free carrier FCA	货交承运人	合同规定的出口国内地、港口	承运人接管货物后	卖方	买方	同上	同上
free alongside ship FAS	船边交货	装运港船边	货交船边后	卖方	买方	海运，内河运输	装运港名称

续表

英文及缩写	中文全称	交货地点	风险划分	出口报关	进口报关	适用运输方式	标价注明
free on board FOB	船上交货	装运港船上	货物在装运港装上船	卖方	买方	同上	同上
cost & freight CFR	成本加运费	同上	同上	卖方	买方	同上	目的港名称
cost insurance and freight CIF	成本加保险加运费	同上	同上	卖方	买方	同上	同上
carriage paid to CPT	运费付至	合同规定的出口国内地港口	承运人接管货物后	卖方	买方	各种运输方式	目的地名称
carriage & insurance paid to CIP	运费，保险费付至	同上	同上	卖方	买方	同上	同上
delivered at terminal DAT	运输终端交货	指定运输终端	从运输工具卸下，交给买方处置时	卖方	买方	各种运输方式	目的地名称
delivered at place DAP	目的地交货	目的地	未从运输工具卸下，交给买方处置时	卖方	买方	各种运输方式	目的地名称
delivered duty paid DDP	完税后交货	同上	同上	卖方	卖方	同上	同上

第三节 贸易术语的使用

国际贸易术语经常在货物报价中被用到。在国际货物贸易合同中，单价应当包括：计价单位、价格及贸易术语。例如：

每公吨 1000 美元 FOB 上海（USD1000 per MT FOB Shanghai）。

每打 1000 美元 CIF 纽约（USD1000 per dozen CIF New York）。

每件 335 美元 CIF 纽约（USMYM 335 per piece CIF New York）。

不同的贸易术语，买卖双方承担不同的义务。采用不同的贸易术语，关系到买卖双方的利益，所以需要学习主要使用的贸易术语间价格的换算方式。

报价通常使用 FOB、CFR、CIF 三种价格。FOB、CIF、CFR 三种贸易术语价格之间的换算方式及公式介绍如下：

1. FOB 价换算为 CFR 价或 CIF 价

FOB 价算为 CFR 价的公式：

CFR＝FOB+F（运费）

FOB 价换算为 CIF 的公式：

CIF＝［FOB+F（运费）］÷［1-保险费率·（1+投保加成率）］

2. CIF 价换算为 FOB 价或 CFR 价

CIF 价换算为 FOB 价的公式：

FOB＝CIF-I（保险费）-F（运费）

CIF 价换算为 CFR 价的公式：

CFR＝CIF-I（保险费）

3. CFR 价换算为 FOB 价或 CIF 价

CFR 价换算为 FOB 价的公式：

FOB＝CFR-F（运费）

CFR 价换算为 CIF 价的公式：

CIF＝CFR÷［1-保险费率·（1+投保加成率）］

对外报价核算时，应按照如下步骤进行：明确价格构成，确定成本、费用和利润的计算依据，然后将各部分合理汇总。以下用实例说明三种贸易术语的对外报价核算。

例 1：某公司出口货物共 200 箱，对外报价为每箱 438 元 CFR 马尼拉，菲律宾商人要求将该价格报为 FOB 价，试求货物应付的运费以及应改报的 FOB 价为多少？已知该批货物每箱的体积为 45cm×35cm×25cm，毛重 30 千克，商品计费标准为 W/M，100 美元每运费吨，到马尼拉需要燃油附加费 20%，货币附加费 10%，港口拥挤费 20%。

解：（1）45cm×35cm×25cm＝0.0394m^3，因为 0.0394 ＞ 0.03

且基本运费的计收方法是 W/M，所以应选择 0.0394m^3 来计算运费。

由：运费＝计费标准×基本运费×商品数量×（1+各种附加费率）＝0.0394×100×200×（1+20%+20%+10%）＝4658（美元）则单位运费＝4658/200＝23.29（美元）

（2）应改报的FOB价是：FOB=CFR-运费=438-23.29=414.7（美元）

例2：某货主在货物装船前，按发票金额的110%办理了货物投保手续，投保一切险加保战争险。该批货物以CIF成交的总价值为20.75万美元，一切险和战争险的保费率合计为0.6%。问：①该货主应交的保险费是多少？②若发生了保险公司承保范围内的风险，导致该批货物全部灭失，保险公司的最高赔偿金额是多少？

答：

①保险费=CIF总值×110%×保险费率=20.75万×110%×0.6%=1369.5（美元）

②保险金额=CIF总值×110%=20.75万×110%=22.825万（美元）

本章思考题

1. 贸易术语的概念。
2. 比较FOB、CFR、CIF术语的异同。
3. 比较FCA、CPT、CIP术语的异同。
4. 比较DAT、DAP术语的异同。
5. 了解《国际贸易术语通则2010》所规定的11种贸易术语的名称和意义。
6. 了解贸易术语的使用方法。

参考文献

[1]跟单信用证统一惯例.国际商会第 600 号出版物.

[2]关于审核跟单信用证项下单据的国际标准银行实务.国际商会第 681 号出版物.

[3]国际备用信用证惯例.国际商会第 590 号出版物.

[4]托收统一规则.国际商会第 522 号出版物.

[5]见索即付保函统一规则.国际商会第 458 号出版物.

[6]百度网站.

[7]国泰安信息技术有限公司开发的<国际结算>实习平台.

[8]对外经济贸易大学和世格软件推出的 SimTrade 外贸实习平台.

[9]中华人民共和国海商法.

[10]中华人民共和国票据法.

[11]庞红,尹继红,沈瑞年.国际结算[M].北京:中国人民大学出版社,2010.

[12]梁琦.国际结算[M].2 版.北京:高等教育出版社,2009.

[13]吴国新,李元旭.国际贸易单证实务[M].北京:清华大学出版社,2008.

[14]王学惠,王可畏.国际结算[M].北京:清华大学大学出版社,北京交通大学出版社,2009.

[15]徐进亮.国际结算惯例与案例[M].北京:对外经济贸易大学出版社,2007.

[16]鲁丹萍.国际贸易综合实训[M].北京:清华大学出版社,2009.

[17]吴萍,翁玮.国际结算(双语)[M].北京:高等教育出版社,2012.